Kohlhammer

Reiche der Alten Welt: Ethnien, Länder, Dynastien (RAW)

Herausgegeben von Henning Börm, Udo Hartmann, Sitta von Reden, Robert Rollinger, Roland Steinacher und Timo Stickler.

Klaus-Peter Johne

Die Markomannen und ihre Nachbarn

Germanen an der Peripherie des Römischen Reiches

Verlag W. Kohlhammer

Dieses Werk einschließlich aller seiner Teile ist urheberrechtlich geschützt. Jede Verwendung außerhalb der engen Grenzen des Urheberrechts ist ohne Zustimmung des Verlags unzulässig und strafbar. Das gilt insbesondere für Vervielfältigungen, Übersetzungen, Mikroverfilmungen und für die Einspeicherung und Verarbeitung in elektronischen Systemen.

Es konnten nicht alle Rechtsinhaber von Abbildungen ermittelt werden. Sollte dem Verlag gegenüber der Nachweis der Rechtsinhaberschaft geführt werden, wird das branchenübliche Honorar nachträglich gezahlt.

Dieses Werk enthält Hinweise/Links zu externen Websites Dritter, auf deren Inhalt der Verlag keinen Einfluss hat und die der Haftung der jeweiligen Seitenanbieter oder -betreiber unterliegen. Zum Zeitpunkt der Verlinkung wurden die externen Websites auf mögliche Rechtsverstöße überprüft und dabei keine Rechtsverletzung festgestellt. Ohne konkrete Hinweise auf eine solche Rechtsverletzung ist eine permanente inhaltliche Kontrolle der verlinkten Seiten nicht zumutbar. Sollten jedoch Rechtsverletzungen bekannt werden, werden die betroffenen externen Links soweit möglich unverzüglich entfernt.

Umschlagabbildung: Mark Aurel und sich unterwerfende Germanen im Eichenwald. Historisches Relief im Konservatorenpalast in Rom.

1. Auflage 2025

Alle Rechte vorbehalten
© W. Kohlhammer GmbH, Stuttgart
Gesamtherstellung:
W. Kohlhammer GmbH, Heßbrühlstr. 69, 70565 Stuttgart
produktsicherheit@kohlhammer.de

Print:
ISBN 978-3-17-037717-2

E-Book-Formate:
pdf: ISBN 978-3-17-037718-9
epub: ISBN 978-3-17-037719-6

Inhalt

	Vorwort	7
1	Einführung	9
2	Die literarischen Quellen	17
3	Die Markomannen zwischen Caesar und Drusus dem Älteren	29
4	Marbod	37
5	Das Regnum Vannianum	53
6	Die Nachbarn der Markomannen I: Die Hermunduren	62
7	Die Nachbarn der Markomannen II: Semnonen und kleinere Stämme	80
8	Die Grenze an der oberen Donau von Domitian bis Antoninus Pius	100
9	Die Markomannenkriege (166–180)	114
10	Markomannen und Quaden vom 3. bis 5. Jahrhundert	140

11	Bruch oder Kontinuität? Thüringer und Baiovaren	163
12	Fazit	180

Anmerkungen ... 183

Zeittafel ... 205

Siglen- und Zeitschriftenverzeichnis ... 215

Literaturverzeichnis ... 217

Abbildungsverzeichnis ... 220

Register ... 223

Vorwort

Die Markomannen wurden bisher nur im Rahmen der Geschichte der Germanen oder der des Römischen Reiches behandelt. Dieses Thema ist nun fast zeitgleich zweimal erörtert worden und zwar beide Male am gleichen Verlagsort Stuttgart. Neben dem hier vorliegenden Werk im Verlag W. Kohlhammer GmbH in der Reihe »Reiche der Alten Welt – Völker, Länder, Dynastien« ist das Buch von Sebastian Hartung, »Kontinuitäten und Brüche in den römisch-markomannischen Beziehungen während der Kaiserzeit. Politik, Wirtschaft, Kultur und Alltag neben einer antiken Supermacht« in der Reihe »Geographica Historica« des Franz Steiner Verlages erschienen. Dabei handelt es sich um eine Dissertation der Universität Regensburg. Da Hartungs Arbeit erst nach Fertigstellung meines Manuskriptes erschienen ist, konnten die Ergebnisse seiner Forschungen nur an wesentlichen Stellen berücksichtigt werden.

Sehr herzlich danke ich Udo Hartmann für wertvolle Hinweise sowie die Beschaffung der Abbildungen und Dagmar Lissat für die Erstellung des Manuskripts. Mein Dank gilt auch Johanna Blume vom Kohlhammer Verlag für Verbesserungen im Text.

Berlin, den 1. August 2024

Klaus-Peter Johne

1   Einführung

Eine Geschichte der Markomannen zu schreiben, ist nicht einfach. Dieser germanische Stamm besaß keine schriftliche Überlieferung, die uns einen Einblick in sein Selbstverständnis geben könnte. Erhalten hat sich aber von den Markomannen eine ansehnliche materielle Hinterlassenschaft. Sie informiert uns über Alltagsgegenstände und Kunsthandwerk, über Waffen und Schmuck, über Bestattungsriten und das Siedlungswesen. Nun hat die Archäologie in den letzten Jahrzehnten so rasante Fortschritte gemacht, dass sich das Wissen über die genannten Bereiche sehr vergrößert hat. Ein prominenter Vertreter dieses Faches, Heiko Steuer, konnte es unternehmen, ein Werk anzukündigen, in dem er »möglichst ausschließlich von den inzwischen erarbeiteten Ergebnissen der Archäologie aus die Lebensverhältnisse in Germanien beschreibt und höchstens dann und wann die Schriftüberlieferung zur Illustration verwendet.«[1]

Für eine Kulturgeschichte der Germanen im Allgemeinen ist das sicher möglich, für die historische Darstellung eines einzelnen Stammes reicht das jedoch nicht aus. Für Stammesbewegungen, Feldzüge und Verträge, für Beziehungen zwischen einzelnen Stämmen und natürlich für das Verhältnis zum Römischen Reich sowie für alle Nachrichten über einzelne Personen sind wir auf die griechisch-römische Literatur angewiesen. Die folgenden Ausführungen werden daher die Blickrichtung von den Schriftquellen aus nehmen. Die archäologischen Forschungen sollen dabei natürlich stets in angemessener Weise berücksichtigt werden.

Die Existenz der Markomannen an der Peripherie des Römischen Reiches führte zu einer anhaltenden Beachtung durch die antiken Schriftsteller. Dieser Umstand ist sehr erfreulich im Vergleich zu vielen anderen Stämmen, die nur punktuell oder selten in der Überlieferung auftauchen. So lässt sich die Geschichte der Markomannen als ein eigenständiges

Ethnos vom 1. Jahrhundert v. Chr. über ein halbes Jahrtausend relativ kontinuierlich verfolgen, zweifellos ein Pluspunkt in der Quellenlage.

Aus dem Sachverhalt, dass wir für alle historischen Details fast ausschließlich auf die Literatur der Griechen und Römer angewiesen sind, ergibt sich jedoch auch eine große Schwierigkeit. Alle Schriftsteller haben eine einseitige Perspektive aus der Sicht der Mittelmeerwelt auf die nördlichen »Barbaren«. Ihre Werke sind an Regeln der literarischen Form, an Regeln der Historiographie und der Ethnographie gebunden, zielen auf den Zeitgeschmack eines Lesepublikums der Oberschicht ab und sind oft von den verfügbaren, vielfach auch offiziell gefilterten Nachrichten abhängig. Diese Aspekte gilt es bei der Auswertung der Berichte immer zu berücksichtigen.

Hinzu kommt die trümmerhafte Überlieferung, die zu unterschiedlichen Kenntnissen in den einzelnen Jahrhunderten führt. Am besten sind wir über die Zeitspanne vom Beginn der christlichen Zeitrechnung bis zur Mitte des 1. Jahrhunderts n. Chr. unterrichtet. Das verdanken wir allein vier Schriftstellern, die sich in unterschiedlichem Maße für die Germanen interessierten und deren Werke zumindest zum Teil erhalten geblieben sind. Durch sie wissen wir über die Reichsbildung des Markomannenherrschers Marbod und seiner Nachfolger doch erstaunlich viel. Die Markomannenkriege der Jahre 166 bis 180 sind in ihrer historischen Bedeutung ebenso wichtig wie Marbod und sein Zeitalter, die Kenntnisse darüber sind jedoch sehr viel geringer. Das liegt einmal an der nicht so großen Beachtung durch die antiken Autoren und zum anderen an dem Verlust literarischer Zeugnisse. Das zweite Kapitel wird zum besseren Verständnis der folgenden Kapitel die Werke der wichtigsten für die Thematik relevanten Schriftsteller vorstellen.

Die Markomannen waren Germanen. Dies ist unbestritten, doch taucht dabei die Frage nach dem Begriff der ›Germanen‹ auf. Seit etwa zwei Jahrzehnten wird der Name vor allem bei Frühgeschichts- und Mittelalter-Historikern in Frage gestellt und z. B. von Jörg Jarnut 2004 direkt verworfen.[2] Zur Klärung dieser Frage will eine in Berlin und Bonn 2020 und 2021 gezeigte Ausstellung und deren imposanter Begleitband beitragen.[3] Dessen Herausgeber Michael Schmauder und Matthias Wemhoff betonen, dass sie sich nach eingehender Diskussion mit den Autoren für die Beibehaltung des Begriffs entschieden haben, er jedoch mit heute wissenschaftlich vertretbaren Inhalten gefüllt werden müsse.[4]

Bei den Germanen handelt es sich um eine Fremdbezeichnung der Römer für die östlich des Rheins und nördlich der Donau wohnenden zahlreichen Stämme. Der Name war die Sammelbezeichnung für eine Großgruppe mit ähnlicher Lebensweise und Kultur, vergleichbar der Großgruppe der Kelten und später der der Slawen. So trägt Heiko Steuer in dem Sammelband alle Argumente zusammen, die für eine kulturelle Einheit und ein gewisses Gemeinschaftsgefühl der Germanen sprechen.[5] In anderen Beiträgen werden die verschiedenen Positionen in der Forschung berücksichtigt. Sebastian Brather betont die unterschiedlichen Germanenbegriffe bei Historikern, Germanisten, Archäologen, Anthropologen und Geographen. Er problematisiert die Germanen als Kategorie der Forschung und unterstreicht die Komplexität der germanischen Welt.[6] Stefan Burmeister gelangt nach einer Durchmusterung der Quellen sogar zu der Feststellung: »Der von Rom geschaffene Germanenbegriff ...« sei »ein zwar etablierter – und deswegen unvermeidbarer – aber vorwissenschaftlicher Begriff.«[7] Dagegen meint Hans-Ulrich Voß, der Kollektivbegriff ›Germanen‹ sei »eingedenk aller Kritik und der Forschungsgeschichte geschuldeten Diskreditierung […] ein noch immer alternativloser Terminus zur Darstellung und Vermittlung auch äußerst komplexer Sachverhalte.«[8] Dieser Ansicht dürften sich die Herausgeber des Sammelbandes und die Mehrzahl seiner Autoren anschließen. Ihr stimmt auch der Verfasser dieser Zeilen zu.

In der Zwischenzeit ist das in dem Ausstellungsband von 2020 angekündigte Buch von Heiko Steuer erschienen. Es handelt sich um ein monumentales Werk von über 1.300 Seiten Text in zwei Bänden, das man ohne Übertreibung als ein neues Handbuch zum Thema »Germanen« bezeichnen kann.[9] Dem Freiburger Gelehrten geht es um nicht weniger als ein neues Bild vom alten Germanien, wobei er eine Reihe von Vorurteilen und Ansichten widerlegt. »Germanien war kein unwirtliches Land, sondern war völlig erschlossen und dicht besiedelt. Nicht vereinzelt liegende Gehöfte bestimmten die Landschaft, sondern ein enges Netz von großen Dörfern. […] Das Niveau germanischer Lebensführung, was Landwirtschaft, Viehhaltung, Güterproduktion und Handel angeht, sollte man sich also nicht zu schlicht vorstellen, [...] Germanien war anders, aber nicht grundsätzlich primitiver, schwächer oder rückständiger.«[10]

Hinsichtlich der Beibehaltung des Germanenbegriffs führt Steuer zehn Gründe an, die für ein überregionales Gemeinschaftsbewusstsein sprechen, mit dem sich »Germanen in Germanien als Germanen verstanden haben«. Das sind die germanischen Dialekte als die Grundlage gegenseitigen Verstehens, die nur von germanischen Gruppen übernommene Runenschrift, gemeinsame Bestattungssitten der Oberschicht mit römischen Importen, Gemeinsamkeiten in Schmuck, Keramik und Kleinkunst sowie ein von Kelten und Slawen verschiedener Tierstil.[11]

Das Nachleben der Germanen seit dem 19. Jahrhundert in akademischer Lehre und Forschung, in Schule, Kunst und Medien und vor allem in der politischen Propaganda behandelt neuerdings ein von der Bundeszentrale für politische Bildung in Bonn herausgegebener Sammelband.[12]

In der schriftlichen Überlieferung tauchen die Germanen in der ersten Hälfte des 1. vorchristlichen Jahrhunderts auf. Von 135 bis 51 v. Chr. lebte der Universalgelehrte Poseidonios von Apameia, nach seiner Wahlheimat, der Insel Rhodos, auch Poseidonios Rhodios genannt. Er war gleichbedeutend als Philosoph, Historiker, Geograph und Ethnograph. In seinem monumentalen Geschichtswerk über die Zeit von 145/144 bis mindestens 88 v. Chr. interessierte er sich wie niemand vor ihm für die Verhältnisse in Mitteleuropa. Wie schon einige Vorgänger unterschied er im Raum nördlich der Alpen das Keltenland im Westen und das Skythenland im Osten. Als besonders notwendig empfand er eine nähere Beschäftigung mit den Kelten, deren bisherige Kenntnis in der Mittelmeerwelt er zu Recht für ungenügend hielt. Daher finden wir in seinem allerdings nur in Fragmenten überlieferten Geschichtswerk auch eine umfangreiche Keltenethnographie.[13] In ihr begegnet wohl zum ersten Male der Begriff der Germanen in der gräzisierten Form *Germanoi*. Die über sie gemachten Aussagen sind ein verbreiteter Topos über nördliche »Barbaren«. Allerdings überliefert erst der kaiserzeitliche Autor Athenaios von Naukratis um 190 n. Chr. die Nachricht: »Die Germanen essen zum Frühstück gliederweise gebratenes Fleisch und trinken dazu Milch und ungemischten Wein, wie Poseidonios im 30. Buch erzählt.«[14] Es lässt sich daher nicht mit völliger Sicherheit ausschließen, dass bei Poseidonios noch ein anderer Name stand und die Bezeichnung *Germanoi* erst von Athenaios eingesetzt worden ist.

Vor allem die Sitte, den Wein ohne Beimischung von Wasser zu trinken, galt als ein Zeichen fehlender Zivilisation und typisch für »Barbaren«. Dieselbe Untugend aus der Sicht der Südländer herrschte allgemein bei den Kelten. In einem anderen Fragment des Poseidonios ist davon die Rede, dass die Kelten viel Fleisch essen, wovon sie mit beiden Händen ganze Glieder ergreifen und davon abbeißen und dazu unvermischten Wein trinken.[15] Die Parallelität der beiden Berichte ist unübersehbar. Zwischen Kelten und Germanen sah Poseidonios keinen grundsätzlichen Unterschied. Er betrachtete die Germanen, so er sie denn unter diesem Namen gekannt hat, wofür doch einiges spricht, offenbar als einen ostkeltischen Stamm, der westlich des Rheins siedelte. Ein selbständiges Ethnos zwischen Kelten und Skythen hat der rhodische Gelehrte in ihnen mit Sicherheit nicht erkannt.

Für die Authentizität des Germanennamens bei Poseidonios spricht die Passage in einer Rede Ciceros. M. Tullius Cicero (106–43 v. Chr.), der bedeutendste Redner und Schriftsteller der ausgehenden römischen Republik, hat Poseidonios im Jahre 77 v. Chr. besucht und kannte dessen Werke. In seiner Rede über die konsularischen Provinzen vom Mai 56 v. Chr. erwähnt Cicero Caesars Siege über die Stämme der Germanen und Helvetier, die er beide noch für Kelten hält, ganz nach dem Wissensstand des Poseidonios.[16] In der Rede gegen Calpurnius Piso aus dem folgenden Jahr 55 v. Chr. hat Cicero dann jedoch bereits einen anderen Wissensstand. Er unterscheidet die »äußerst wilden Stämme der Germanen« jenseits des Rheins von den keltischen Galliern.[17] Die Erkenntnis, dass es sich bei den Germanen um ein anderes Ethnos als dem der Gallier handelt, wird nun zweifellos Caesar verdankt. Dessen Denkwürdigkeiten über den Gallischen Krieg lagen zwar in den Jahren 56 und 55 v. Chr. noch nicht vor, es gab aber seine jährlichen Berichte über den Fortgang des Krieges an den Senat in Rom, die Cicero gekannt haben muss. So ist der berühmte Redner ein wertvoller Zeuge für das Aufkommen und die Präzisierung des Germanenbegriffs.

C. Iulius Caesar (100–44 v. Chr.) hat im Gallischen Krieg der Jahre 58 bis 51 v. Chr. die keltischen Stämme zwischen Atlantik, Ärmelkanal und Rhein unterworfen, ihre Territorien dem Römischen Reich angegliedert und darüber sein berühmtes Werk *Commentarii de bello Gallico* verfasst. In den Sommer des Jahres 55 v. Chr. fällt sein erster Rheinübergang mit dem spektakulären Brückenbau in der Gegend zwischen Andernach und Neuwied. Damit begann die intensive Phase der römisch-germanischen Auseinandersetzungen. Mit der ältesten Rheinbrücke war gleichsam ein Tor von Westen aus in das zentrale Mitteleuropa aufgestoßen worden. Als erster bezog Caesar das europäische »Barbaricum« in großem Maßstab in seine Planungen mit ein und begann mit der Eroberung Kontinentaleuropas jenseits der mediterranen Zone. Mit der Eingliederung ganz Galliens bis an Nordsee und Rhein in den römischen Staatsverband verknüpfte er Mittelmeerwelt und Mitteleuropa auf Dauer miteinander.

Im Eingangskapitel des *Bellum Gallicum* behauptet Caesar, die keltischen Belger würden mit den Germanen, die jenseits des Rheins wohnen, ständig Krieg führen: *proximi sunt Germanis, qui trans Rhenum incolunt*.[18] Hier wird der Rhein erstmals als die Grenze zwischen Galliern und Germanen bezeichnet und zugleich die Germanen als ein von den Kelten zu unterscheidendes Ethnos. Damit widersprach Caesar gleich zu Beginn seiner *Commentarii* der Autorität des Poseidonios, dessen Auffassung er korrigierte. Untermauert wird seine Erkenntnis durch einen längeren Exkurs im sechsten Buch seines Werkes, in dem er die Gallier und die Germanen vergleicht. Diese Ethnographie der Gallier und Germanen ist mit 17 Kapiteln der umfangreichste und interessanteste Exkurs im »Gallischen Krieg«.[19] Der Autor wendet sich damit als erster Römer einem bisher ausschließlich von Griechen behandelten Sachgebiet zu. Darin betont er immer wieder die Unterschiede zwischen den beiden Ethnien und korrigiert bisherige Auffassungen der Verhältnisse in Mitteleuropa. Das durchgängige Streben, seine ›Entdeckung‹ der Germanen herauszustellen, führt zu Überspitzungen und auch zu offenkundigen Unrichtigkeiten. Mit dieser Ethnographie schuf Caesar das für die Römer fortan verbindliche Bild von den Germanen. Dabei hat er die Bezeichnung für einige kleinere Gruppen im belgischen Raum, den von ihm so genannten *Germani cisrhenani*, übernommen und dem Namen eine riesige Ausdehnung verschafft.[20] Die Namensbildung im Nordosten Galliens passt zu den *Germanoi* des Poseidonios in etwa demselben Raum und dürfte eine weitere Bestätigung für die Echtheit des Namens in dem Zitat bei Athenaios sein.

Reinhard Wolters hat in dem erwähnten Sammelband die These vertreten, dass die Schaffung des Oberbegriffs für die rechtsrheinischen Stämme nicht erst von Caesar stammt, sondern bereits von den gallischen

Haeduern, die seit den sechziger Jahren des ersten vorchristlichen Jahrhunderts von über den Rhein nach Westen vorstoßenden kriegerischen Gruppen bedroht wurden. Caesar habe den zusammenfassenden Namen »Germanen« von seinen gallischen Informanten gehört und ihn übernommen.[21] Auch wenn Caesar die Germanen nicht als erster so bezeichnet haben sollte, so gebührt ihm doch das Verdienst, den Namen als Bezeichnung für ein Großethnos in die römische Welt eingeführt zu haben. Ohne Zweifel von Caesar stammt die Wortprägung *Germania*. In den ersten drei Büchern seiner *Commentarii* gibt es noch keinen Begriff für das Land, in dem die Germanen leben und er behilft sich mit einem Ausdruck wie »die Germanen, die jenseits des Rheins wohnen«. Erst im vierten Buch zu Ereignissen des Jahres 55 v. Chr. taucht das Wort für die rechtsrheinischen Gebiete auf. Caesar benötigte die Bezeichnung offenbar als Gegenstück zu dem Begriff *Gallia omnis*.[22]

Der von Caesar geprägte oder auch vielleicht nur von ihm übernommene und verbreitete Germanen-Begriff ist von der Öffentlichkeit im Römischen Reich schnell angenommen worden. Ältester Zeuge dafür war, wie erwähnt, schon Cicero als Zeitgenosse des Gallischen Krieges. Als im Jahre 9 v. Chr. der Stiefsohn des Kaisers Augustus, Drusus Claudius Nero, nach einem Feldzug bis an die Elbe im Inneren Germaniens tödlich verunglückte, erhielt er posthum den ehrenden Beinamen *Germanicus*, »Sieger über die Germanen«. Dieser Beiname ist seitdem für alle militärischen Erfolge über die Stämme, die man unter den Germanen verstand, bis in die Spätantike verwendet worden. Damit hatte der Name für dieses Großethnos in der Regierungszeit des Augustus allgemeine Verbreitung gefunden.

In der ersten Hälfte des 1. Jahrhunderts n. Chr. bezeichneten sich auch germanische Angehörige der Leibwache der römischen Kaiser, ungeachtet ihrer Zugehörigkeit zu einzelnen Stämmen, als Germanen. Sie wussten also, dass die Römer alle Stämme, aus denen sie kamen, unter diesem Oberbegriff zusammengefasst haben. Auf Grabinschriften in der Stadt Rom werden Bataver, Friesen, Ubier und Sueben erwähnt, die alle als Germanen bezeichnet werden. Etliche von ihnen hatten sich zu einem *collegium Germanorum*, einem »Verein der Germanen«, zusammengeschlossen, der nach römischem Vorbild als Bestattungsverein fungierte.[23] Mit der Zunahme des Söldnertums im römischen Heer dürfte das Wissen

1 Einführung

um diesen Oberbegriff allmählich auch bei den Stämmen im Inneren Germaniens bekannt geworden sein.

So viel zu diesem viel diskutierten Namen und allgemein zu der Problematik der Quellen für eine Darstellung der Markomannen.

Die Markomannen nehmen unter den germanischen Stämmen an der Grenze des Römischen Reiches eine besondere Stellung ein. Ihre Existenz in Böhmen, am nordöstlichen Rand des Imperiums, wurde durch antike Schriftsteller registriert und dokumentiert. Als eigenständiges Ethnos sind sie vom 1. Jahrhundert v. Chr. bis in das 5. Jahrhundert n. Chr. belegt. Ihr Verhältnis zu Rom wechselte von Feinden über Verbündete und Abhängige bis hin zu Handelspartnern. Der Name wird als »Grenzleute« gedeutet. Innerhalb der Germanen gehörten die Markomannen zur Gruppe der Sueben und mit ihrer materiellen Kultur zu den Elbgermanen. Von diesen waren die Quaden in Mähren und Teilen der Slowakei so eng mit den Markomannen verbunden, dass sie in diesem Buch nicht als eigenständige Nachbarn behandelt werden wie die Hermunduren und Semnonen, bei denen archäologische Funde der letzten Jahre entscheidende neue Informationen für die Stammesgeschichte im 3. Jahrhundert geliefert haben.

2 Die literarischen Quellen

In diesem Kapitel sollen fünf Autoren vorgestellt werden, die für die Markomannen und ihre Nachbarn von größerer Bedeutung sind als alle übrigen aus dem Altertum. Zwei von ihnen sind persönlich in Germanien gewesen und haben auch darüber berichtet, Velleius Paterculus und der ältere Plinius, und zwei zeigen ein Interesse an den Germanen, das sich bei anderen Schriftstellern in dieser Weise nicht wiederfindet, wiederum Plinius und Tacitus. Strabon schließlich hat als zeitgenössischer Geograph über Marbod und sein Reich berichtet. Sie alle schrieben im 1. oder zu Beginn des 2. Jahrhunderts n. Chr. Aus späterer Zeit gehört noch Cassius Dio in diese Reihe. Er behandelt die römisch-germanischen Auseinandersetzungen im Rahmen einer Gesamtgeschichte des römischen Weltreiches und ist die Hauptquelle für unser Wissen über die Markomannenkriege.

Strabon

Der älteste dieser Autoren ist Strabon von Amaseia, geboren um 64 v. Chr. in Kleinasien und gestorben nach 23 n. Chr. Er hinterließ mit seiner 17 Bücher umfassenden »Geographika« die umfassendste Darstellung der Erdkunde, die aus der Antike erhalten geblieben ist. Das erste Buch ist nach dem Jahre 9 n. Chr. und das siebente, das Germanien behandelt, nach dem Jahre 17 redigiert oder überarbeitet worden, also nach den Jahren der Varusschlacht bzw. des Triumphes des Germanicus. Strabon war somit ein Zeitgenosse der römischen Feldzüge in das Innere Germaniens. Er betont die Bedeutung dieser militärischen Operationen für das geographische Weltbild, wenn er gleich zu Beginn seines Werkes meint, die Machtausweitung der Römer und Parther habe seiner Generation einen so großen Zuwachs an Kenntnissen gebracht, wie es ähnlich die Generation nach dem Zug Alexanders des Großen erlebte. Dieser habe einen großen Teil Asiens und den Norden Europas bis zur Donau erschlossen, die Römer den Westen Europas bis zur Elbe.[24] Strabon setzt also die Feldzüge des Makedonenkönigs im 4. Jahrhundert v. Chr. bis nach Zentralasien und Indien sowie an die untere Donau mit den Expeditionen der augusteischen Zeit bis an Nordsee und Elbe in Parallele. Dabei betrachtet er die Grenzen von seiner Heimat Kleinasien aus, denn nur aus diesem Blickwinkel kann die Donau im Norden Europas und die Elbe im Westen lokalisiert werden. Aus eigener Anschauung kannte er zwar den östlichen Mittelmeerraum, im Westen ist er jedoch niemals über Italien hinausgekommen. Lange lebte er in Rom und im ägyptischen Alexandria. Die große Bedeutung der Feldzüge seiner eigenen Zeit betont der griechische Geograph im siebenten Buch seines Werkes. Nach einer Durchmusterung der zwischen Rhein und Elbe siedelnden Germanenstämme meint er, dass diese erst bekannt geworden sind, als sie mit den Römern Krieg führten, sich dann ergaben und wieder mit ihnen brachen oder auch ihre Siedlungsgebiete verließen. Es wären wohl noch mehr dieser Stämme bekannt geworden, wenn Augustus seinen Feldherren erlaubt hätte, die Elbe zu überschreiten, um die dorthin abgezogenen zu verfolgen.[25] Das Interesse des Schriftstellers an den Germanen resultiert also eindeutig aus den militärischen Erfolgen der römischen Heerführer. Durch diese Feldzüge hat er genauere Vorstellungen über das Gebirgssystem des Herkynischen Waldes, der zwar schon von Caesar erwähnt worden ist, bei ihm aber noch eine Bezeichnung für alle Gebirge nördlich der oberen Donau war. Bei Strabon umschließt der Herkynische Wald kreisförmig ein großes Gebiet, in dessen Mitte ein zur Besiedlung geeignetes Land liegt. Damit sind die Randgebirge des Böhmischen Beckens gemeint, Erzgebirge, Riesengebirge, Böhmisch-Mährische Höhen, Böhmerwald und Oberpfälzer Wald. Diese Konkretisierung des Herkynischen Waldes stellt im Vergleich mit den Angaben Caesars einen Erkenntnisfortschritt dar. In dem von diesen Gebirgen umgebenen Böhmen wohnen die Markomannen.

Strabon ist der erste Schriftsteller, der ausführlicher über sie und ihren König Marbod schreibt.[26] Sein Werk gehört, trotz mancher Fehler und Irrtümer, zu den Kostbarkeiten der antiken Fachliteratur. Ohne ihn wäre das Bild, das sich Griechen und Römer von Mitteleuropa gemacht haben, noch lückenhafter als es dies ohnehin ist.

Velleius Paterculus

Ein jüngerer Zeitgenosse Strabons war Velleius Paterculus. Nach Caesar war er der zweite Römer, der persönlich in Germanien gewesen ist und darüber berichtet hat. Velleius Paterculus wurde 20 oder 19 v. Chr. in Capua geboren und entstammte väterlicherseits dem Ritterstand und von der Mutter her der kampanischen Munizipalaristokratie. Wie viele Angehörige des Ritterstandes schlug er eine militärische Laufbahn ein und gelangte über diese in den Senat. Als Militärtribun diente er in Thrakien und Makedonien und kam im Gefolge des Prinzen Caius Caesar im Jahre 2 n. Chr. auch in den Orient. Ab dem Jahre 4 n. Chr. gehörte er neun Jahre lang zu den Truppenführern des späteren Kaisers Tiberius, 4–6 als Reiterpräfekt in Germanien, 6–9 nach der Bekleidung der Quästur, womit die Aufnahme in den Senat verbunden war, als Legat in Pannonien und anschließend 10–12 noch einmal in Germanien. Am 23. Oktober 12 nahm er in Rom an dem großen Triumph des Tiberius teil. Von Augustus wurde Velleius für das Amt des Prätors nominiert. Mit dieser Prätur endet 15 n. Chr. die überlieferte Laufbahn. Anderthalb Jahrzehnte später verfasste er in den Jahren 29 und 30 den erhaltenen Geschichtsabriss *Historia Romana*, den er M. Vinicius, dem Sohn seines ehemaligen Kommandeurs, anlässlich von dessen Konsulat gewidmet hat.[27]

Das Zeugnis eines Römers, der sich im rechtsrheinischen Germanien aufgehalten hat, ist zweifellos beachtenswert. Anders als Caesar war Velleius nicht nur in der Nähe des Rheins geblieben, sondern in das Innere des Landes gelangt. Leider kann sich der Offizier auch durch Autopsie nicht von der in Rom üblichen klischeehaften Darstellung der Germanen lösen.

Er neigt außerdem zu einer Verherrlichung seines Kriegsherrn Tiberius in zuweilen panegyrischen Tönen und ordnet dieser Tendenz seine ganze Darstellung unter. Obwohl Velleius eine Geschichte Roms von Anfang an geschrieben hat, sind von dem knappen Abriss nur die zeitgeschichtlichen Partien und die eingestreuten Exkurse wirklich von Interesse. Das Werk hat im Altertum kaum Beachtung gefunden und wird von keinem anderen Literaten benutzt oder zitiert. Nur eine einzige Handschrift des Textes hat sich über das Mittelalter gerettet und ist 1515 im Kloster Murbach im Elsass aufgefunden worden.

In unserem Zusammenhang sind die Nachrichten über die Feldzüge des Tiberius in den Jahren 4–6 und 10–12 in Germanien von Interesse, da Velleius über sie als Augenzeuge berichten konnte. Ihm verdanken wir die »zweifellos berühmteste Episode, die sich im Altertum an der Elbe ereignet hat«,[28] als sich Tiberius mit seinen *Legio*nen mit einer vom Rhein über die Nordsee gekommenen Versorgungsflotte am Unterlauf der Elbe traf und dort in Kontakt mit den Semnonen getreten ist.[29]

Die »Römische Geschichte« ist neben Strabons Werk die wichtigste Quelle für Marbod und sein Reich und daher für das Thema »Markomannen« von Bedeutung. Auch für die berühmte Schlacht im Teutoburger Wald ist diese Schrift ein wesentliches Zeugnis, nämlich der älteste ausführliche Bericht. In diesem verspricht Velleius, eine eigene Darstellung zur Varusschlacht schreiben zu wollen.[30] Ob er das Vorhaben verwirklicht hat, wissen wir nicht. Erhalten hat sich davon keine Spur. Das kann jedoch kein Argument gegen die Existenz sein, da auch seine vorhandene *Historia Romana* von keinem der erhaltenen Autoren zur Kenntnis genommen worden ist.

Etwa in den Jahren 23 oder 24, in denen Strabon gestorben ist, wurde der dritte der hier zu berücksichtigenden Schriftsteller geboren, der ältere Plinius. Er gehört im Unterschied zu Velleius Paterculus zu den bekannten Autoren der frühen Kaiserzeit.

Plinius der Ältere

Geboren am Comer See im Alpenvorland Italiens, entstammte C. Plinius Secundus, auch Plinius der Ältere genannt zur Unterscheidung von seinem ebenfalls literarisch tätigen gleichnamigen Neffen, einer wohlhabenden Familie des Ritterstandes, erhielt seine Ausbildung in Rom und begann eine Offizierslaufbahn. Er diente zwischen 47 und 50 in der Niederrheinwie in der Oberrheinarmee. In diesen Jahren lernte er auf einem Feldzug die Nordseeküste und ihr Hinterland kennen, besuchte die Donauquellen im Schwarzwald und beteiligte sich an einer Expedition gegen die Chatten im heutigen Hessen. Als einziger Gewährsmann aus dem Altertum beschrieb er die heißen Quellen von Wiesbaden. Als der mit ihm befreundete Senator Vespasian im Jahre 69 Kaiser geworden war, stieg Plinius zu wichtigen Ämtern in der Reichsverwaltung auf. Als Prokurator des Kaisers stand er an der Spitze der Finanz- und Güterverwaltung mehrerer Provinzen in Gallien, Spanien und Nordafrika. Als Oberbefehlshaber der römischen Flotte für den westlichen Mittelmeerraum in Misenum bei Neapel fand Plinius bei dem berühmten Ausbruch des Vesuvs im Jahre 79 den Tod.

Zwei Jahre vorher hatte er seine aus 37 Büchern bestehende monumentale Enzyklopädie *Naturalis historia*, die »Naturgeschichte«, abgeschlossen. Sie ist die Frucht jahrelanger emsiger Lektüre und fortwährenden Exzerpierens und schon auf Grund ihres Materialreichtums von unschätzbarem Wert. Ihr Einfluss auf die Nachwelt in Antike und Mittelalter war groß. Die Enzyklopädie wurde häufig ausgeschrieben, fand Nachahmer und besitzt eine reichhaltige Überlieferung. Etwa 200 Handschriften aus der Zeit vom 9. bis zum 15. Jahrhundert haben sich erhalten.[31]

Die Bücher 3–6 der *Naturalis historia* sind den Themen »Geographie und Ethnographie« gewidmet und damit auch den Verhältnissen in Germanien. So interessiert sich Plinius für die Quellen von Rhein und Donau, den nördlichen Ozean und seine Inseln, Germaniens Stämme, Flora und Fauna Mitteleuropas und die Gewinnung von Salz wie von Bernstein. Somit hat der Enzyklopädist eine ganz andere Herangehensweise an die fremde Welt als Velleius Paterculus. Es geht ihm auch um die Menschen, wenn er z. B.

die Lebensweise der Chauken an der Nordseeküste aus eigener Anschauung schildert.[32]

In den Jahren seines Germanienaufenthaltes begann Plinius mit der Arbeit an dem umfangreichen Thema der römisch-germanischen Auseinandersetzungen. In dem Jahrzehnt zwischen 47/48 und 57/58 hat er in den 20 Büchern *Bella Germaniae* alle Kriege zusammengestellt, die die Römer bis dahin mit den Germanen geführt hatten. Am Anfang dieses Werkes standen sicher die Züge der Kimbern und Teutonen 113–101 v. Chr., mit denen auch Tacitus seinen knappen Rückblick in der *Germania* beginnt.[33] Die Darstellung reichte mindestens bis zum Jahre 47, wobei der Schwerpunkt auf den drei Jahrzehnten der Expansionskriege zwischen 15 v. Chr. und 16 n. Chr. gelegen haben dürfte. Die beiden einzigen Fragmente, die erhalten geblieben sind, beziehen sich auf die Jahre 12 und 15 n. Chr. Daraus folgt, dass Plinius auch die Kämpfe mit Marbod ausführlicher als Velleius geschildert haben muss. Tacitus nennt ihn den »Geschichtsschreiber der Germanenkriege« –*Germanicorum bellorum scriptor*.[34] Diese ehrenvolle Bezeichnung kann als Indiz dafür gewertet werden, dass der große Historiker in seinen *Annales* das Werk des Plinius in beträchtlichem Maße ausgeschöpft und als hauptsächliche Quelle herangezogen hat. Auch in der *Germania* sind viele Einzelheiten wahrscheinlich aus den *Bella Germaniae* übernommen worden.

Plinius war nicht nur einer der beiden Schriftsteller, die in Germanien waren. Er zeigte auch ein ungewöhnliches Interesse an der dortigen Bevölkerung, ein Interesse, das Velleius Paterculus und auch Strabon nicht hatten. Gegen Ende des 13. Buches seiner *Annales* schildert Tacitus einen Krieg zwischen Hermunduren und Chatten im Innern Germaniens aus dem Jahre 58 weitab von der Grenze des Imperium Romanum. Die Information darüber stammt mit Sicherheit aus dem Germanenwerk des Plinius. Die ausführliche Beschreibung der Salzgewinnung, die Tacitus an dieser Stelle liefert, stimmt nämlich mit einer Notiz in der »Naturgeschichte« des Plinius überein.[35] Der fast vollständige Verlust der *Bella Germaniae* muss für die Geschichte der römisch-germanischen Beziehungen als höchst bedauerlich betrachtet werden.

Tacitus

Ein jüngerer Zeitgenosse des Plinius war Tacitus, derjenige Schriftsteller, der wie kein anderer aus dem Altertum mit den Germanen in Verbindung gebracht wird. Cornelius Tacitus war der bedeutendste Historiker der frühen Kaiserzeit. Mit ihm gestaltete noch einmal ein Angehöriger der Führungsschicht während und im Anschluss an sein politisches Wirken das historische Geschehen im Geiste und in der Form senatorischer Tradition. Die in der Zeit der Republik entstandenen Ausformungen der Geschichtsschreibung, Annalistik, Zeitgeschichte und historische Monographie fanden in seinem Schaffen ihre Höhepunkte für die Epoche des Prinzipats.

Die Lebenszeit des Tacitus lässt sich auf die Jahre zwischen 55 und 120 eingrenzen. Obwohl er völlig in der senatorischen Tradition lebte, war er selbst kein Angehöriger der alten Aristokratie, sondern ein Aufsteiger aus einer Familie des Ritterstandes. Das Jahr der Eheschließung mit der Tochter des Konsuls Cn. Iulius Agricola 77 ist das erste gesicherte Datum in seinem Leben. Etwa gleichzeitig begann er die Ämterlaufbahn, die ihn in den Senat führte. Das zweite sichere Datum ist das Jahr 88, in dem er in Rom die Prätur bekleidete. Anschließend war er für vier Jahre Statthalter in einer nicht genannten Provinz, vielleicht in der *Gallia Belgica*, wo er der Rheingrenze relativ nahe gewesen wäre. Im Unterschied zu Velleius Paterculus und Plinius ist Tacitus niemals im Innern Germaniens gewesen und konnte nicht aus eigenem Erleben von dort berichten.

Die Prätur und das erste Statthalteramt fallen in die Regierungszeit Domitians, den er später als einen »schlechten Kaiser« verurteilt hat. Das »Domitianerlebnis« und die Frage, wie sich ein Senator gegenüber einem tyrannischen Herrscher zu verhalten habe, beschäftigte ihn nach dem Tode Domitians im Jahre 96 immer wieder und schimmert in jedem seiner Werke durch. Unter Kaiser Nerva war er 97 Konsul. Als die Provinz *Africa* drei Jahre später integre Senatoren in Rom suchte, die das Anliegen dieser Provinz gegen einen erpresserischen Statthalter verteidigen sollten, fiel die Wahl auf ihn und seinen Freund Plinius den Jüngeren, den Neffen des Verfassers der *Naturalis historia* und der *Bella Germaniae*. Am Ende seiner Laufbahn in den Jahren 112/113 war Tacitus Prokonsul der Provinz *Asia*, die den Westteil der heutigen Türkei umfasste. Mit diesem Amt hatte er eine der beiden ranghöchsten Statthalterschaften inne, die Senatoren offenstanden.

Nach seinem Konsulat ist er wohl bis zu seinem Tode als Schriftsteller tätig gewesen. Aus den ersten beiden Jahrzehnten des 2. Jahrhunderts stammen seine beiden großen Werke. Etwa von 105 bis 109 schrieb er die *Historiae* über die Zeit der Flavischen Dynastie von 69 bis 96, unsere wichtigste Quelle über den Bataveraufstand. Zwischen 110 und 120 entstanden die *Annales* über die Epoche der julisch-claudischen Kaiser von 14 bis 68 mit der ausführlichen Darstellung der Feldzüge des Germanicus und wichtigen Nachrichten über die Reiche des Marbod und des Vannius. Das letzte in seinen Schriften erwähnte zeitgenössische Ereignis fällt in das Jahr 116.

Am Anfang seiner schriftstellerischen Tätigkeit entstanden drei kleinere Werke, zu denen die Monographie über die Germanen aus dem Jahre 98 gehört. Die Schrift *De origine et situ Germaniae/Germanorum* ist eine geographisch-ethnographische Studie, in der Tacitus eine seinen Lesern fremde Welt nach römischen Kriterien und Kategorien darstellt. In bestimmten Partien nimmt das Werk Züge eines »Sittenspiegels« an, wenn Zustände bei den Germanen idealisiert werden, um im Römischen Reich herrschende Verhältnisse zu kritisieren. Vor allem scheint die *Germania* eine historische Denkschrift zu sein, die über die wahre Lage in diesem Land informieren will und der politischen Propaganda Domitians entgegentritt, die mit der Gründung von zwei Provinzen am Rhein das Problem der »Befriedung Germaniens« für abgeschlossen erklärt hatte. Die Gewichtung der einzelnen Aspekte und damit auch die vorrangige Absicht der Schrift ist bis heute Gegenstand der wissenschaftlichen Diskussion.[36]

Das Werk über Land und Leute in Germanien ist in zwei Teile gegliedert. Die Kapitel 1–27 behandeln die Ethnographie im Allgemeinen, die Kapitel 28–46 geben kurze Schilderungen der einzelnen Stämme. Der zweite Teil ist noch einmal in zwei annähernd gleich lange Abschnitte untergliedert. Die Kapitel 28 bis 36 beschreiben die Rhein-Weser-Germanen und die Nordseegermanen und damit die Stämme, die von den Römern schon einmal unterworfen worden waren oder zumindest in ihrem Einflussbereich gelegen haben. Es ist im Wesentlichen das Gebiet, das sich in spätaugusteischer Zeit als künftige *provincia Germania* abgezeichnet hatte. Von diesen Stämmen trennt Tacitus die in den Kapiteln 38 bis 45 behandelten Sueben, worunter er alle östlich der Elbe siedelnden Germanen versteht. Zu ihnen rechnet er Semnonen und Langobarden, Hermunduren, Markomannen und Quaden. Die *Suebia* ist bei ihm der größere Teil Germaniens im Osten zwischen Donau und Baltikum, die Ostsee wird zum *mare Suebicum*, zum »Suebischen Meer«. Das Kapitel 42 widmet sich den Markomannen und Quaden. Trotz aller Interpretationsschwierigkeiten ist die *Germania* nicht nur eine wichtige Bilanz des Wissensstandes der frühen Kaiserzeit, sondern auch das wertvollste Zeugnis für die deutsche Frühgeschichte aus dem Altertum.

Mit den Schriften des Tacitus enden die literarischen Zeugnisse, die sich ausführlicher mit den Markomannen und ihren Nachbarn im 1. Jahrhundert n. Chr. beschäftigen.

Cassius Dio

Vor allem für das Zeitalter der Markomannenkriege in den Jahren 166 bis 180, in dem dieser Stamm für die Römer noch einmal eine ähnlich große Bedeutung wie zur Zeit Marbods gewinnen sollte, spielt das monumentale Werk des Cassius Dio eine wichtige Rolle.

Cassius Dio Cocceianus stammte aus der Provinzaristokratie Kleinasiens und lebte von 162/163 bis nach 230. Als Sohn eines Konsuls gehörte er von Geburt an zur Führungsschicht des Imperiums, kam 180 nach Rom und machte hier schnell eine politische Karriere. Um 205 und nochmals im Jahre 229 war er Konsul, außerdem in den zwanziger Jahren des 3. Jahrhunderts Statthalter in Afrika, Dalmatien und Oberpannonien. Mit Kaiser Severus Alexander (222–235) war er befreundet.

In zwölfjähriger Arbeit verfasste er eine »Römische Geschichte« in 80 Büchern in griechischer Sprache. Sie reicht von den Anfängen Roms bis zum Jahre 229. Leider liegt von dem gewaltigen Werk nur ein Torso vor. Große Teile kennen wir lediglich aus den Auszügen byzantinischer Historiker des Mittelalters. Im Byzantinischen Reich galt Cassius Dio unbestritten als der maßgebende Autor für die Geschichte Roms. Erhalten geblieben sind eine verkürzte Fassung des dionischen Werkes von Johannes Xiphilinos, Neffe des gleichnamigen Patriarchen von Konstantinopel, aus dem 11. Jahrhundert und das Werk des Johannes Zonaras aus dem 12. Jahrhundert, der sich weitgehend auf Dio gestützt hat. Trotz dieser ungünstigen Überlieferungslage ist seine Schrift für die römisch-germanischen Beziehungen insgesamt sehr wichtig. So ist seine Darstellung des Gallischen Krieges eine echte Korrektur zu den Ausführungen Caesars. Für die Feldzüge der augusteischen Zeit bis an die Elbe 9 v. Chr. ist Dio die ausführlichste Quelle. Dies trifft auch für die Schlacht im Teutoburger Wald zu, die bei keinem anderen Schriftsteller so eingehend geschildert wird. Auf seine Bedeutung für die Markomannenkriege wurde schon hingewiesen. Aus dieser Zeit stammt der Erkenntnisfortschritt über die Quelle der Elbe, die Cassius Dio – im Unterschied zu Tacitus und Ptolemaios – richtig im »Vandalischen Gebirge«, dem Riesengebirge, lokalisiert. Auch die letzte literarische Nennung der Semnonen bei ihm beweist noch ein Interesse für das Vorfeld der Reichsgrenze, ein Interesse, das mit diesem Autor endgültig erlischt.[37]

Alle späteren Schriftsteller überliefern meist kürzere Nachrichten über Einfälle von Germanen auf das Territorium des Römischen Reiches oder über römische Feldzüge gegen sie. Darüberhinausgehende Informationen sind absolut selten wie die angebliche Heirat des Kaisers Gallienus mit Pipa, der Tochter des Markomannenkönigs Attalus in der Mitte des 3. Jahrhunderts.

Ammianus Marcellinus

Für Informationen über die Markomannen enttäuschend ist auch das umfangreiche Werk des Ammianus Marcellinus aus dem späten 4. Jahrhundert. Ammianus Marcellinus lebte etwa von 330 bis nach 400. Er stammte aus Antiochia am Orontes in Syrien, wurde Offizier im römischen Heer und kam 354 an den Kaiserhof in Mailand und von dort aus nach

Gallien. 357 ging er in das römisch-persische Grenzgebiet im Osten und nahm 363 am Perserfeldzug Kaiser Julians teil. Danach schied er aus dem Militärdienst aus und kehrte in seine Heimatstadt zurück. Um 380 siedelte er nach Rom über. Hier hat er sein Geschichtswerk verfasst, das noch zu seinen Lebzeiten großen Anklang, vor allem im Senatorenstand, gefunden hat.

In seinen *Res gestae* behandelt Ammian die römische Geschichte von 96 bis 378. Damit schloss er unmittelbar an die *Historiae* des Tacitus an, als dessen Fortsetzer er sich verstand. Ursprünglich umfasste das Werk 31 Bücher, von denen nur die Bücher 14–31 erhalten geblieben sind. Sie bieten eine Darstellung der selbst erlebten Zeit von 353 bis 378. Durch sein Werk sind diese 25 Jahre so genau wie keine andere Epoche der Spätantike bekannt.

Vor allem die Auseinandersetzungen mit Franken und Alamannen am Rhein beschreibt Ammian so ausführlich wie Tacitus die Feldzüge des Germanicus oder den Bataveraufstand. Alle Schilderungen verbleiben jedoch im grenznahen Raum. Es geht um Einfälle der Germanen auf Reichsgebiet, um deren Abwehr und Zurückdrängung sowie um begrenzte Offensiven über Rhein und Donau. Wichtige Ereignisse dieser Zeit wie die Eroberung Kölns durch die Germanen 355 und die Rückeroberung dieser Stadt 356, Julians Sieg über die Alamannen bei Straßburg 357 und die Ansiedlung von Franken in Toxandrien 358 werden detailreich beschrieben. Über das Vorfeld der Reichsgrenze blickt Ammian jedoch nicht hinaus. Ein Interesse am Inneren Germaniens besaß er im Unterschied zu seinem Vorbild Tacitus offensichtlich nicht. Die Informationsmöglichkeiten dürften im 4. Jahrhundert sogar besser gewesen sein als in der frühen Kaiserzeit, da Germanen aus verschiedenen Stämmen inzwischen in großer Zahl im römischen Heer dienten.[38]

Die Markomannen kommen bei Ammian fast nur in der Erinnerung an die Kriege Mark Aurels im 2. Jahrhundert vor. Von ihren Nachbarstämmen spielen allein die Quaden eine größere Rolle. Gegen sie und die mit ihnen verbündeten Sarmaten führte Kaiser Constantius II. 358 einen Krieg an der Donaugrenze. Ein weiterer Feldzug folgte 375 unter Kaiser Valentinian I. ebenfalls in dem Abschnitt der Grenze zwischen Wien und Budapest.

Damit sind die in unserem Zusammenhang relevanten literarischen Quellen vorgestellt. Bei den anderen durchweg kurzen Erwähnungen in

2 Die literarischen Quellen

Geschichtsabrissen, Biographien, Lobreden, Briefen und Chroniken wird die Quelle an der entsprechenden Stelle genannt.

3   Die Markomannen zwischen Caesar und Drusus dem Älteren

In das Licht der Geschichte treten die Markomannen erstmals in Caesars Gallischem Krieg, über den er seine berühmten *Commentarii de bello Gallico* geschrieben hat. C. Iulius Caesar hat sich als Statthalter der römischen Provinz *Gallia transalpina*, der späteren *Gallia Narbonensis* im heutigen Südfrankreich, im Jahre 58 v. Chr. in die Verhältnisse der keltischen Stämme im Inneren Galliens eingemischt. Nachdem er in diesem Jahr die Helvetier besiegt und an einer Auswanderung nach Gallien gehindert hatte, bot ihm ein Hilferuf mehrerer keltischer Stämme den geeigneten Anlass zu dieser Einmischung. Der germanische Heerkönig Ariovist war von den Stämmen der Arverner und Sequaner als Söldnerführer über den Rhein nach Gallien gerufen worden. Er sollte ihnen im Kampf gegen die Häduer Hilfe leisten. Mit der Person dieses Heerführers ist das Bekanntwerden der Germanen in Rom untrennbar verbunden. In einer langen Passage von 25 Kapiteln des Werkes *De bello Gallico* stehen erstmals in der Literatur Germanen unter diesem Namen im Mittelpunkt des Geschehens. Zugleich ist Ariovist in der Überlieferung der erste als Person fassbare Angehörige dieser im Mittelmeerraum bisher unbekannten Völkerschaft. Der als »König der Germanen«, *rex Germanorum*, titulierte Ariovist ist auch im ganzen »Gallischen Krieg« der einzige Gegner, der einer langen persönlichen Unterredung mit dem römischen Feldherrn und Autor gewürdigt wird.[39] Natürlich ist es ein literarisch gestalteter Ariovist, der dem Leser in Caesars Werk entgegentritt, gestaltet sowohl nach den Regeln der Barbarentopik wie nach den politischen Erfordernissen in den fünfziger Jahren des ersten vorchristlichen Jahrhunderts. Aber auch unter dem Vorbehalt, dass der historische Ariovist nur in Umrissen zu erkennen ist, erfahren wir viel Interessantes.

3 Die Markomannen zwischen Caesar und Drusus dem Älteren

Abb. 1: Porträt des C. Iulius Caesar.

In der Unterredung mit Caesar verweist der Heerkönig darauf, dass er mit seinen Germanen bereits seit 14 Jahren in Gallien lebe. Der Rheinübergang lässt sich also auf die Jahre 72 oder 71 v. Chr. datieren.[40] Damals sollen 15.000 Germanen nach Gallien gekommen sein, bis zum Jahre 58 habe sich diese Zahl bis auf 120.000 erhöht, eine Angabe, die mit Sicherheit zu hoch gegriffen ist. Aber einen Machtfaktor hat Ariovist im Gallien der sechziger Jahre zweifellos gespielt. Sein Eingreifen beendete die bisherige Machtstellung des Stammes der Häduer und ihrer Verbündeten, endgültig in der Schlacht von Magetobriga um 61 v. Chr., ohne dass die Sequaner, die ihn

3 Die Markomannen zwischen Caesar und Drusus dem Älteren

gerufen hatten, daraus einen Nutzen ziehen konnten. Die Germanen hatten sich nämlich in deren Stammesgebiet festgesetzt und kontrollierten bereits ein Drittel davon. Ariovists Forderung, die Sequaner sollten das zweite Drittel ihres Stammesgebietes für neue eintreffende Germanen räumen, führte zu dem Hilferuf an Caesar.[41] Scheinbar zur Verteidigung der keltischen Stämme begann Caesar im Herbst des Jahres 58 v. Chr. im oberen Elsass den Kampf gegen Ariovist. Bei der Darstellung der Entscheidungsschlacht in der Oberrheinischen Tiefebene, vermutet wird die Gegend um Mühlhausen, erfolgt eine Aufzählung der Stämme, aus denen Ariovists Heer bestand: *Harudes, Marcomannos, Triboces, Vangiones, Nemetes, Sedusios, Suebos.*[42]

Die Haruden kamen aus dem nordelbischen Raum und sind als Teil eines allgemeinen Zuges von Germanen aus Nord- und Mitteldeutschland in Richtung Rhein zu sehen. Von Augustus werden sie später als die Nachbarn der Kimbern bezeichnet und von Ptolemaios im 2. Jahrhundert n. Chr. als Bewohner des östlichen Jütland aufgeführt.[43] Nachbarn der Haruden waren die Angehörigen eines Stammes, der bei Caesar den Namen *Sedusii* trägt, in der sonstigen Überlieferung jedoch als *Eudosii* bezeichnet wird und wohl mit den *Eudoses* des Tacitus und den *Fundusii* des Ptolemaios zu verbinden ist.[44]

Nach den im Oberrheingebiet siedelnden Stämmen der Triboker, Vangionen und Nemeter, die alle keltische Namen tragen und zumindest zu Beginn der Kaiserzeit völlig keltisiert waren, werden als letzte in dieser Aufzählung die Sueben genannt, für Caesar der größte und gefährlichste Stamm der Germanen.[45] Aus ihm dürfte Ariovist stammen nach dem Hinweis, seine Frau sei der Herkunft nach eine Suebin, die er aus der Heimat mitgebracht hat.[46] Inmitten dieser Aufzählung, bei der es sich natürlich niemals um die gesamten Stämme, sondern immer nur um Gefolgschaften oder Gefolgschaftsverbände aus diesen Stämmen handelt, tauchen nun auch die Markomannen auf. Es ist ihre erstmalige Erwähnung. Ob Angehörige dieses Stammes bereits zu Beginn von Ariovists Einfall nach Gallien um 72 v. Chr. zu den von ihm geführten Germanen gehört haben, wird zwar vermutet, ist aber nicht belegt. Eine Vermutung ist auch, dass die Markomannen ursprünglich an der mittleren Elbe ansässig waren und durch die von den Kimbern und Teutonen hervorgerufene Stammesbewegung ab 120 v. Chr. nach Süden abgewandert sind.[47]

Sogar das nördliche Brandenburg und Mecklenburg wurden als ihre Urheimat in Anspruch genommen.[48]

Der Name ›Markomannen‹ kann relativ sicher als »Männer der Mark, der Grenze«, als »Grenzleute« gedeutet werden, ohne dass sich entscheiden ließe, um welche Grenze es sich gehandelt habe.[49]

Gar nicht sicher ist dagegen die Gegend, in welche der Stamm von der Elbe oder nördlich davon gezogen ist und in der er bis zu seiner Abwanderung nach Böhmen kurz vor Beginn der christlichen Zeitrechnung gesiedelt hat. Seit der Mitte des 19. Jahrhunderts war die allgemein verbreitete Ansicht, es handele sich um ein Siedlungsgebiet in der oberen und mittleren Mainregion, etwa zwischen Neckar, Main und Donau. In den letzten Jahrzehnten ist diese Annahme in Frage gestellt worden. Die zeitweiligen Sitze des Stammes könnten durchaus weiter nördlich im mitteldeutschen Raum, in Hessen und Thüringen, gewesen sein.[50] Die archäologischen Befunde legen nämlich keinen engeren Zusammenhang zwischen der Maingegend und Böhmen in dieser Zeit nahe. Es erscheint sogar unwahrscheinlich, dass der für die Markomannen in Böhmen typische »Großromstedter Horizont« aus seinem Entstehungsgebiet an Elbe und Saale einen Umweg über die Maingegend nach Böhmen gemacht habe.[51] Der »Großromstedter Horizont« ist nach einem Gräberfeld in Großromstedt bei Apolda im thüringischen Kreis »Weimarer Land« benannt. Dieses Gräberfeld auf der Ilm-Saale-Platte wurde vor allem zwischen 1907 und 1913 ausgegraben. Inzwischen liegen 614 Grabinventare auf 4 ha Fläche vor, darunter 35 Komplexe der jüngeren Kaiserzeit. Das auffällige Merkmal dieser Brandgräber ist die große Anzahl von Waffenbeigaben.[52]

Die Annahme, dass das Siedlungsgebiet der Markomannen nicht am Main, sondern weiter nördlich gesucht werden muss, findet eine gewisse Stütze in der zweiten Nachricht, die sich in der Literatur über diesen Stamm erhalten hat. Das von Caesar in den Jahren 58 bis 50 v. Chr. eroberte Gallien war in den Jahren 29, 16 und 12 v. Chr. immer wieder von östlich des Rheins wohnenden Germanenstämmen heimgesucht und geplündert worden. Der letzte dieser Einfälle, an dem sich Sugambrer, Usipeter und Tenkterer beteiligten, wurde von den Römern als Anlass genommen, um eine große Offensive über den Rhein zu starten. Übertragen wurde sie dem Prinzen Drusus dem Älteren, einem Stiefsohn des Kaisers

3 Die Markomannen zwischen Caesar und Drusus dem Älteren

Augustus. In mehreren Feldzügen drang er mit seinem Heer ab dem Jahre 12 v. Chr. an die Nordseeküste, an Ems und Weser in das heutige Westfalen, Niedersachsen und Hessen vor.[53] Im dritten dieser Feldzüge im Jahre 10 v. Chr. gab es auch eine Kampagne gegen die Markomannen. Cassius Dio spricht zu diesem Jahr zwar nur davon, dass Drusus die schon einmal besiegten und wieder abgefallenen Chatten sowie die Sugamber unterworfen hat.[54] Der Schriftsteller Florus aus dem 2. Jahrhundert erwähnt einen Sieg über die Markomannen, nachdem er die Erfolge des Drusus über Usipeter, Tenkterer und Chatten in den Jahren 12 und 11 v. Chr. zusammengefasst hat. Daher passt der militärische Erfolg über die Markomannen mit großer Wahrscheinlichkeit in dieses Jahr 10 v. Chr., auch wenn Cassius Dio davon keine Notiz genommen hat. Florus schreibt, Drusus habe aus Beutestücken und Feldzeichen der Markomannen einen hohen Hügel wie ein Siegesdenkmal errichtet. Ohne Zweifel auf dasselbe Ereignis bezieht sich Orosius im 5. Jahrhundert mit der Feststellung, der Feldherr habe die Markomannen beinahe bis zur völligen Vernichtung geschlagen. Florus und Orosius dürften ihre Nachrichten dem Geschichtswerk des Livius aus der Zeit des Augustus entnommen haben.[55] So pauschal sie gehalten sind, so kann man aus ihnen doch einen in der Geschichtsschreibung erwähnenswerten Sieg des Drusus über die Markomannen entnehmen. Dabei wird man die Versicherung des spätantiken Autors Orosius, der Prinz habe die Markomannen »fast bis zur Vernichtung geschlagen« (*paene ad internecionem*) nicht auf die Goldwaage legen dürfen. Sie passt nämlich nicht dazu, dass dieser Stamm wenige Jahre später nach Böhmen gezogen ist und dort rasch zum Mittelpunkt einer Koalition von Stämmen geworden ist. Durchaus wahrscheinlich ist jedoch die Annahme, dass die Niederlage der Markomannen im Jahre 10 v. Chr. die Ursache der Auswanderung aus ihren bisherigen Wohngebieten gewesen ist. Kombiniert man die Nachrichten des Cassius Dio und die von Florus und Orosius für dieses Jahr, so spricht einiges dafür, dass Drusus nach seinen Kämpfen in Westfalen und Hessen nicht erst an den Main gezogen ist, sondern die Markomannen schon weiter nördlich in Hessen oder Thüringen getroffen hat.

Bei Caesars Aufzählung der Stämme, aus denen sich Ariovists Heer zusammengesetzt hat, werden die Sueben als der größte und kriegerischste Stamm genannt. Das Verständnis der Sueben bei den griechisch-römischen

3 Die Markomannen zwischen Caesar und Drusus dem Älteren

Abb. 2: Porträt des Nero Claudius Drusus.

Schriftstellern bereitet Schwierigkeiten und ist in der Forschung ein Gegenstand ausgiebiger Diskussion. Hinter diesem Namen kann sich einmal die Bezeichnung für einen Stammes- oder Kultverband verbergen, als deren Kernstamm Tacitus später die Semnonen im Havel-Spreegebiet herausstellt. Eine andere Deutung ist ein von den Römern gebrauchter ethnographischer Sammelbegriff für ihnen unbekannte Stämme. Eine weitere Möglichkeit ist, unter den Sueben Gefolgschaftsverbände zu verstehen, die unter der Führung von Heerkönigen aus den östlichen Teilen Germaniens bis zum Rhein vorgedrungen sind. Neuere archäologische Befunde sprechen für Wanderbewegungen im 2. und 1. Jahrhundert v. Chr. aus den Gebieten zwischen Oder, Warthe und Weichsel über das Elb-Saale-Gebiet in die Wetterau, wo sich Zeugnisse der Przeworsk-Kultur in caesarischer Zeit nachweisen lassen.[56] Für den Eroberer Galliens waren die Sueben ein großer rechtsrheinischer Stamm, der ihn veranlasste, in den Jahren 55 und 53 v. Chr. zweimal den Rhein in Richtung Osten zu überschreiten und diesem Stamm am Anfang des vierten Buches seiner *Commentarii* einen eigenen Exkurs zu widmen.[57]

In der Kaiserzeit ist der Suebenname dann eng mit den elbgermanischen Stämmen verbunden. Dies ist die Auffassung des Geographen Strabon in augusteischer Zeit. Er versteht die Markomannen als einen Teil der Sueben, der sich nach der Abwanderung nach Böhmen verselbständigt hat. Neben den Markomannen rechnet dieser Schriftsteller die Quaden, Hermunduren, Semnonen und Langobarden zu den Sueben.[58]

Einen Beleg für die Zugehörigkeit der Markomannen zu den Sueben bietet ein interessantes epigraphisches Zeugnis aus derselben Zeit, in der Strabons Werk entstand. Im Unterschied zu den literarischen Quellen, die immer nur durch einen langen Prozess von Abschriften bis in die Gegenwart gelangt sind, sprechen Inschriften aus dem Altertum unmittelbar zu uns. In seinem 76. Lebensjahr hat Kaiser Augustus die Bilanz seines Lebens gezogen. In den Jahren 13 und 14 n. Chr. erhielt das berühmte »Verzeichnis seiner Taten«, die *Res gestae Divi Augusti*, die endgültige Fassung. In diesem Vermächtnis, erhalten in erster Linie in dem *Monumentum Ancyranum*, einer Inschrift aus der heutigen türkischen Hauptstadt Ankara, werden sein politischer Werdegang, die Ämter und Ehrungen, seine Aufwendungen für öffentliche Bauten, Spiele und Spenden und nicht zuletzt die militärischen Erfolge so dargestellt, wie sie der Kaiser der Nachwelt überliefert wissen wollte. Dabei kommt er gegen Ende des Tatenberichts auch auf die zahlreichen Eroberungen unter seiner Regierung zu sprechen. So rühmt sich Augustus, Germanien bis zur Mündung der Elbe »befriedet« zu haben.[59] Wenige Kapitel später ist davon die Rede, dass eine Reihe fremder Herrscher und Thronprätendenten hilfesuchend (*supplices*) zu ihm geflohen seien. Neben Königen der Parther, Meder und Adiabener aus dem Nahen Osten werden zwei Könige aus Britannien aufgezählt und von den Germanen der Sugambrer Maelo und ein König der suebischen Markomannen, von dessen Namen nur die drei letzten Buchstaben *-rus* erhalten geblieben sind.[60]

Der an dieser Stelle genannte Maelo hat als König der Sugambrer wohl den Einfall nach Gallien geleitet, der im Jahre 17 oder 16 v. Chr. zur

Niederlage des römischen Heerführers Lollius geführt hat. Nach der Zwangsumsiedlung der Sugambrer auf das linke Rheinufer im Jahre 8 v. Chr. scheint er Schutz bei Augustus gesucht zu haben.[61]

Nur im Bereich der Spekulation bleibt man bei der Frage, um wen es sich bei dem Markomannenkönig gehandelt haben kann. Aus dem Umstand, dass der Unbekannte zusammen mit dem Sugambrer Maelo genannt wird, hat man vermutet, dass er ein ähnliches Schicksal gehabt haben könnte. Der Kaiserbiograph Sueton erwähnt in seiner Lebensbeschreibung des Augustus, dieser habe Sueben und Sugambrer unterworfen und in Gallien unmittelbar am Rhein angesiedelt. Da nun die Zwangsumsiedlung der Sugambrer sicher im Jahre 8 v. Chr. erfolgt ist, hat man geschlussfolgert, von den 10 v. Chr. besiegten Markomannen sei ein Teil ebenfalls westlich des Niederrheins angesiedelt worden. Wie Maelo sei auch der anonyme Herrscher dieses Stammes zum Kaiser geflohen.[62] Allerdings ist überhaupt nicht sicher, ob Sueton mit seinen Sueben die Markomannen meint. Selbst wenn dies der Fall sein sollte, muss deren Umsiedlung nichts mit dem Stammesoberhaupt zu tun gehabt haben. Die Flucht ihres Königs könnte aber durchaus mit der Niederlage durch Drusus in Zusammenhang stehen.

Die einzig verlässliche Nachricht aus dem »Tatenbericht« des Augustus bleibt, dass der Kaiser wie der Geograph Strabon die Markomannen als einen Teilstamm der Sueben betrachtet haben. Die Nachrichtenlage über diesen Stamm ist im 1. vorchristlichen Jahrhundert leider sehr bescheiden. Sie beschränkt sich im Wesentlichen auf die Teilnahme von Markomannen im Heere Ariovists 58 v. Chr. und auf die Niederlage des Stammes durch die Römer 10 v. Chr. Unsere Kenntnis ändert erst sich schlagartig um den Beginn der christlichen Zeitrechnung mit dem Auftreten des Königs Marbod.

4   Marbod

In einem Rückblick aus dem Jahre 19 n. Chr. hat der römische Kaiser Tiberius den Markomannenkönig Marbod in herausragender Weise gewürdigt. Nach der Darstellung des Tacitus habe er ihn in eine Reihe mit anderen großen Herrschern des Altertums gestellt. Der Historiker schreibt: »Im Senat erklärte Tiberius, so furchtbar wie Marbod seien weder Philipp den Athenern noch Pyrrhos oder Antiochos dem römischen Volke gewesen. Noch ist die Rede vorhanden, in der er die Größe dieses Mannes, die gewaltige Kraft der ihm untertänigen Stämme, die gefährliche Nähe des Feindes zu Italien und seine eigenen Pläne zur Vernichtung des Feindes hervorhob«.[63] Der Markomannenkönig wird hier mit König Philipp II. von Makedonien, der im 4. Jahrhundert v. Chr. eine große Gefahr für den Stadtstaat Athen darstellte, sowie mit den Königen Pyrrhos von Epeiros und Antiochos III., dem Herrscher des Seleukidenreiches in Vorderasien, die im 3. und 2. Jahrhundert v. Chr. bedeutende Feinde der römischen Republik waren, verglichen. Hinsichtlich der Gefahr, die von Marbod tatsächlich für Rom ausging, sind diese Vergleiche mit Sicherheit übertrieben. Der Kaiser will damit seine eigenen Verdienste als Feldherr nachdrücklich unterstreichen. Durchaus zu Recht würdigt Tiberius in dieser Rede jedoch die früheste Reichsbildung bei den Germanen, die ihrem Schöpfer auf lange Zeit eine einzigartige Stellung verliehen hat. Die Gestalt des Marbod ist neben derjenigen des Arminius die mit Abstand wichtigste auf der germanischen Seite in dem fast drei Jahrzehnte währenden Kampf der Römer um die Hegemonie in Mitteleuropa zwischen 12 v. Chr. und 16 n. Chr. Er darf vor allem als der große Gegenspieler des Tiberius im Norden verstanden werden, als der erste Politiker bei den Germanen, dem Verhandlungen und Wahrung der Neutralität sowie die

4 Marbod

Organisation des von ihm beherrschten Gebietes ebenso wichtig waren wie Kampf und Krieg.

Herkunft

Wer war nun dieser, von den Römern so gefürchtete Mann? Der König, dessen in den griechisch-römischen Schriftquellen überlieferter Name »Maroboduus« oder »Marobodus« als die keltische Version eines germanischen Namens »Merabadwaz« oder »Marabadwaz« gedeutet wird, wenn er nicht überhaupt keltisch ist, dürfte um das Jahr 30 v. Chr. geboren worden sein. Er entstammte dem markomannischen Adel und hatte vielleicht eine keltische Mutter, was den Namen erklären könnte.[64] In jungen Jahren kam er nach Rom, wo er die Aufmerksamkeit des Kaisers Augustus auf sich zog. Weder der Anlass dieses Aufenthalts noch die Dauer und die Art der ihm vom Kaiser erteilten »Gunstbeweise« sind bekannt. Denkbar ist ebenso ein unfreiwilliger Aufenthalt, als Kriegsgefangener oder als Geisel, wie ein freiwilliger, etwa in Begleitung ins Exil gegangener Germanen oder als Söldner in der kaiserlichen Leibwache. Die »Gunstbeweise« können sowohl in seiner Freilassung wie auch in der Verleihung des römischen Bürgerrechts bestanden haben. In jedem Falle wird man davon ausgehen können, dass er in der Zeit seines Aufenthalts in Rom eingehende Kenntnisse des römischen Militärwesens und auch Vorstellungen von der Staatsverwaltung erworben hat. Der Zeitgenosse Velleius Paterculus nennt ihn in einem Wortspiel »eher seiner Geburt nach« (*natione*) »als seinem Verstande nach« (*ratione*) einen »Barbaren«. Wohl zu weit geht die Vermutung, dass Marbod eine römische Erziehung auf Kosten des Kaisers in einer Rhetorenschule erhalten habe, wie dies für Geiseln aus dem hellenisierten Osten des Römischen Reiches bezeugt ist.[65]

Um das Jahr 8 v. Chr. hat Marbod Italien wieder verlassen. Seine Rückkehr nach Germanien kann nur mit der Billigung des Kaisers erfolgt sein. Bei den Markomannen, die im Jahre 10 v. Chr. von Tiberius' Bruder Drusus besiegt worden waren, erlangte er schnell eine führende Stellung.

Man wird in der Annahme kaum fehlgehen, dass Augustus ihm die Rolle eines Klientelkönigs zugedacht hatte, eine Rolle, der er sich dann jedoch schnell entziehen konnte. Unter seiner Leitung erfolgte wohl in den Jahren 6/5 v. Chr. die Abwanderung seines Stammes in das von den keltischen Bojern zwar verlassene, aber durchaus noch besiedelte Böhmische Becken. Mit dieser Absetzbewegung, für die man sich schwerlich eine römische Zustimmung vorstellen kann, wollte Marbod vielleicht einer Zwangsumsiedlung zuvorkommen, wie sie gerade wenige Jahre zuvor mit den am Niederrhein besiegten Sugambrern erfolgt war. Das nördliche und mittlere Böhmen, *Boiohaemum*, das »Bojerland«, nach den früher dort siedelnden keltischen Bojern benannt, wurde die neue Heimat der Markomannen für die nächsten Jahrhunderte.

In Böhmen brachte Marbod zuerst die dort siedelnde keltische Restbevölkerung und bereits vor ihm eingewanderte Germanen unter seine Herrschaft. Danach dehnte er seine Herrschaft, nunmehr unbezweifelbar als König, durch Unterwerfung anderer Stämme wie auch durch Verträge nach Norden und Osten aus. Dabei gelangten von den Elbgermanen die Semnonen und Langobarden unter seinen Einfluss, bis das von ihm geschaffene »Reich« von der mittleren Donau bis an die untere Elbe und die Ostsee reichte. Der zeitgenössische Geograph Strabon nennt neben den Semnonen im heutigen Land Brandenburg die Lugier in Schlesien und Kleinpolen und die sonst unbekannten Stämme der Zumer, Butonen, Mugilonen und Sibiner.[66] Die *Butones* hat schon der bekannte französische Philologe Isaac Casaubonus 1587 in *Goutones* korrigiert. Die Goten siedelten um den Beginn der christlichen Zeitrechnung am Unterlauf der Weichsel und an der Ostsee. Die Sibiner dürften die bei Ptolemaios im 2. Jahrhundert genannten Sidiner sein, die am Unterlauf der Oder in Pommern wohnten. Nicht bei Strabon, sondern bei Tacitus werden die Langobarden als zu Marbods Reich gehörig erwähnt. Auf seinem Höhepunkt reichte dieses Machtgebilde von der Elbe bis an die Weichsel und von der Donau bis an die Ostsee.[67] Dieses »Reich« war aber alles andere als eine Einheit. Die Stämme waren von den Markomannen zum Teil unterworfen worden, zum Teil waren sie ein Bündnis eingegangen. Alle dürften sich in recht unterschiedlicher Abhängigkeit von Marbod befunden haben. Die Semnonen und die Langobarden waren sicher nur Verbündete, beide fielen als ganze Stämme im Jahre 18 n. Chr. von diesem »Reich« ab.

4 Marbod

Ähnlich könnte es bei den Goten gewesen sein. Am ehesten kann man dieses Herrschaftsgebilde als eine Koalition von Stämmen unter Führung der Markomannen verstehen.

Politik gegenüber Rom

Gegenüber Rom zeigte Marbod nach seiner Machtbefestigung ein vorsichtiges und besonnenes Verhalten. Er war darauf bedacht, das Imperium nicht zu reizen, demonstrierte jedoch auch Selbstbewusstsein und Stärke. Sein Heer soll er auf die Zahl von 70.000 Fußsoldaten und 4.000 Reiter gebracht haben, zusätzlich hielt er sich nach römischem Vorbild eine Leibwache. Unter diesen Angaben, die Velleius Paterculus bei seinem Aufenthalt im Hauptquartier des Tiberius in Erfahrung gebracht haben dürfte, ist aber wohl das Maximalaufgebot aller Wehrfähigen zu verstehen und keinesfalls ein stehendes Heer wie das römische. Aufschlussreich ist aber schon die Tatsache, dass Marbod fixe Zahlen seiner Streitkräfte besaß und diese besser organisiert waren als sonst bei den germanischen Stämmen.[68]

Allmählich traten Marbods Gesandte in Rom selbstbewusster auf und beanspruchten Gleichrangigkeit für sich. Bei ihm suchten auch von Rom abgefallene Stämme und Einzelpersonen Zuflucht, daneben entwickelte sich ein reger Handelsverkehr. Kaufleute und Marketender aus den römischen Provinzen hielten sich offenbar regelmäßig an seinem Königssitz auf. Der römische Import in Marbods Reich ist archäologisch gut belegt. Allein die Tatsache, dass es einen festen Herrschersitz mit einem schützenden Kastell (*regiam castellumque iuxta situm*) gab, war ein Alleinstellungsmerkmal. Die römischen Händler besaßen spätestens seit dem Frieden des Jahres 6 n. Chr. ein förmliches Rechtsverhältnis, das *ius commercii*.[69] Eine neue Untersuchung der römischen Importe in das Markomannenreich zeigt, dass 44 % aller Importe Fibeln waren, 20 % Bronzegefäße, 15 % Gürtelgarnituren, 10 % Münzen und 3 % Militaria.[70]

Spätestens in den Jahren um den Beginn der christlichen Zeitrechnung muss den Römern bewusst geworden sein, dass hier etwas anderes im Entstehen begriffen war als die ihnen bisher bekannten Stammesstrukturen bei den Germanen. Marbods Königtum besaß eine über das Heerkönigtum hinausgehende Autorität und führte zu einer Form früher Staatlichkeit. Damit entstand aber eine latente Rivalität zum Imperium Romanum an dessen Nordgrenze. In aller Deutlichkeit ist das spätestens im Sommer 5 n. Chr. an der Elbe erkannt worden.

Die Prinzen Drusus und Tiberius, Stiefsöhne des Kaisers Augustus, hatten in den Jahren 12 bis 7 v. Chr. die germanischen Stämme zwischen Rhein und Elbe der römischen Herrschaft unterworfen. Diese Erfolge machte jedoch eine Aufstandsbewegung zu Beginn des ersten Jahrzehnts unserer Zeitrechnung zu einem großen Teil noch einmal zunichte. Es entbrannte ein »ungeheurer Krieg«, ein *immensum bellum* nach den Worten des Velleius Paterculus.[71] Die mehrjährigen Auseinandersetzungen kamen einer zweiten Eroberung der germanischen Gebiete gleich. Zu deren Beendigung wurde Tiberius, der in den Jahren 9 bis 7 v. Chr. schon einmal das Oberkommando in Germanien innegehabt hatte, erneut dorthin geschickt. Er hat dann in den Jahren 4 bis 6 n. Chr. denjenigen Zustand wiederhergestellt, der bei seinem Triumph 7 v. Chr. schon einmal erreicht zu sein schien. Die Zeit des zweiten Aufenthalts von Tiberius war der Höhepunkt des römischen Einflusses zwischen Rhein und Elbe überhaupt. Im Sommer 5 n. Chr. erfolgte eine kombinierte Land- und Seeoperation an der unteren Elbe, die spätestens jetzt zur östlichsten Markierungslinie für die Grenze einer geplanten Provinz und zu einem Pendant des Rheins wurde. Die Expedition von Heer und Flotte in diesem Jahr ist durch die Teilnahme des Velleius Paterculus, der darüber berichtet hat, gut bezeugt.[72]

An der unteren Elbe besiegte Tiberius die Langobarden, die über den Strom ins heutige Mecklenburg flüchteten. Das römische Heer blieb an der Elbe stehen und befolgte damit eine Anweisung des Kaisers Augustus, diesen Fluss auf keinen Fall zu überschreiten. Das Verbot des Kaisers dürfte aus den Erkenntnissen einer wahrscheinlich in das Jahr 4 n. Chr. zu datierenden Flottenexpedition resultieren, die den Küstenverlauf des »nördlichen Ozeans« von der Rheinmündung erkunden sollte und tatsächlich bis zum Kap Skagen an der Nordküste Jütlands gelangt ist. Die durch dieses Unternehmen gewonnene geographische Erkenntnis war, dass eine lang-

Abb. 3: Vorkaiserliches Porträt des Tiberius Iulius Caesar, sog. Adoptionstypus.

gestreckte Halbinsel – das heutige Schleswig-Holstein und Jütland – eine Weiterfahrt in Richtung Osten versperre und dass die Elbe nach dem Rhein, der Ems und der Weser die letzte vom offenem Meer her befahrbare »Wasserstraße« sei, die den Zugang zum germanischen Binnenland ermöglichte. »Wasserstraßen« waren für die Römer bei den Wegeverhältnissen Germaniens sehr wichtig. Seit Beginn der Okkupationszeit hatten sie sich das Land östlich des Rheins durch solche Wasserstraßen erschlossen. Den Lauf der Lippe haben sie mit Kastellen geradezu als eine »Einfallstraße« nach Westfalen ausgebaut. Die Funde von Lahnau-Waldgirmes und Marktbreit zeigen, dass an Lahn und Main ähnliches vorgesehen war. Ems und Weser spielten als Wasserstraßen für Truppentransporte vor allem in den Feldzügen des Germanicus in den Jahren 15 und 16 n. Chr. eine große Rolle.

Der weitere Grund dafür, dass Tiberius mit seiner konzentrierten Macht von Heer und Flotte keine Anstalten zu einem Flussübergang machte, war, dass er den östlich der Elbe beginnenden Machtbereich Marbods respektierte. Die Semnonen, auf die die Römer trafen, hatten sich Marbod unterstellt, die Langobarden kamen durch ihre Flucht unter die Hegemonie des Markomannenkönigs, falls diese nicht schon vorher bestand.

Spätestens mit der Flucht der Langobarden müssen die Römer erkannt haben, dass eine Provinz *Germania* zwischen Rhein und Elbe, die sie zweifellos geplant haben, ohne eine Klärung des Verhältnisses zu Marbod nicht möglich war. Und so lautet das Fazit des Velleius Paterculus am Ende des Jahres 5 n. Chr. über das zweijährige Kommando des Tiberius: »Nichts gab es mehr in Germanien zu besiegen als den Stamm der Markomannen«.[73] Dabei malt er die Gefahren aus, die von Marbod ausgegangen seien, selbst Italien hätte ihn gefürchtet, dessen Grenze nur 300 km von ihm entfernt sei.[74] Tatsächlich gibt es überhaupt keine Anzeichen für Ambitionen des Königs außerhalb Germaniens. Velleius geht es nur um eine Rechtfertigung des Krieges und um die Taten des von ihm sehr verehrten Feldherrn.

Nachdem mit der großen Heer- und Flottendemonstration an der Unterelbe die römische Herrschaft über Norddeutschland gefestigt zu sein schien, wurde im Jahre 6 n. Chr. eine Militäroperation gegen Marbod in Angriff genommen.

Der Feldzug gegen das Markomannenreich war als eine großangelegte »Zangenoperation« von Westen und Süden her gegen Böhmen geplant. Der Befehlshaber der Rheinarmee Sentius Saturninus zog mit einem Heer wahrscheinlich vom Legionslager Mainz den Main aufwärts in Richtung der böhmischen Randgebirge, Tiberius selbst kam von der Donaugrenze im Süden. Die möglichen Routen der beiden Heeressäulen und vor allem die in Frage kommenden »Einfallstore« nach Böhmen werden in der Forschung seit langem kontrovers diskutiert. Das Problem besteht darin, dass Velleius Paterculus als Ausgangspunkt für die westliche Heeressäule nur sehr allgemein das Gebiet der Chatten im heutigen Hessen nennt und als Ausgangspunkt für die von Süden operierende Armee Carnuntum an der Donau, womit aber nur der Raum des zu dieser Zeit noch nicht existierenden römischen Legionslagers gemeint sein kann.[75] Weder der Main noch Mainz werden in diesem Zusammenhang in den Quellen genannt, beide Angaben sind moderne, allerdings sehr wahrscheinliche Schlussfolgerungen. Für den Main als Aufmarschroute spricht das seit 1985 bekannte Legionslager von Marktbreit bei Würzburg. Das Gebiet der Chatten ließe sich damit erklären, dass Sentius Saturninus mit Teilen der Rheinarmee von Lagern an der Lippe, Haltern oder Anreppen durch das Chattengebiet in Hessen an den Main zog, um sich dort mit den Truppen aus Mainz zu vereinigen.[76] Als Einfallstor nach Böhmen bietet sich weniger das unwegsame Egertal an, sondern die Chamer Senke, die ins Pilsener Becken führte. Die Chatten als Ausgangspunkt haben auch zu der These geführt, dass Saturninus gar nicht an den Main gelangt sei, sondern weiter nördlich von Hessen aus durch Thüringen und Sachsen über den Kulmer Steig im östlichen Erzgebirge nach Böhmen gelangte.

Tiberius dürfte aus dem Raum Carnuntum nordwärts die »Bernsteinstraße« nach Mähren und von dort aus nach Ostböhmen gezogen sein. Die schwierige Quellenlage hat auch zu der Vermutung geführt, dass sich die Heeressäulen des Saturninus und des Tiberius noch außerhalb Böhmens etwa im Raum Regensburg getroffen hätten, um von dort aus gemeinsam durch die Chamer Senke ins Markomannenland zu ziehen. Saturninus hätte dann vom Main aus nach Süden und Tiberius von Carnuntum aus nach Westen ziehen müssen, beide entlang der westlichen Randgebirge Böhmens.[77] Bei allen vermuteten Routen bereiten die Nachrichten, dass sich beide Heeressäulen nur noch fünf Tagesmärsche von den Markomannen entfernt befanden und sich an einem vorher bestimmten Ort treffen wollten, Schwierigkeiten.[78] Von den in Betracht gezogenen Routen scheint der Zug des Saturninus vom Main aus durch die Chamer Senke und der des Tiberius durch Mähren am plausibelsten. Der Aufwand für diese Militäroperation war ganz außerordentlich, es war das größte bis zu diesem Zeitpunkt durchgeführte Unternehmen der Römer in Mitteleuropa. Marbod rühmte sich später, man habe zwölf Legionen gegen ihn aufgeboten, das wäre, wenn es stimmt, die Hälfte des gesamten römischen Heeres gewesen.[79]

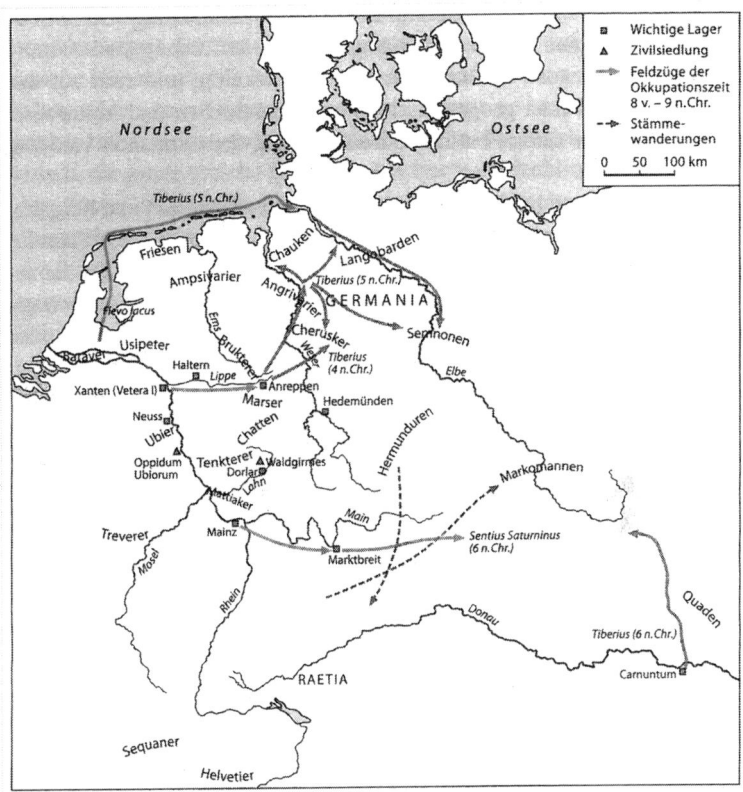

Karte 1: Germanien Anfang des 1. Jahrhunderts n. Chr.

Die beiden Heeressäulen waren angeblich nur noch fünf Tagesmärsche von den Markomannen entfernt und wollten sich, wie erwähnt, in wenigen Tagen an einem vorher bestimmten Ort vereinigen, als die Nachricht vom Ausbruch eines großen Aufstandes südlich der Donau, in Pannonien und Dalmatien, den Abbruch des Feldzugs in Böhmen veranlasste.[80] Diese Gebiete waren erst in den Jahren 13 bis 9 v. Chr. von den Römern unterworfen worden und ihre Herrschaft dort war noch alles andere als konsolidiert. Vor allem die Sorge um Italien, das von diesem Aufstandsgebiet ja viel eher einer Gefahr ausgesetzt war als von Böhmen, veranlasste

4 Marbod

Tiberius, seine Truppen umkehren zu lassen und selbst das Kommando auf dem neuen Kriegsschauplatz zu übernehmen. Unter dem Druck der Verhältnisse schlossen die Römer einen Verständigungsfrieden mit Marbod, in dem sie ihn faktisch als Herrscher anerkannten. Damit hatte der Markomannenkönig mehr erreicht als jeder andere germanische Stammesherrscher vor ihm, ohne dass es überhaupt zu einer Kampfhandlung gekommen war. Interessant sind die Wertungen dieses Friedensvertrags des Jahres 6 n. Chr. aus der Sicht der verschiedenen Akteure.

Marbod rühmte sich später, von zwölf Legionen angegriffen worden zu sein und die grundsätzliche Gleichrangigkeit mit Rom erlangt zu haben. Man sei nach dem Abschluss eines für beide Teile gleich günstigen Vertrages auseinandergegangen (*mox condicionibus aequis discessum*).[81] Tatsächlich war die Unabhängigkeit des Königs damit anerkannt worden, aber der Grund dafür waren eben die Vorgänge in den Donauprovinzen und der Abbruch des Feldzuges. Die angeführten Legionen sind niemals auf die Markomannen getroffen.

Tiberius wiederum interpretierte den Vorgang völlig anders. Bei der Abberufung des Germanicus im Jahre 16 n. Chr. meinte er nach den Worten des Tacitus, er habe die Markomannen und ihren König durch einen Frieden an Rom gefesselt (*Suebos regemque Maroboduum pace obstrictum*).[82] Der aus der Not geborene Kompromiss wird von dem Kaiser quasi in einen Sieg umgemünzt, worauf er sich auch in seiner Charakteristik aus dem Jahre 19 bezieht, mit der dieses Kapitel eingeleitet wurde. Seit dem Friedensschluss war Marbod aller Wahrscheinlichkeit nach ein Freund und Bundesgenosse des römischen Volkes (*amicus et socius populi Romani*), beruft er sich doch nach seiner Entmachtung auf die Freundschaft (*amicitia*) mit Rom.[83] Nach der Vorstellung der Römer war mit der Verleihung dieses Titels die Begründung eines Abhängigkeitsverhältnisses verbunden, wie sie das seit langem in Kleinasien, dem Schwarzmeerraum und Nordafrika praktiziert hatten. In Germanien hatte diese Politik jedoch keinen Erfolg. Der älteste bekannte diplomatische Akt zwischen dem Imperium und den »Barbaren« Mitteleuropas war die Verleihung des Titels »König und Freund des römischen Volkes« (*rex et amicus populi Romani*) durch den Senat an den suebischen Heerkönig Ariovist im Jahre 59 v. Chr. Die Titelverleihung war auf Empfehlung von C. Iulius Caesar erfolgt, der in einer Unterredung mit Ariovist davon spricht, dass es sich dabei um einen »Gunstbeweis«, ein *beneficium*, handelte, der ihn zum Wohlverhalten verpflichtete. Der Suebenkönig will davon jedoch nichts wissen. Er meinte, die *amicitia* müsse ihm Ehre und Schutz und keinen Schaden einbringen (*ornamentum et praesidium, non detrimentum*).[84] Ähnliche Überlegungen dürfen wir auch Tiberius und Marbod unterstellen. Meinte der Kaiser, mit dem Vertrag des Jahres 6 n. Chr. den König in ein Abhängigkeitsverhältnis gebracht zu haben, so sah dieser das keineswegs so und betrachtete sich zumindest für das kommende Jahrzehnt als gleichberechtigten Partner.

Eine dritte Variante bei der Bewertung dieses Friedensschlusses findet sich schließlich bei Arminius, der im Jahre 17 n. Chr. vor seiner Auseinandersetzung mit Marbod diesen als feigen Flüchtling beschimpft, der sich von Schlachten fern gehalten und in Schlupfwinkeln Schutz gesucht habe sowie als Vaterlandsverräter und als einen Knecht des Kaisers (*proditorem patriae, satellitem Caesaris*).[85] Mit der Flucht in die Schlupfwinkel ist der Rückzug nach Böhmen gemeint, mit dem angeblichen Verrat an der germanischen Sache der Frieden des Jahres 6 n. Chr. Dabei soll sich Arminius die Argumente des Tiberius zu eigen gemacht haben, dass Marbod mit diesem Vertrag in Roms Abhängigkeit gekommen sei. Besonders an dieser Stelle wird deutlich, dass alle diese Äußerungen durch die Brille römischer Schriftsteller gesehen worden sind und es sich um Formulierungen des Tacitus oder des Velleius Paterculus handelt. Von einem »Vaterland« (*patria*) hat Arminius mit Sicherheit niemals gesprochen.

Für die Römer war es im Jahre 6 n. Chr. entscheidend, dass das Germanenreich in Böhmen während des Pannonisch-Dalmatischen Aufstandes die Neutralität bewahrte. Darüber hinaus ist gar nicht sicher, ob eine Eroberung Böhmens beabsichtigt war. Man hätte sich im Falle eines militärischen Erfolgs, der bei der römischen Übermacht zu erwarten war, auch mit einem abhängigen Klientelstaat begnügen können. So gibt es die durchaus plausible Ansicht, ein Rom gefügiges Markomannenreich hätte für die Absicherung der Herrschaft des Imperiums im Nordosten ausgereicht.[86]

Die Politik einer »bewaffneten Neutralität« behielt Marbod nicht nur während des vierjährigen Pannonischen Aufstands bei, sondern auch im Jahre 9 n. Chr. Die Versuche des Arminius, ihn zum Kampf gegen Rom zu bewegen, lehnte er ab. Nach der Schlacht im Teutoburger Wald schickte

4 Marbod

der Cheruskerfürst den Kopf des P. Quinctilius Varus, der sich nach der verheerenden Niederlage noch auf dem Schlachtfeld das Leben genommen hatte, an den Markomannenkönig. Diese Geste kann nur als die eindeutige Aufforderung verstanden werden, sich den Cheruskern und ihren Verbündeten anzuschließen. Marbod lehnte nicht nur dieses Ansinnen ab, sondern sandte das Haupt des toten Feldherrn zur ehrenvollen Bestattung nach Rom.[87] Ebenso neutral verhielt er sich in der Folgezeit. So wenig wie er Arminius geholfen hatte, half er den Römern bei ihren Feldzügen gegen verschiedene Germanen unter Tiberius in den Jahren 11 und 12 sowie unter Germanicus 14–16.

Eine der Begründungen des Tiberius bei der Abberufung des Germanicus von seinem Kommando am Rhein war, man könne jetzt die Germanen ihren inneren Zwistigkeiten überlassen. Diese Ansicht erwies sich als völlig zutreffend. Noch in dem Jahr 17, in dem Germanicus mit großem Aufwand einen Triumph in Rom »über Cherusker, Chatten und Angrivarier sowie die anderen Stämme, die bis zur Elbe hin wohnen«, gefeiert hat, ist bei den germanischen Stämmen die Richtungsänderung der römischen Politik erkannt worden.[88] Befreit von der Furcht vor dem auswärtigen Feind brach überraschend schnell der Konflikt zwischen Cheruskern und Markomannen und der Kampf um die Hegemonie aus. Die Semnonen und Langobarden fielen als ganze Stämme von Marbod ab und schlossen sich Arminius an, was ein Licht auf die letztlich fragile Struktur des Königreiches wirft. Der Verlust wurde zum Teil dadurch ausgeglichen, dass ein Teil der Cherusker unter Arminius' Onkel Inguiomerus die Seiten wechselte und sich den Markomannen anschloss. Inguiomerus fand es offenbar unter seiner Würde jetzt, wo der Kampf nicht mehr gegen die Römer ging, seinem jugendlichen Neffen zu gehorchen. In einer propagandistischen Rede bezeichnet Marbod den Inguiomerus sogar als den eigentlichen Sieger im Teutoburger Wald.[89] Nicht nur die Rivalitäten zwischen den einzelnen Stämmen, sondern auch die stammesinternen Konflikte traten bei dieser Parteinahme offen zutage.

Nach längeren Kriegsvorbereitungen kam es zu einer großen Schlacht offenbar außerhalb Böhmens. Marbod gab sich geschlagen und zog sich in das Kerngebiet des Stammes zurück. Aus der taciteischen Formulierung, es wäre zu einer weiteren Schlacht gekommen, wenn Marbod nicht sein Lager auf die »Höhen« verlegt hätte, kann man den Schluss ziehen, dass der

Kriegsschauplatz im mittleren Sachsen oder in der Oberlausitz lag, mit den
»Höhen« könnten Erzgebirge oder Zittauer Gebirge gemeint sein.[90] Nach
seiner Niederlage bat der König die Römer um Hilfe. Die wurde ihm
jedoch von Tiberius verweigert mit dem Vorwurf, er habe Rom im Kampf
gegen Arminius ja auch nicht unterstützt. Diese Entscheidung ist auf den
ersten Blick überraschend. Mit einer militärischen Unterstützung des Königs hätte sich der Kaiser an dem Cheruskerfürsten zweifellos rächen und
der weiteren Ausweitung von dessen Herrschaft wirksam entgegentreten
können. Das dürften auch Marbods Überlegungen bei seinem Hilferuf
gewesen sein. Indem Tiberius jedoch Marbod fallen ließ, stärkte er erst
einmal die Stellung des Arminius, dessen Einfluss jetzt sogar über die Elbe
nach Osten reichte. Dieser Machtzuwachs des großen Gegners schien Tiberius aber weniger zu beunruhigen als das bisher relativ gefestigte und
organisierte Markomannenreich.[91] Er schickte seinen Sohn Drusus den
Jüngeren an die Donau unter dem Vorwand, Marbod zu helfen, tatsächlich
jedoch, um sein politisches Ende zu besiegeln. Der Sohn des Kaisers be-
günstigte die markomannische Adelsopposition gegen den angeschlage-
nen König. Sein »Reich« war eben an seine Person gebunden, die sich
allein durch Siege und Erfolge behaupten konnte. An die Spitze der Opposition trat der bei den Goten lebende Adlige Catualda, den Marbod
früher vertrieben hatte. Dabei bleibt unklar, ob Catualda ein zu den Goten
geflüchteter Markomanne war, der seine Rückkehr erzwingen wollte, oder
ob er ein bei Marbod lebender Gote war.[92] In jedem Falle kam er mit einer
»großen Kriegerschar« von den Goten nach Böhmen. Die Route, die Catualda von der Ostsee in Böhmische Becken gezogen ist, wird in einem
siedlungsleeren Raum zwischen den Semnonen westlich der Oder und den
Lugiern im Inneren Polens vermutet.[93] In Böhmen verbündete sich Catualda mit einheimischen Gegnern des Königs und besiegte ihn.

Exil und Nachfolge

Von allen Seiten verlassen, flüchtete Marbod über die Donau ins Römische Reich. Tiberius wies ihm Ravenna als Wohnsitz an, wo er noch 18 Jahre bis zu seinem Tode gelebt hat.[94] Das von Tiberius so gefürchtete Markomannenreich gab es nicht mehr. Sein Sohn Drusus erhielt nach der Rückkehr von der Donau am 28. Mai des Jahres 20 eine *ovatio*, einen kleinen Triumph, in Rom anlässlich der als Sieg verstandenen Internierung des Markomannenkönigs. Die Stadt Ravenna war im 1. Jahrhundert n. Chr. noch weit von ihrer großen Bedeutung in der Spätantike entfernt. Allerdings galt sie durch natürliche geografische Gegebenheiten wie die Nähe zum Meer und die Sumpfgebiete im Westen und Norden der Stadt als ein sicherer Ort für Internierungen. Im Jahre 38 v. Chr. hatte Augustus damit begonnen, die Stadt zu einem Kriegshafen auszubauen. Die dort stationierte Flotte, die *classis Ravennatis*, war für die Adria und den östlichen Mittelmeerraum zuständig. Als Flottenstützpunkt war die Stadt militärisch geprägt. Vor Marbod wurden dort bereits Arminius' Sohn Thumelicus und der pannonische Adlige Bato interniert.[95]

Arminius konnte von seinem Erfolg und seiner Machtausdehnung nicht lange profitieren. Wohl im Jahre 21 fiel der Sieger vom Teutoburger Wald einem Anschlag seiner Verwandten aus dem cheruskischen Adel zum Opfer. Die Überlegung des Tiberius hatte sich bewahrheitet. Arminius hatte schon nach der Varusschlacht die in den Jahren 9 und 10 bestehende Koalition mehrerer Stämme nicht zusammenhalten können und musste sie einige Jahre später in den Feldzügen des Germanicus neu aufbauen. Ebenso kurz war der Höhepunkt seiner Machtstellung nach dem Sieg über Marbod. Arminius war zweifellos der bedeutendere Feldherr, aber ihm fehlte das politische Talent Marbods.

Die Sympathien des Historikers Tacitus sind eindeutig auf der Seite des Cheruskers und nicht auf der des Markomannen. Bei der Schilderung des Krieges zwischen beiden meint er, Marbod habe sich durch den Königsnamen bei seinen Stammesangehörigen verhasst gemacht (*regis nomen invisum apud populares*), während Arminius als Kämpfer für die Freiheit gegolten habe (*pro libertate bellantem favor habebat*).[96] Diese Interpretation des monarchiekritischen Tacitus ist dem Gedankengut römisch-republikanischer Zeit verpflichtet, in dem der »König« mit einem »Tyrannen« gleichgesetzt wurde. Mit den Bewertungen der Germanen dieser Zeit dürften sie nichts zu tun haben. Die negative Einstellung zeigt sich auch in der Notiz zu seinem Ende. Zu dem 18-jährigen Exil meint Tacitus, Marbod habe in dieser Zeit viel von seinem einstigen Ruhm eingebüßt, weil er das Leben zu sehr liebte.[97] Mit diesem einseitigen Urteil wird der Historiker der großen Bedeutung des Markomannenkönigs jedoch nicht gerecht.[98] Marbods großer Gegenspieler war der spätere Kaiser Tiberius vor seiner Thronbesteigung. Seinen Siegen in Germanien in den Jahren 8–7 v. Chr., 4–6 n. Chr. und 10–12 war kein dauerhafter Erfolg beschieden, wohl aber der Niederschlagung des Pannonisch-Dalmatischen Aufstandes in den Jahren 6–9, weswegen er den Feldzug gegen Marbod abgebrochen hatte. Dafür war ihm bereits im Jahre 9 der Triumph zuerkannt worden, die Feier passte jedoch nicht in die Situation nach der Niederlage im Teutoburger Wald. Drei Jahre später hatte sich dann die Lage an der Rheingrenze jedoch so weit stabilisiert, dass man der Erfolge in den Donauprovinzen feierlich gedenken konnte. Auf diesen Triumph am 23. Oktober 12 oder auch schon auf die triumphale Rückkehr vom Kriegsschauplatz bezieht sich die heute im Kunsthistorischen Museum in Wien ausgestellte *Gemma Augustea*, die wie wenige andere Kunstwerke den Gedanken römischer Weltherrschaft anschaulich werden lässt.

Die Gemme ist eine Meisterleistung antiker Steinschneidekunst und in ihrer Aussage der höfischen Panegyrik vergleichbar. Dargestellt ist im oberen Bildfries der Kaiser Augustus, nach Haltung und Symbolik an den Gott Jupiter erinnernd, in der Linken das Zepter, in der Rechten den Augurenstab, über sein Haupt wird die Bürgerkrone gehalten. Er thront majestätisch gleichberechtigt neben der Göttin Roma. Zu beider Füßen liegen die Waffen besiegter Völker, daneben ist der Adler Jupiters zu erkennen, zwischen den Köpfen von Roma und Augustus der Steinbock, das Tierkreiszeichen des Kaisers. Auf der linken Seite steigt Tiberius, lorbeergekrönt und ebenfalls mit einem Zepter von dem von der Göttin Victoria gelenkten Triumphwagen herab. Neben ihm steht der jugendliche Germanicus. Die allegorischen Figuren am rechten Rand werden als die Weltgöttin Oikumene, Italia oder die Erdgöttin Tellus und der personifizierte Ozean gedeutet.

4 Marbod

Abb. 4: Gemma Augustea.

Im unteren Feld des geschnittenen Halbedelsteins richten römische Soldaten ein Siegesdenkmal auf. Darunter sitzen gefangene »Barbaren«, rechts fleht ein Mann um Gnade, eine Frau wird als Gefangene an den Haaren gezogen. Die römische Sieghaftigkeit wird in dem Kunstwerk als eine gottgewollte Weltordnung verstanden.[99]

5 Das Regnum Vannianum

Die Vertreibung Marbods aus Böhmen bedeutete für die Geschichte der Markomannen einen tiefen Einschnitt. Die Machtstellung, die der Stamm seit der Einwanderung in die neue Heimat gewonnen und unter Marbods Führung immer weiter ausgebaut hatte, war in ganz kurzer Zeit zusammengebrochen. Sein Nachfolger Catualda hatte zwar die Kraft, die Herrschaft seines Vorgängers zu zerstören, jedoch nicht diejenige, sich selbst länger zu behaupten. Um das Jahr 20 wurde auch er gestürzt und vertrieben. Wie Marbod flüchtete er zu den Römern und wurde in Forum Iulium in der Provinz *Gallia Narbonensis*, dem heutigen Fréjus in Südfrankreich, interniert. Damit war er noch weiter als Marbod in Ravenna von seinem einstigen Königreich entfernt.

Ein Problem für die Römer war die sehr zahlreiche Anhängerschaft von Marbod wie von Catualda, die mit ihrem jeweiligen Anführer das Gebiet der Markomannen verlassen hatte, aber natürlich nicht wie die Könige selbst innerhalb des Imperiums interniert werden sollte. Diese Gefolgsleute wurden im Vorfeld der römischen Donaugrenze zwischen den Flüssen Marus und Cusus, March (Morava) und Waag (Váh) oder Gran (Hron), in der westlichen und südlichen Slowakei angesiedelt. Als König wurde ihnen Vannius aus dem Stamme der Quaden gegeben.[100]

5 Das Regnum Vannianum

Der Quadenkönig Vannius

Die knappen Angaben des Tacitus skizzieren mehrere interessante Vorgänge. Sie zeigen einmal die große Bedeutung des Gefolgschaftswesens. Bei Marbods Anhängern handelte es sich mit Sicherheit in der Mehrzahl um Markomannen, unter Catualdas Leuten könnten auch Goten gewesen sein. Beide Gefolgschaftsgruppen hatten eine solche Größe, dass aus ihnen ein neues »Reich« unmittelbar vor der Grenze und damit unter römischer Kontrolle gebildet werden konnte, das immerhin mehrere Jahrzehnte Bestand hatte. Das in Frage kommende Territorium muss dünn besiedelt oder menschenleer gewesen sein, wenn die Römer darüber verfügen konnten. Die Umsiedlungsaktion war mit einer Königseinsetzung verbunden. Der eingesetzte Herrscher war jedoch kein Markomanne, wie zweifellos die Mehrheit der in der Slowakei Angesiedelten, sondern ein Quade. Dieser elbgermanische Stamm wird aus diesem Anlass erstmals in einem historischen Zusammenhang genannt. Sein Siedlungsgebiet war Mähren in der Nachbarschaft der Markomannen. Vannius dürfte aus dem Adelsgeschlecht des Tudrus stammen, das Tacitus allerdings erst am Ende des 1. Jahrhunderts als das Königsgeschlecht der Quaden bezeichnet.[101] Wenn den mehrheitlich markomannischen Gefolgsleuten ein stammesfremder Herrscher zugeteilt wurde, dann kann das aus der Sicht der Römer nur mit der Absicht erfolgt sein, hier ein ihnen gefügiges Klientelreich zu schaffen. Dies hatte schon Augustus mit Marbod vergeblich versucht, es gelang auch Tiberius mit Vannius auf Dauer nicht.

Die Vorgänge um und nach Marbods Sturz hatte Tiberius seinem Sohn Drusus anvertraut. Drusus der Jüngere (15/14 v. Chr.–23 n. Chr.), Sohn des Tiberius und der Vipsania Agrippina, war von Augustus nicht für die Thronfolge vorgesehen. Nach dem Willen des ersten Kaisers sollte auf Tiberius sein Neffe Germanicus folgen. Erst durch den frühen Tod des Germanicus im Jahre 19 eröffnete sich für Drusus die Perspektive auf eine Nachfolge, allerdings nur für kurze Zeit, da auch er im Jahre 23 noch jung verstarb. Sechs Jahre vorher, im Jahre 17, hatte Tiberius seinem Sohn ein außerordentliches, die Befugnisse des Statthalters einer Provinz übersteigendes Kommando über die westlichen Donauprovinzen Illyrien und Pannonien übertragen. Die Mission besaß zwei Aspekte. Zur gleichen Zeit hatte Germanicus nach seinem großartigen Triumph über die Germanen bis zur Elbe am 26. Mai 17 ein außerordentliches Kommando über alle östlichen Provinzen des Römischen Reiches erhalten. Obwohl zu diesem Zeitpunkt Germanicus für den künftigen Kaiser gehalten werden musste, wollte Tiberius seinen eigenen Sohn ihm gleichstellen und übertrug ihm ebenfalls ein hohes Kommando. Mit diesem sollte er sich an den Militärdienst gewöhnen, Sympathien des Heeres erwerben und natürlich militärischen Ruhm gewinnen.[102] Der zweite Aspekt der Mission des Drusus war die Einmischung in die Verhältnisse in Marbods Reich. Das ist ihm im Jahre 19 auch erfolgreich gelungen. Nach den Worten des Tacitus erwarb sich Drusus dadurch nicht geringen Ruhm, dass er die Germanen zur Zwietracht verleitete mit der Absicht, Marbod, dessen Macht nach der Auseinandersetzung mit Arminius schon gebrochen war, vollends in den Untergang zu treiben.[103] Nach der Flucht des Markomannenkönigs erhielt, wie erwähnt, Drusus am 28. Mai 20 in Rom einen kleinen Triumph, da die Internierung Marbods als ein römischer Sieg eingestuft wurde. Die von Tacitus überlieferte überschwängliche Rede des Tiberius über Marbods Gefährlichkeit, mit der oben das vierte Kapitel eingeleitet wird, könnte eine Befürwortung für den Triumph des Drusus im Senat gewesen sein.[104] Nach der erfolgten Ehrung war der Kaisersohn noch einmal an der Donau, um die Umsiedlungsaktion und vor allem die Königseinsetzung durchzuführen.

Die Einsetzung des Vannius spricht eindeutig für die Absicht der Römer, ein Klientelkönigtum zu errichten. Staatsgebilde dieser Art waren typisch für die östliche Hälfte des Römischen Reiches und daran angrenzende Gebiete, für Kleinasien, Armenien, den Schwarzmeerraum, Palästina und Ägypten. Bei den Germanen existierte ein Klientelkönigtum als Instrument römischer Herrschaft allerdings nur in wenigen Ausnahmefällen, in denen ein persönliches Verhältnis zwischen einem von Rom inthronisierten König und dem Kaiser bestand. Der bekannteste Ausnahmefall, bei dem diese Kriterien zutreffen, findet sich allerdings nicht bei den Markomannen und Quaden und liegt zeitlich auch etwas später. Da er jedoch zeigt, welche Absichten und Pläne die römische Führungsschicht aller Wahrscheinlichkeit mit Vannius verfolgte, soll er hier eingeschoben werden.

Das Beispiel Italicus

Arminius, der berühmteste Cherusker, hatte einen Bruder Flavus, der ebenfalls in der römischen Armee gedient hatte und von dem wir nur den Namen kennen, mit dem die Römer ihn bezeichneten. Flavus hielt das von ihm eingegangene Gelöbnis und blieb auch im Jahre 9 und danach römischer Offizier. Tiberius und Germanicus müssen ihm ungewöhnlich großes Vertrauen entgegengebracht haben, da man ihn trotz des für die Römer katastrophalen Treuebruchs seines Bruders in der bisherigen militärischen Stellung beließ. Eindrucksvoll ist das von Tacitus in Szene gesetzte Streitgespräch zwischen den beiden Brüdern im Jahre 16, in dem es um »Pro« und »Contra« im Dienste Roms geht.[105] Nach dem Ende der Feldzüge des Germanicus ist Flavus nach Italien gegangen, wo er vor dem Jahre 47 gestorben ist. Sein Sohn, von dem wir ebenfalls nur den lateinischen Namen Italicus kennen, wuchs nicht nur in Rom auf, er wurde auch römischer Bürger, was man ebenfalls von seinem Vater vermuten kann. Seine Ausbildung im Fechten und Reiten nach germanischer und römischer Sitte (*armis equisque in patrium nostrumque morem exercitus*) ist ein deutlicher Hinweis darauf, dass er von Jugend an für einen möglichen späteren Einsatz in seiner Heimat vorbereitet worden ist.[106] Seine Stunde schlug im Jahre 47, als die Cherusker, deren Machtstellung seit dem Tode des Arminius kontinuierlich abgenommen hatte, sich einen König von dem inzwischen regierenden Kaiser Claudius (10 v. Chr.–54 n. Chr.), dem Neffen des Tiberius, erbaten. Der cheruskische Adel war durch Stammesauseinandersetzungen dezimiert, wenn auch nicht ausgerottet, wie Tacitus behauptet, da die Gegner des Klientelkönigs ja auch nur aus Kreisen des Adels gekommen sein können. Immerhin galt Italicus als der einzige noch lebende Nachkomme aus dem königlichen Geschlecht (*stirps regia*) der Cherusker. Thumelicus, der Sohn von Arminius und Thusnelda, der im Jahre 15 in römische Gefangenschaft geraten und wie Marbod in Ravenna interniert worden war, kann zu diesem Zeitpunkt nicht mehr gelebt haben. Kaiser Claudius kam die Bitte des germanischen Stammes sehr gelegen. Er stattete Italicus mit Geld, einer Leibwache und, wie man vermuten kann, auch mit Beratern aus und bestärkte ihn mit dem Hinweis, er sei der erste in Rom Geborene, der nicht als Geisel, sondern als römischer

Bürger eine ausländische Herrschaft übernehme (*illum primum Romae ortum nec obsidem, sed civem ire externum ad imperium*). Mit der Erwähnung des Bürgerrechts wird die unbedingte Loyalität gegenüber Rom betont. Zugleich wird deutlich, dass es sich um keine völkerrechtlichen Beziehungen handelt, sondern um die Begründung eines Abhängigkeitsverhältnisses. Die Bitte um einen König kann nur von einem Teil der Cherusker unterstützt worden sein, denn bald nach seiner Einsetzung kam es zu heftigen, inneren Kämpfen. Erst besiegte Italicus seine Gegner, dann wurde er vertrieben und konnte nur mit Hilfe der benachbarten, an der Niederelbe siedelnden Langobarden seine Rückkehr erreichen.[107] Für Italicus dürfte eine Charakterisierung als »Klientelkönig« bei den Germanen wie für keinen anderen zutreffen. Sein Verhältnis zum Kaiser kommt dem zwischen Patron und Klient nach römischem Verständnis sehr nahe. Die Einsetzung des Italicus spricht in allen Einzelheiten für sich. Als er in Schwierigkeiten gerät, fehlt ihm allerdings die Unterstützung des Kaisers. Dieses Verhalten erklärt sich jedoch aus der politischen Situation. Im Jahre 43 war mit der Eroberung Britanniens begonnen worden und dem neuen Kriegsschauplatz gebührte in den Augen des Claudius fortan Priorität. Zudem sah sich das Römische Reich an seiner Ostgrenze einer drohenden Auseinandersetzung mit den Parthern gegenüber. So ist es verständlich, dass der Kaiser ein Eingreifen in Germanien vermeiden wollte und sich auf den Schutz der Rheingrenze beschränkte. Unter anderen politischen Bedingungen wäre eine Militärhilfe von Claudius für Italicus denkbar gewesen.

Der Fall des Italicus zeigt, welche römischen Pläne es für Vannius gegeben haben wird. Seine Königseinsetzung erinnert an die des Italicus. Zwar war er nicht in Italien erzogen worden, aber durch die Umsiedlungsaktion war die Rolle der Römer in gewisser Hinsicht sogar noch stärker als im Falle der Cherusker. Ein stammesfremder Adliger wurde über ein von Rom neugeschaffenes Gebilde aus den Gefolgschaften verschiedener Anführer gesetzt.

Das Reich des Vannius

Die etwa 30-jährige Herrschaft des Vannius nahm dann eine ähnliche Entwicklung wie bei Marbod. War der quadische Adlige zuerst durchaus in der Stellung eines Klientelkönigs, so änderte sich das in der Folgezeit. Vannius dehnte sein »Reich« nördlich der Donau in alle Richtungen aus und brachte schließlich auch die in Böhmen siedelnden Markomannen und die Quaden in Mähren in seine Abhängigkeit. Herrschaft und Reichtum soll er durch »Raubzüge und Zölle« (*praedationibus et vectigalibus*) ausgebaut haben.[108]

Bei den hier genannten Zöllen dürfte es sich in erster Linie um Einnahmen aus dem Handel an der »Bernsteinstraße« handeln. Dieser Handelsweg ging von der Donau aus durch das Marchtal, die Mährische Pforte, das Tal der Oder in Oberschlesien an die Weichsel und führte an ihr entlang bis zur Danziger Bucht und zur Küste Samlands. Durch Fundverdichtung vor allem von Münzen und durch Bernsteindepots ist diese Route für das 1. und 2. nachchristliche Jahrhundert gesichert. Die einzige konkrete literarische Erwähnung für diese Strecke wird dem älteren Plinius verdankt. Er schreibt im 37. Buch seiner »Naturgeschichte«, die Entfernung vom Legionslager Carnuntum an der Donau in Pannonien bis zu dem Meeresstrand Germaniens, von dem der Bernstein eingeführt werde, sei erst vor kurzem bekannt geworden und betrage 610 Meilen. Ein römischer Ritter sei von einem gewissen Julianus, der Gladiatorenspiele für Kaiser Nero veranstaltete, zum Aufkauf von Bernstein an die Ostsee geschickt worden. Der namentlich nicht genannte Ritter habe die einschlägigen Küsten und Handelsplätze bereist und sei mit großen Mengen des begehrten Stoffes zurückgekehrt.[109] Die Entfernungsangabe von 600 Meilen = 888 km ist einigermaßen zutreffend. Innerhalb des Römischen Reiches verlief der Handelsweg dann von Carnuntum (Petronell/Bad Deutsch-Altenburg östlich von Wien) durch Pannonien über Poetovio (Ptuj/Pettau) und Emona (Ljubljana/Laibach) nach Aquileia an der Adria. Diese Stadt nahe dem heutigen Venedig war das wichtigste Verarbeitungszentrum des Bernsteins und der größte Umschlagplatz für den Weitertransport zu Lande wie zur See.[110] Dass ein römischer Ritter diese zweifellos beschwerliche und nicht ungefährliche Reise auf sich genommen hat, lässt sich nur aus dem außergewöhnlichen Luxusbedürfnis Kaiser Neros, der von 54 bis 68 regierte, erklären und dürfte ein Einzelfall geblieben sein. Normalerweise betrieben einheimische Händler diese Transporte. Die ungewöhnliche Expedition scheint den modischen Bedarf nach Bernsteinerzeugnissen gefördert zu haben. In der zweiten Hälfte des 1. und der ersten Hälfte des 2. Jahrhunderts erreichte der Bernsteinhandel zwischen Donau und Ostsee seinen Höhepunkt. Die »Bernsteinstraße« muss aber auch schon vor der Regierungszeit Neros bekannt gewesen sein. Anders lässt sich die von Plinius geschilderte Expedition gar nicht erklären, da der ungenannte Ritter mit Sicherheit nicht ohne Vorkenntnisse auf ›gut Glück‹ an die Ostsee aufgebrochen sein kann. Plinius schreibt auch nur, dass die exakte Entfernung dieser Route erst vor kurzem (*percognitum nuper*) bekannt geworden sei, nicht die Strecke selbst. Wir können also mit einiger Sicherheit davon ausgehen, dass die »Bernsteinstraße« schon in den Jahren zwischen 20 und 50, in denen Vannius das Marchtal beherrschte, genutzt wurde, und die von Tacitus erwähnten Zölle als wichtige Einnahmequelle sich auf den Handel mit dem begehrten Rohstoff von der Ostsee beziehen.

In der für den Bernsteinhandel so wichtigen *Naturalis historia* des Plinius findet sich auch der Terminus *Regnum Vannianum* für das Reich dieses Königs.[111] Sein Kerngebiet lag in der fruchtbaren südwestslowakischen Tiefebene zwischen Bratislava und Nitra um Trnava. Hier ist besonders der reiche Bestattungsplatz von Kostolná pri Dunaj mit seinen vielen Kriegergräbern zu nennen.[112]

Als Einnahmequelle des Vannius nennt Tacitus neben den Zöllen seine »Raubzüge«, die gegen die benachbarten Stämme gerichtet waren. Durch diese expansive Politik dehnte er seine Macht aus und entglitt allmählich der Kontrolle der Römer. Der Wendepunkt in den Beziehungen scheint das Bündnis des Vannius mit den Jazygen gewesen zu sein. Dieser iranisch-sarmatische Volksstamm siedelte zwischen Donau und Theiß in der Ungarischen Tiefebene und gehörte in der ganzen Kaiserzeit zu den ständigen Feinden Roms. Vor allem die jazygischen Reiter brauchte Vannius in Kämpfen mit Hermunduren, Lugiern und anderen germanischen Stämmen, aber vielleicht auch zur Bekämpfung der einheimischen Opposition unter der Führung seiner Neffen. Als er zu unterliegen drohte, wandte er sich an die Römer. Doch Kaiser Claudius verschloss sich dem Hilferuf und griff nicht mit Waffengewalt ein. Für den Fall seiner Vertreibung versprach er Vannius allerdings einen sicheren Zufluchtsort. Damit hat sich der Kaiser doch in der Rolle eines Patrons gesehen, der eine gewisse Fürsorgepflicht gegenüber seinem Klienten besaß. Der Statthalter von Pannonien und die in Carnuntum stationierte *Legio XV Apollinaris* wurden angewiesen, am Ufer der Donau stehen zu bleiben und in die Kämpfe des Vannius mit seinen Gegnern nicht einzugreifen. Nach offenbar längeren Auseinandersetzungen unterlag Vannius um das Jahr 50 seinen Feinden in einer Schlacht und wurde vertrieben. Er flüchtete zur Donau und wurde von der dort wartenden römischen Flotte aufgenommen.[113] Wie nach dem Sturz von Marbod und Catualda folgte auch Vannius eine größere Schar Anhänger und verließ dessen bisherigen Machtbereich. Anders als im Jahre 20 wurden diese Flüchtlinge von den Römern jedoch nicht außerhalb, sondern innerhalb ihres Reiches angesiedelt, in der Provinz Pannonien. Das spricht für eine geringere Zahl als bei der früheren Flüchtlingswelle. In jedem Falle betrachteten Claudius und seine Berater die Anhänger des Vannius nicht als ein größeres Gefahrenpotential, das man außerhalb der Reichsgrenze halten musste. Über das weitere Schicksal von Vannius ist nichts bekannt, auch nicht, ob er bei seinen Gefolgsleuten verblieb. Die Ansiedlung in Pannonien wird archäologisch mit einer germanischen Fundgruppe westlich des Neusiedler Sees im österreichischen Burgenland in Verbindung gebracht.[114]

Vangio und Sido, die Neffen des Vannius, die sich gegen ihren Onkel erhoben hatten, teilten sich nach dessen Sturz das Reich, das dadurch wieder in die anfängliche Abhängigkeit von Rom geriet. Mit einer gewissen Befriedigung stellt Tacitus fest, dass die beiden neuen Könige Rom eine hervorragende Treue bewiesen (*egregia adversus nos fide*). Im Bürgerkrieg des Jahres 69 kämpften Sido und Vangios Sohn und Nachfolger Italicus, er hatte von den Römern denselben lateinischen Namen erhalten wie der erwähnte Klientelkönig der Cherusker, auf Seiten Kaiser Vespasians in den Schlachten von Bedriacum und Cremona in Norditalien.[115] Beide werden an dieser Stelle als »Könige der Sueben« (*reges Sueborum*) bezeichnet, worunter die Markomannen und Quaden des ehemaligen Vannius-Reiches zu verstehen sind. Die Episode des Jahres 69 zeigt, dass die Machtübernahme durch die beiden Neffen immerhin zwei Jahrzehnte angehalten hat und im Falle Vangios auch auf seinen Sohn überging. Damit war das Klientelkönigtum für eine Zeit lang wiederhergestellt worden. Tacitus spielt in der *Germania* auf diese Verhältnisse an, wenn er schreibt, die tatsächliche Macht verdankten diese Könige dem römischen Einfluss (*sed vis et potentia regibus ex auctoritate Romana*).[116] Unter diesem Gesichtspunkt hatte sich die Politik des Claudius im Jahre 50 ausgezahlt, den zu mächtig gewordenen Vannius nicht zu unterstützen. Sein »Reich« stand danach unter zwei Königen und war um die Anhängerschaft seines Begründers verkleinert.

Die Beispiele Marbods und Vannius' zeigen, dass die Inthronisierung von Klientelkönigen bei den Germanen nur in begrenztem Maße und immer nur relativ kurz gelungen ist, im Unterschied zu den Verhältnissen im Nahen Osten.

6 Die Nachbarn der Markomannen I: Die Hermunduren

An zwei für die Markomannen neuralgischen Punkten des 1. nachchristlichen Jahrhunderts spielen die Hermunduren eine gewichtige Rolle. Zum Sturz von Marbods Nachfolger Catualda um das Jahr 20 vermerkt Tacitus, dieser sei durch die Macht der Hermunduren und durch deren Anführer Vibilius vertrieben worden (*pulsus haud multo post Hermundurorum opibus et Vibilio duce*). Als 30 Jahre später Vannius dasselbe Schicksal wie Catualda ereilte, ist es wiederum Vibilius, nunmehr als König der Hermunduren bezeichnet (*Vibilius Hermundurorum rex*), der Vannius, im Bunde mit dessen Neffen, zur Flucht zwingt.[117] Zweimal interveniert das Oberhaupt eines Nachbarstammes, verbündet sich mit inneren Gegnern, destabilisiert erst das Markomannen- und dann das Vannius-Reich und stärkt damit zweifellos den eigenen Stamm. Vibilius ist die prominenteste Gestalt bei den Hermunduren und seine über 30-jährige Herrschaft stellt den Höhepunkt in der Machtstellung dieses Stammes dar. Aus der Wortwahl des Tacitus hat man geschlussfolgert, dass Vibilius um das Jahr 20 als *dux* nur der Anführer einer Gefolgschaft gewesen ist, um 50 dagegen als *rex* ein Heerkönig geworden war.[118] Im Falle von Catualda war das angestrebte Ziel sicher, die bisherige Macht der Markomannen innerhalb der suebischen Stämme auf die Hermunduren zu übertragen.[119] Bei Vannius deutet Tacitus an, dieser habe durch seine aggressive Politik den Hass der Nachbarn auf sich gezogen. Dafür spricht das Bündnis der Hermunduren mit dem im heutigen Polen siedelnden Kultverband der Lugier.[120] In beiden Fällen ist es nicht ausgeschlossen, dass die Römer in irgendeiner Weise Einfluss auf das Geschehen genommen haben.[121]

In der literarischen Überlieferung tauchen die Hermunduren erstmals in der Regierungszeit des Kaisers Augustus auf und damit Jahrzehnte nach den schon von Caesar erwähnten Markomannen. Der Geograph Strabon führt sie bei seiner Beschreibung Germaniens zwischen Rhein und Elbe als einen Teil der Sueben auf und lokalisiert ihre Wohnsitze im heutigen Mitteldeutschland beiderseits der Elbe.[122] Eine Bestätigung findet seine Nachricht bei Velleius Paterculus, der bei der Schilderung der kombinierten Land- und Seeexpedition des Tiberius im Jahre 5 n. Chr. davon spricht, dass die Elbe am Gebiet der Semnonen und Hermunduren vorbeifließe (*ad flumen Albim, qui Semnonum Hermundurorumque fines praeterfluit*).[123] Der Wortlaut des Textes legt die Annahme nahe, die beiden Stämme würden nur östlich des Flusses siedeln und hätten ihre westlichen Wohngebiete aufgegeben. Für die Hermunduren kann es sich aber nur, wenn überhaupt, um ein vorübergehendes Ausweichen gehandelt haben. Vermutet wurde ein taktisch bestimmtes Ausweichmanöver hermundurischer Kriegerscharen auf das östliche Elbegebiet.[124]

In der Folgezeit wohnte der Stamm im Wesentlichen wieder westlich der Elbe. Sein Hauptsiedlungsgebiet lag im Mittelelbe-Saale-Gebiet. Nördliche Nachbarn waren die Semnonen im Raum zwischen Elbe und Havel, nordwestlich von ihnen lebten die Langobarden und Cherusker, im Westen die Chatten im heutigen Hessen und südöstlich die Markomannen. Archäologisch lassen sich eine Reihe bevorzugter Siedlungsräume feststellen. Dicht besiedelt war das Mittelelbegebiet von Burg bei Magdeburg bis zur Muldemündung bei Dessau und vom Unterlauf der Saale bis zum Elbeknie südlich von Wittenberg. Ein weiteres Siedlungszentrum reichte vom Unterlauf der Weißen Elster und der mittleren Saale bis in das Thüringer Becken. Siedlungskammern finden sich in der Gegend um Riesa, zwischen Coswig und Wittenberg/Zahna, im östlichen und nördlichen Harzvorland und dem Mansfelder Gebiet. Auf das vor allem durch seine Waffenbeigaben bekannte Gräberfeld von Großromstedt bei Apolda wurde schon hingewiesen.[125]

Das älteste historische Ereignis, zu dem die Hermunduren genannt werden, wird erst von Cassius Dio im 3. Jahrhundert überliefert. Um das Jahr 3 v. Chr. unternahm L. Domitius Ahenobarbus als Statthalter von Illyrien einen Feldzug nach Germanien, traf dort auf der Suche nach neuem Land umherirrende Hermunduren, nahm sie unter seinen Schutz und siedelte sie in einem Teil des Markomannenlandes an.[126] Die knappe Notiz des griechischen Historikers zeigt, dass es innerhalb der Hermunduren zu einer Spaltung gekommen sein muss. Nur ein Teil des Stammes kann sich auf Landsuche begeben und seine bisherige Heimat verlassen haben. Dabei unterstellte sich dieser Stammesteil einem in Germanien operierenden römischen Heer und ließ sich von ihm ein neues Gebiet zuteilen. Dieses Gebiet wird als *Marcomannis* bezeichnet, ein nur hier auftauchender Begriff, der durch keine Parallele näher bestimmt werden kann. Wenn Cassius Dio damit das Markomannenland zu seinen Lebzeiten bezeichnen wollte, dann könnte der Ausdruck nur ein Synonym für Böhmen sein. Dagegen spricht jedoch, dass um den Beginn der christlichen Zeitrechnung dort gerade Marbod sein eigenes »Reich« aufbaute und eine römische Einflussnahme in dieser Form ganz unwahrscheinlich ist. Daher hat Cassius Dio unter *Marcomannis* wohl den Begriff seiner Quellen verstanden. Für die Zeitgenossen im letzten Jahrzehnt der vorchristlichen Ära kann Böhmen noch nicht das Markomannenland gewesen sein, sondern das Gebiet, in dem dieser Stamm vorher siedelte. Als dieses »alte Markomannenland« wurde lange Franken zwischen Main und Donau verstanden. Wie oben dargelegt, spricht jedoch einiges dafür, dass Teile Hessens und Thüringens das frühere Siedlungsgebiet der Markomannen gewesen sind und die Neuansiedlung hier erfolgt sein könnte.[127] In der Folgezeit hat sich dieser Teil der Hermunduren immer stärker nach Süden hin orientiert und als »Südhermunduren« ein von den »Nordhermunduren« in Sachsen-Anhalt, Sachsen und Thüringen getrenntes Siedlungsgebiet erlangt, das sich schließlich im heutigen Bayern bis zur Donau erstreckt hat. Die Ansiedlungsaktion brachte diese Gruppe der Hermunduren zweifellos in eine Abhängigkeit von Rom. Da Domitius Ahenobarbus außerdem die Elbe an unbekannter Stelle überschritten hatte und angeblich weiter als alle anderen römischen Heerführer nach Germanien vorgedrungen war, erhielt er dafür die Triumphalornamente. Seine Expedition wurde, obwohl von ihr keine Kampfhandlungen überliefert sind, als »Germanischer Krieg« (*Germanicum bellum*) eingestuft.[128]

Die Abwanderung der späteren »Südhermunduren« hat die in Mitteldeutschland verbliebenen Stammesteile offenbar nicht geschwächt. Diese konnten in den ersten beiden Jahrzehnten des 1. Jahrhunderts ihre Unabhängigkeit behaupten und sind nicht unter Marbods Einfluss geraten. Das ist umso bemerkenswerter, als die nördlich von ihnen siedelnden Semnonen und Langobarden zumindest zeitweise Verbündete des Markomannenkönigs gewesen sind. Auch aus den römisch-germanischen

Auseinandersetzungen dieser Jahre hat sich der Stamm heraushalten können. Tiberius ist bei seiner kombinierten Heer- und Flottenexpedition im Jahre 5 n. Chr. offenbar nur mit den Semnonen in Berührung gekommen. Weder im Zusammenhang mit der Statthalterschaft des Varus 7 bis 9 n. Chr. noch mit dem dritten Aufenthalt des Tiberius an der Rheingrenze 10–12 und den Feldzügen des Germanicus 13–16 werden die Hermunduren erwähnt, auch nicht bei dem Krieg zwischen Marbod und Arminius. Ihre Stunde, genau die Stunde des *dux* Vibilius, schlug mit dem Zerfall des Marbodreiches in den Jahren 18 und 19. Die Vertreibung Catualdas dürfte dazu geführt haben, dass die in Böhmen verbliebenen Markomannen unter den Einfluss der Hermunduren geraten sind. Nachdem sich das Vannius-Reich in Mähren und der Slowakei konsolidiert hatte, sind die Markomannen in Böhmen wohl unter dessen Einfluss geraten. Damit war der Konflikt mit Vibilius vorprogrammiert. Die aggressive Politik des Vannius tat ein Übriges, führte zu einem Bündnis der Hermunduren sowohl mit den Lugiern wie auch mit den Neffen des Vannius. Die Vertreibung des Suebenkönigs um das Jahr 50 war der zweite große Erfolg des Stammes. Das bisherige Vannius-Reich wurde wieder ein römischer Klientelstaat, die Markomannen an oberer Elbe, Moldau und Eger dürften erneut unter hermundurische Hegemonie gekommen sein.

Die Schlacht um den »Salzfluss«

Ein dritter militärischer Erfolg fällt in das Jahr 58. Ob Vibilius zu diesem Zeitpunkt noch der König war, ist nicht bekannt. In jedem Falle profitierte der Stamm von der über 30 Jahre anhaltenden Machtstellung unter seiner Herrschaft. Im Sommer 58 kam es zwischen Hermunduren und Chatten zu einer großen Schlacht um den Besitz von Salzquellen an einem Fluss, der die Grenze beider Stämme bildete (*eadem aestate inter Hermunduros Chattosque certatum magno proelio, dum flumen gignendo sale fecundum et conterminum vi trahunt*).[129] Den Sieg errangen die Hermunduren, die Niederlage war für die Chatten umso verhängnisvoller, weil beide für den

Fall ihres Sieges alle Beute, Menschen und Pferde den Göttern geweiht und damit totaler Vernichtung anheim gegeben hatten. Als Götter nennt Tacitus Mars und Merkur, worunter Tiu oder Ziu und Wodan zu verstehen sind. Bei dem Fluss handelt es sich mit großer Wahrscheinlichkeit um die Werra in Thüringen in der Gegend des heutigen Bad Salzungen, wo seit der Regierung Karls des Großen 775 Salzsiedehütten nachgewiesen sind. Eine andere Möglichkeit für die Lokalisierung des Grenzflusses wäre – weiter südlich – die fränkische Saale, an der heute das Solbad Kissingen liegt. Dass die Kunde von diesem Vorgang überhaupt die Römer erreicht hat, wird mit den guten Beziehungen zu den Südhermunduren zusammenhängen, von denen Tacitus in der *Germania* spricht. Die Nachricht von einer Schlacht um den für die Römer namenlosen »Salzfluss« im Sommer 58 ist die letzte Information aus dem Inneren Germaniens, die nach Zeit und Landschaft relativ genau verifiziert werden kann.

Die Notiz aus den *Annales* des Tacitus enthält neben der Schilderung des militärischen Ereignisses selbst mehrere interessante Informationen. Ihre Herkunft aus einem Werk des älteren Plinius wird durch die ausführliche Beschreibung der Salzgewinnung geradezu zur Gewissheit. In der »Naturgeschichte« beschäftigt sich dieser mit Salzlagerstätten und den Problemen der Salzgewinnung. An einer Stelle wird dasselbe Verfahren erwähnt, das auch Tacitus beschreibt.[130] Der dort vermerkte Irrtum, der Fluss selbst sei salzhaltig, dürfte auf den anschließenden Vergleich mit dem Meerwasser zurückzuführen sein.

Die Bezeichnung des »Salzflusses« als Grenze zwischen den beiden Stämmen spricht für eine Ausdehnung des hermundurischen Gebiets bis in das westliche Thüringen. Archäologisch ist ein Siedlungszentrum des Stammes bis in das Thüringer Becken gesichert. Der Besitz von Salzlagerstätten hatte immer große wirtschaftliche Bedeutung. Eine interessante Parallele zu dem Geschehen in Thüringen findet sich 300 Jahre später. Ammianus Marcellinus berichtet zum Jahre 370, dass Alamannen und Burgunder in Süddeutschland ständig im Streit um Salzquellen und Grenzen lagen. Diese Salzquellen werden bei Schwäbisch-Hall und Öhringen vermutet.[131]

Völlig unverständlich und im wahrsten Sinn des Wortes »barbarisch« waren für die antiken Schriftsteller und ihre Leser die Opfersitten der Germanen. Im Jahre 58 ging es um die Opferung anderer Germanen, anderthalb Jahrhunderte früher war Vergleichbares den unterlegenen Römern geschehen. Am 6. Oktober 105 v. Chr. errangen die Kimbern und Teutonen bei Arausio an der Rhône, dem heutigen Orange in Südfrankreich, ihren größten Sieg. Der christliche Historiker Paulus Orosius hat in seiner 417 verfassten *Historia adversum paganos*, zweifellos aus der Tradition des Livius aus augusteischer Zeit schöpfend und damit wahrscheinlich sogar bis auf Poseidonios zurückgehend, ein grausiges Szenario überliefert, das sich nach dem Sieg der Kimbern und Teutonen abgespielt haben soll. Nach einem Verwünschungsritus wurde in Erfüllung eines Gelübdes alle Beute vernichtet, Kleidung zerrissen und weggeworfen, Gold und Silber in den Fluss geschleudert, die Panzer der Männer und der Brustschmuck der Pferde zerstört, Menschen und Pferde getötet.[132] Aus der Überlieferung dieses unerklärlichen Wütens der wilden »Barbaren« nach ihrem Erfolg bei Arausio hat sich das Bild vom *furor Teutonicus*, der »teutonischen Raserei«, geformt. Geprägt hat den Ausdruck der Dichter M. Annaeus Lucanus erst 160 Jahre nach der Schlacht. Nach ihm ist er bei verschiedenen vergleichbar erscheinenden Bedrohungen aus dem Norden immer wieder aktualisiert und bis in das 5. nachchristliche Jahrhundert verwendet worden.[133]

Die Informationen von Tacitus und Orosius über die germanischen Opfersitten sind inzwischen durch eine Reihe eindrucksvoller archäologischer Funde bestätigt worden. Bereits in den Jahren 1858 bis 1861 wurde der Opferplatz Thorsberger Moor bei Süderbrarup, Kreis Schleswig-Flensburg, entdeckt. Danach sind über 20 vergleichbare Opferplätze vor allem in Jütland und auf den dänischen Inseln, aber auch in Norddeutschland und Schweden mit Tausenden von Einzelstücken bekannt geworden. Die meisten stammen aus der Zeit vom 3. bis 5. Jahrhundert. Diese Opferplätze rund um die westliche Ostsee zeigen Übereinstimmungen und Unterschiede zu den Nachrichten der beiden Schriftsteller. Geopfert wurden Ausrüstungen, Waffen und Pferde. Dabei wurden Schildbuckel abgerissen, Lanzenschäfte zerbrochen, Schwertklingen und -griffe nach bestimmten Mustern zerhackt, Rüstungen und Pferdegeschirre zerstört. Das passt alles sehr gut zu dem Szenario von Arausio. Eine Tötung der Pferde vermerkt auch Tacitus zu dem Geschehen im Jahre 58. Der gewichtige Unterschied zu den literarischen Nachrichten ist nun jedoch, dass an allen bisher bekannten Kultplätzen offenbar keine feindlichen

6 Die Nachbarn der Markomannen I: Die Hermunduren

Gefangenen geopfert wurden. Die jeweiligen Sieger begnügten sich mit der öffentlichen Zerstörung von Waffen und Gegenständen als Dank an die Götter für den errungenen Sieg und auch als Symbol ihrer eigenen Sieghaftigkeit. Vermutet wird, dass durch eine »Tötung der Waffe« die Vernichtung der Kriegeridentität erreicht werden sollte.[134] Nach dem archäologischen Befund scheint die Tötung unterlegener Gegner demnach eher die Ausnahme gewesen zu sein. Dafür spricht auch die Behandlung des Themas in der *Germania*. Tacitus vermerkt, dass dem Merkur (Wodan) nur an bestimmten Tagen Menschenopfer dargebracht wurden und Mars (Tiu/Ziu) ausschließlich Tieropfer.[135]

Mit der Schlacht gegen die Chatten enden die Nachrichten über chronologisch fixierbare Ereignisse des Hermundurenstammes. In den literarischen Quellen tauchen sie erst 40 Jahre später in der *Germania* wieder auf. Im zweiten Teil dieser Schrift, in dem es um die einzelnen Stämme geht, ist ihnen Kapitel 41 gewidmet. Im Unterschied zu der Beschreibung der vorangehenden wie auch der nachfolgenden Stämme interessieren Tacitus bei den Hermunduren weder die Größe noch die Tapferkeit des Stammes, die z. B. bei den Markomannen betont wird, weder Religion noch Kultverband wie bei den Semnonen. Das Kapitel ist allein auf das gute Verhältnis zu den Römern abgestellt. Die Stammesgemeinschaft der Hermunduren sei den Römern so treu ergeben – *Hermundurorum civitas, fida Romanis* –, dass sie als einzige Germanen nicht nur am Donauufer Handel treiben dürften, sondern auch im Inneren des Reiches und sogar in der prächtigen Hauptstadt der Provinz Rätien. Ohne Überwachung dürften sie die Grenze passieren, ihnen würden sogar römische Häuser und Gutshöfe geöffnet.[136] Die von Tacitus hier beschworene Treue und das geradezu einzigartig gute Verhältnis dieser Germanen zu den Römern kann sich nur auf die Südhermunduren beziehen, die Domitius Ahenobarbus in der *Marcomannis* angesiedelt hatte. Der unkontrollierte Handelsverkehr weist auf die Zeit vor dem Beginn des Limesbaus, der ja gerade dessen Kontrolle dienen sollte. In der Regel erhoben die Römer an der Grenze Einfuhrzölle und verboten das Tragen von Waffen. Für die relative Friedlichkeit an diesem Grenzabschnitt spricht, dass in Rätien im 1. Jahrhundert keine Legion stationiert war und der Grenzschutz an der oberen Donau allein leichtbewaffneten Hilfstruppen anvertraut war. Dennoch hat man den Eindruck, dass Tacitus die Verhältnisse etwas zu idealisiert darstellt.

Der Name der von Tacitus erwähnten *splendidissima Raetiae provinciae colonia* ist nicht genannt. Daher lässt sich nicht mit Sicherheit entscheiden, ob *Cambodunum* (Kempten im Allgäu) oder *Augusta Vindelicum* (Augsburg) gemeint ist. Für den Handel wichtige Straßenknotenpunkte waren beide Orte. *Cambodunum* lag an der für das Alpenvorland wichtigen West-Ost-Achse von Bregenz nach Salzburg, *Augusta Vindelicum* an der *Via Claudia* von Verona zur Donau. Kempten scheint im 1. Jahrhundert der Vorort der Provinz Rätien gewesen zu sein, der sich etwa zur Abfassungszeit der *Germania* nach Augsburg verlagert hat. Die Bezeichnung *colonia* für eine Gemeinde römischer Bürger ist für beide Städte eine Übertreibung. Augsburg war *municipium*, eine Gemeinde latinischen Rechts mit Selbstverwaltung, und auch dieses erst im 2. Jahrhundert, Kempten nicht einmal das. Tacitus will mit dem Ausdruck *colonia* dem Handelsplatz zweifellos einen hohen Rang zuweisen.[137]

Die Elbquelle

Der letzte Satz des kurzen Kapitels über die Hermunduren behandelt einen völlig anderen Sachverhalt. Er vermerkt, dass im Gebiet der Hermunduren die Elbe entspringe, einst ein bekannter und vielgenannter Fluss, jetzt kenne man ihn nur noch vom Hörensagen (*In Hermunduris Albis oritur, flumen inclutum et notum olim; nunc tantum auditur*).[138] Während die anderen Feststellungen in diesem Kapitel sich eindeutig auf die Südhermunduren nördlich der Donau beziehen, kann dies für die Elbquelle kaum zutreffen. Hierbei hat Tacitus offensichtlich die Nordhermunduren im Auge. Von der wirklichen Lage der Elbquelle hatte der Schriftsteller keine Kenntnis, ihm war nur der Mittel- und der Unterlauf des Flusses bekannt und dass an ihm die Hermunduren siedelten. So ist eine wahrscheinliche Annahme, dass der markante Austritt des Flusses aus dem Elbsandsteingebirge im heutigen Sachsen als die Quelle der Elbe missverstanden worden ist. Diese Annahme würden zu den Aussagen von Strabon und Velleius passen. Denkbar wäre auch, dass Tacitus das nördliche Böhmen zu der Zeit meint, als Vibilius nach den Vertreibungen von Catualda und Vannius die Macht der Hermunduren über die Markomannen ausgedehnt hatte. Der Oberlauf der Elbe im heutigen Tschechien war den antiken Autoren lange unbekannt. Den tatsächlichen Gegebenheiten näher als die ungenaue Angabe des Tacitus lag die Lokalisation des alexandrinischen Gelehrten Klaudios Ptolemaios ein halbes Jahrhundert später. Er suchte den Anfang des Flusses in den »Sudeten«, womit er eines der Randgebirge Böhmens gemeint hat, unsicher ist jedoch welches. Womöglich ist die Moldau für die obere Elbe gehalten worden und deren Quelle im Böhmerwald für die der Elbe.[139] Noch einmal 50 oder 60 Jahre später findet sich dann im Werk des Cassius Dio Cocceianus die einzig richtige Angabe der Elbquelle aus dem Altertum, nämlich die in den »Vandalischen Bergen«, dem Riesengebirge. Diese Erkenntnis wird erst den römischen Feldzügen in den Markomannenkriegen der Jahre 166 bis 180 verdankt.[140] Wir haben also den merkwürdigen Befund vor uns, dass die Quelle des großen Stroms mitten durch Germanien nicht bekannt war, solange römische Heere bis an den Mittel- und Unterlauf vorgestoßen sind und die Elbe als mögliche Grenze des Reiches im Blickfeld lag oder zumindest im Gespräch war, während eine zuverlässigere und die wirklich zuverlässige Angabe einer Zeit angehören, in der sich nur noch Geographen und Historiker für den Fluss interessierten.

Wenn man die Nachricht über die Elbquelle unbedingt mit den Südhermunduren im Kapitel 41 der *Germania* in Verbindung bringen will, muss man eine weitere Variante in Erwägung ziehen. Da in diesem Falle weder Böhmerwald noch Riesengebirge passen, ist die Vermutung geäußert worden, als Ursprung der Elbe sei die Quelle der Eger im Fichtelgebirge missverstanden worden.[141] Diese These hat aber eine geringe Wahrscheinlichkeit für sich. Die Annahme, der Austritt des Flusses aus dem Elbsandsteingebirge sei als seine Quelle zu verstehen, scheint unter den vorhandenen Möglichkeiten noch die plausibelste zu sein.

An die lapidare Feststellung über die Elbquelle schließt Tacitus eine vom Thema »Hermunduren« gelöste Bewertung der römischen Germanienpolitik an. Die Elbe war für ihn eine Grenze in zweifacher Hinsicht. Sie trennt einmal die Stämme des westlichen Germaniens von den östlichen Sueben und sie trennt den von Rom beanspruchten Teil des Germanenlandes, der in eine Provinz umgewandelt werden sollte, von den übrigen Gebieten.

Wichtig für den Historiker ist, dass der Fluss das weiteste Vordringen römischer Heere im nördlichen *Barbaricum* markiert. Vergangenheit und Gegenwart werden in obigem Zitat knapp und aussagekräftig angedeutet. Das Wort »einst« – *olim* – bezieht sich auf die Jahre zwischen 9 v. Chr. und 5 n. Chr., in dem der Strom von mindestens drei Heeresverbänden aufgesucht wurde, zu dieser Zeit war er »berühmt und vielgenannt« – *inclutum et notum*. In der Gegenwart des Jahres 98 ist der Fluss aber nur noch vom Hörensagen bekannt – *nunc tantum auditur*, das Ergebnis einer kritisch beleuchteten Politik der letzten 80 Jahre. Aus der Formulierung scheint die Resignation über die Preisgabe aller Expansionsabsichten zu sprechen, wie sie mit der Gründung der beiden germanischen Provinzen am Rhein unter Kaiser Domitian und dem Beginn des Limesbaus gerade bekräftigt worden war. Vor dem Hintergrund dieser Entscheidungen mussten die Erfolge von Drusus dem Älteren, Tiberius und Domitius Ahenobarbus endgültig als Großtaten der Vergangenheit erscheinen. Sicher wird man aus den Worten des Historikers den Wunsch herauslesen dürfen, die Grenzen des Imperiums statt an Rhein und Donau lieber an der Elbe zu sehen. Dann wäre das *flumen inclutum* nicht mehr nur vom Hörensagen bekannt, sondern auch wieder vom Augenschein – wie einst. Ob sich hinter diesen Äußerungen auch Hoffnungen verbargen, dass Kaiser Trajan die im Jahre 98 endgültig erscheinenden Maßnahmen Domitians korrigieren möge, lässt sich nicht erweisen. In jedem Falle hat Tacitus mit dem »Elbe-Satz« in der *Germania* denkbar knapp und dennoch höchst eindrucksvoll einen Rückblick auf die Germanienpolitik des 1. Jahrhunderts vorgenommen.[142]

Nach Tacitus werden die Hermunduren in der Literatur nur noch ein einziges Mal erwähnt und zwar in den Markomannenkriegen. Die betreffenden Stellen sollen im Zusammenhang mit diesem Ereignis betrachtet werden. Im Folgenden wird das Augenmerk auf bedeutende archäologische Funde aus dem 3. Jahrhundert gerichtet, die aus dem mitteldeutschen Raum stammen und mit an Sicherheit grenzender Wahrscheinlichkeit dem Stamm der Hermunduren zugeordnet werden können.

Die Töpfer von Haarhausen

Etwa in der Mitte Thüringens, in Haarhausen bei Arnstadt, heute im Ilmkreis, wurden seit 1975 große Mengen grauer Drehscheibenkeramik gefunden, die sich in die Kaiserzeit datieren lässt. Da diese Keramik in germanischen Gräbern mit reichem römischem Import gefunden wurde, hielt man auch diese Funde zuerst für Importstücke aus dem provinzialrömischen Gebiet, doch weitere Ausgrabungen korrigierten diese Ansicht. Die von 1979 bis 1986 durchgeführten systematischen Untersuchungen legten auf der Flur »Kleines Feld« bei Haarhausen die Reste einer großangelegten Töpferei mit Öfen, Tonaufbereitungsanlagen, Trockenhalle und Werkgebäuden frei. Auf einer Fläche von 2.500 m² gelang der Nachweis von drei Töpferöfen, mehreren Herdstellen, einer größeren Steinpflasterung und weiteren Gebäuden. Damit war der Beweis erbracht, dass die gefundene Keramik nicht eingeführt, sondern am Ort produziert worden ist. Die drei Öfen waren nach römischem Muster gebaut. Im gesamten germanischen Siedlungsraum außerhalb der römischen Grenze gibt es keine Töpferöfen in vergleichbarer Form und auch keine der hier produzierten Gefäßformen mit der dazu benutzten Töpferscheibe. Parallelen dazu finden sich erst in der Provinz *Germania superior* in der Wetterau und im Rhein-Main-Gebiet.

Besonders deutlich sind die Übereinstimmungen zwischen dem Töpferofen III von Haarhausen und dem Ofen 4 von Heddernheim-Frankfurt. Aber nicht nur die Technologie folgte, wie es schien, dem römischen Vorbild, sondern auch die Form der hergestellten Gefäße. Einhenkelkrüge, weitmündige Töpfe, Schalen und Flaschen stammen aus dem Formenbestand römischer Haushalte. Besonders verräterisch sind in dieser Hinsicht die Scherben, nur um solche handelt es sich in dem gesamten Fundkomplex, von Reibschalen, den auch aus der Literatur bekannten Morarien. Sie waren für die römische Küche typische Keramikgefäße, in denen Kräuter und Gewürze zu einer Grundlage für Soßen verrieben wurden. Die Befunde in ihrer Gesamtheit lassen nur den Schluss zu, dass im thüringischen Haarhausen in der römischen Brenntechnik erfahrene Handwerker tätig gewesen sind. In einem arbeitsteiligen Töpfereibetrieb stellten etwa 25–30 Arbeitskräfte 70–80.000 Gefäße pro Jahr her, die in einem Umfeld von 40–

Abb. 5: Haarhausener Drehscheibenkeramik.

50 Kilometern gehandelt wurden.[143] Die Betriebszeit dieser großen Töpferwerkstatt wird durch ein Radiokarbon-Datum auf die Zeit von 260 bis 290 festgelegt. Bestätigt wird diese Datierung durch Ausgrabungen in den Jahren 1992–1993 und 1995–1997, bei denen 250 m nordwestlich der Töpferei eine zeitgleiche Siedlung entdeckt wurde. Ein aus einem ausgehöhlten Baumstamm gefertigter Brunnen liefert das dendrologische Datum der Jahre zwischen 256 und 276. An einem Technologietransfer aus den römischen Grenzprovinzen nach Thüringen in der Mitte des 3. Jahrhunderts kann somit nicht mehr gezweifelt werden.

Die wirklich schwierige Frage ist, wer die in Haarhausen tätigen Handwerker gewesen sind. Die Ausgräberin, Sigrid Dušek vom Weimarer Museum für Ur- und Frühgeschichte, sprach sich für ein freiwilliges Kommen von Spezialisten aus. Durch die Aufgabe des Limes ab 260 hätten provinzialrömische Handwerker ihren Absatzmarkt verloren und wären zu den Hermunduren ausgewandert, bei denen sich ein neuer Markt aufgetan hätte. Sie verweist dabei auf die traditionell guten Beziehungen zwischen

6 Die Nachbarn der Markomannen I: Die Hermunduren

Römern und Hermunduren, die Tacitus bezeugt. Den Nachweis einer römischen Töpferei im Hermundurenland sieht sie als Beleg dafür an, dass das gute Verhältnis auch im 3. Jahrhundert noch bestand.[144] Diese Annahme ist möglich, aber doch nicht sehr wahrscheinlich. Zum einen gibt es keinen Beweis dafür, dass die Beziehungen Roms zu den Germanen in Thüringen noch so gut waren wie im 1. Jahrhundert. Die Aussage des Tacitus bezieht sich auf die Südhermunduren an der Donau, in Thüringen handelte es sich um die Nordhermunduren im Stromgebiet der Elbe. In den Markomannenkriegen des 2. Jahrhunderts hatten sich zudem Hermunduren, unbekannt welcher Gruppe, in die antirömische Koalition eingereiht. Aber selbst wenn die politischen Beziehungen noch dieselben gewesen wären wie in der frühen Kaiserzeit, so war der Unterschied im Lebensniveau zwischen dem Römischen Reich und dem Inneren Germaniens doch so gravierend, dass man sich schwerlich einen Provinzbewohner als »Auswanderer nach Germanien« vorstellen kann. Der Verlust von Wohn- und Arbeitsplatz im Grenzraum dürfte viel eher zur Abwanderung in grenzferne Provinzen innerhalb des Imperiums als in das »Barbarenland« geführt haben. Gerade dieser große Niveauunterschied in den Lebensbedingungen hat ja germanische Stämme immer wieder dazu veranlasst, Einfälle zu unternehmen, um den »reichen Nachbarn« auszurauben. Viel wahrscheinlicher als die These von den Auswanderern ist doch, dass die Germanen Menschen, die sie brauchen konnten und die eben nicht freiwillig zu ihnen kamen, bei ihren Plünderungszügen raubten. Ein solcher Fall ist aus dem Jahre 260 bekannt. Einem germanischen Heer, das von einem Plünderungszug nach Italien über die Alpen zurückgekehrt war, konnte kurz vor der Reichsgrenze an der Donau eine große Schar mitgeführter Gefangener abgenommen werden. Die Augsburger Inschrift, aus der wir das wissen, soll bei der Behandlung der Semnonen im nächsten Kapitel näher erörtert werden. An dieser Stelle wird sie deshalb erwähnt, weil sie ein Beweis für praktizierten Menschenraub aus dem Römischen Reich für die Zeit der Haarhausener Töpferproduktion ist. Dass es sich bei diesem Vorgang keineswegs um einen Einzelfall gehandelt haben kann, zeigen die von Ammianus Marcellinus im 4. Jahrhundert überlieferten Bestimmungen in Friedensverträgen, römische Gefangene zurückzugeben. Eindrucksvolle Beispiele bei den Alamannen stammen aus den Jahren 358 und 359. So schreibt Ammian zu einem Vertragsabschluss in dem letztgenannten Jahr, dass bei den Friedensschlüssen in erster Linie darüber verhandelt wurde, alle Gefangenen der Alamannen zurückzugeben, die sie bei ihren häufigen Raubzügen verschleppt hatten.[145] Im Zuge der weiteren Erforschung der Drehscheibenkeramik ist man sich heute, im Unterschied zur Zeit der Entdeckung, nicht mehr sicher, ob die Töpfer von Haarhausen wirklich Römer gewesen sind.[146] In technologischen Details finden sich durchaus Unterschiede zu römischen Vorbildern, wenn auch die Formen klar an römische angelehnt sind.[147] Waren aber keine Römer in Thüringen tätig, dann können dies nur Germanen gewesen sein, die enger als Handwerker aus anderen Stämmen mit dem Imperium verbunden gewesen sind. Denkbar wären Hermunduren, die zeitweise in einer römischen Provinz am Rhein gelebt und gearbeitet haben. Wer auch immer die Töpfer von Haarhausen gewesen sind, die von ihnen hergestellte Keramik zeigt ein enges Verhältnis zum Römischen Reich. Dieses schlägt sich auch in der Grabkultur der mitteldeutschen Germanen nieder. Am aussagekräftigsten dafür sind die Gräberfelder von Hassleben 15 km nördlich von Erfurt und von Leuna bei Merseburg. In Hassleben wurde 1911 das bedeutendste Gräberfeld der Kaiserzeit in Thüringen entdeckt. 24 Körpergräber sind in unterschiedlichem Maße mit römischem Importgut ausgestattet, vor allem mit Trinkgeschirr, Tellern, Ringen und Waffenteilen. Beide Gräberfelder können durch Münzen in dieselbe Zeit datiert werden, in der in Haarhausen gearbeitet wurde. In Hassleben ergibt sich die Zeitstellung aus Münzen des Kaisers Gallienus (253–268) und des gallischen Gegenkaisers Victorinus (269–271), in Leuna aus einer Prägung des gallischen Usurpators Tetricus (271–274).[148] Die Art der Beigaben römischer Provenienz, wie die geläufige Verwendung von Importgeschirr und vor allem die von den Römern gepflegte Sitte, dem Verstorbenen eine Münze in den Mund zu legen, spricht für das Streben der germanischen Oberschicht, römische Gewohnheiten zu übernehmen. Die begehrten Gegenstände können durch Raub oder Handel nach Mitteldeutschland gekommen sein, wahrscheinlicher sind jedoch zwei andere Formen des Erwerbs. Spätestens seit Anfang des 3. Jahrhunderts musste sich das Reich die Ruhe an seinen Grenzen erkaufen. Dies dürfte sowohl mit Geldzahlungen in Gold und Silber als auch mit Luxusartikeln für die germanische Aristokratie erfolgt sein. Als zweite Form des Erwerbs von Reichtum ist die freiwillige Indienststellung von Germanen bei den Römern zu nennen. Schon Caesar hatte im Gallischen Krieg erstmals germanische Krieger in sein Heer aufgenommen. Seitdem war diese Söldnertätigkeit immer umfangreicher geworden und erreichte im 3. Jahrhundert einen ersten Höhepunkt. In den Auseinandersetzungen zwischen Kaiser Gallienus und seinen Gegenkaisern in Gallien haben letztere in großem Umfang auf germanische Hilfstruppen zurückgegriffen.[149] Hält man die Toten von Hassleben und Leuna für Söldner im Dienste der gallischen Usurpatoren, dann würde dies sowohl die Kenntnisse und Übernahme römischer Lebensgewohnheiten wie auch die gezielte Einfuhr bestimmter Gegenstände und die Beigabe von Münzen des Gallienus, Victorinus und Tetricus erklären.

Der »Fürst« von Gommern

Das reichhaltigste und interessanteste Einzelgrab aus der Reihe der mitteldeutschen »Fürstengräber« vom Typ Hassleben-Leuna wurde im Herbst 1990 in Gommern östlich von Magdeburg im Kreis Jerichower Land (Sachsen-Anhalt) entdeckt. Auf einer markanten Erhebung am Rande der »Alten Elbe« fand man die Reste einer Grabkammer mit so vielen Beigaben, dass die Begräbnisstätte zu den prunkvollsten dieser Zeit in Mitteleuropa gehört. Bis 1999 wurden über 1.000 Einzelteile konserviert und restauriert. Im Winter 2000/2001 hat das Landesmuseum für Vorgeschichte Halle (Saale) die Funde in der Sonderausstellung »Gold für die Ewigkeit. Das germanische Fürstengrab von Gommern« präsentiert. Der spektakuläre Grabfund wurde 2002 im Landesmuseum für Vorgeschichte Dresden unter dem auf Medienwirksamkeit bedachten Titel »Gommern – Der König an der Elbe« gezeigt. Bestattet war hier ein Mann im Alter von 35–40 Jahren, der auf einer hölzernen Liege ruhte. Um den Hals war ihm ein Goldring im Gewicht von mehr als 500 g gelegt, zwei Gold- und eine Silberfibel werden einst einen Mantel zusammengehalten haben, aus Gold ist auch der Fingerring und die ihm in den Mund gelegte römische Münze. Im Hüft- und Fußbereich des Toten wurden zwei Gürtel, Riemenbestandteile und silberne Sporen gefunden, ferner Messer, Schere und Pfeilspitzen aus Silber. Hinter der Liege am Kopfende war ein Schild mit einem reich verzierten silbernen Schildbuckel aufgestellt. Dieser Schildbuckel war von einem germanischen Handwerker aus einem römischen Silbergefäß hergestellt worden.[150] Neben Trachtbestandteilen und Ausrüstungsgegenständen enthielt die Grabkammer eine Reihe von Gegenständen aus einem luxuriösen Haushalt: einen silbernen römischen Eimer, eine silberne Kelle-Sieb-Garnitur derselben Herkunft, drei römische Glasgefäße, ein römisches Bronzebecken, zwei bronzebeschlagene germanische Holzeimer und einen bronzebeschlagenen germanischen Holzbottich. Zu den Raritäten des Gommerner Grabes gehören die Reste eines am Fußende des Toten aufgestellten zusammenklappbaren Dreifußes aus Bronze mit einer hölzernen Tischplatte, ein sehr selten gefundenes römisches Möbelstück. Etwa an gleicher Stelle lagen auch die Reste eines Brettspiels mit einer Serie runder Glasspielsteine.[151]

Die Grablege des »Fürsten von Gommern« weist in ihrer Ausstattung auf zwei Lebensbereiche hin. Der Prunkschild und die silbernen Pfeilspitzen sind zweifellos Attribute eines erfolgreichen Heerführers, während die ausgesuchten Importwaren den hier Bestatteten als Kenner und Liebhaber römischer Lebensweise und von römischem Luxus ausweisen. Die Betonung beider Elemente lässt eher an einen kriegerischen Erwerb als den aus dem normalen Handel denken. Die Vielzahl und Art der Güter lässt sich am ehesten mit einer Tätigkeit als Söldnerführer in römischen Diensten erklären. Bei einem vielleicht mehrjährigen Aufenthalt im Imperium hat der »Herr von der Elbe« all das kennen und schätzen gelernt, was er auch in seiner Heimat besitzen wollte. Von seinem Sold oder von Beuteanteilen konnte er die Gegenstände systematisch erwerben. Zurückgekehrt an die Elbe dienten sie ihm nicht nur zur Verfeinerung der eigenen Lebensweise, sondern auch zur Repräsentation gegenüber den anderen Stammesangehörigen. So könnte in Gommern ein germanischer Adliger bestattet worden sein, der als militärischer Anführer in römischen Diensten reich geworden ist und auch nach seiner Rückkehr wie Angehörige der römischen Oberschicht an einem Dreifußtisch mit Silbergeschirr speisen, aus fein gearbeiteten Gläsern trinken und sich am Brettspiel ergötzen wollte.

6 Die Nachbarn der Markomannen I: Die Hermunduren

Abb. 6: Das »Fürstengrab« von Gommern (Rekonstruktion der Grabkammer).

Datiert werden kann diese Grabstätte vor allem durch Münzfunde. Die Goldmünze im Mund des Toten wurde bereits unter Kaiser Trajan etwa 112 bis 114 geprägt. Im Hüftbereich des Körpers befanden sich fünf Münzen, die wohl mit dem Gürtel verbunden waren. Sie stammen aus der Zeit der Markomannenkriege 160 bis 180. Für die Datierung entscheidend ist der im Schild verarbeitete Pressblechbeschlag von einer Münze des Severus Alexander aus den Jahren 233 bis 235. Das Fehlen von Münzen des Gallischen Sonderreiches ab 260 und die Zusammensetzung des Inventars mit tendenziell älteren Stücken, so wurde der Dreifuß wahrscheinlich schon im 1. Jahrhundert hergestellt und gelangte erst nach längerer Nutzungsdauer und mehreren Reparaturen als Beigabe ins Grab, spricht eher für das zweite als das dritte Drittel des 3. Jahrhunderts.

Bringt man das vermutete Schicksal des »Fürsten von Gommern« mit den Töpfern von Haarhausen in Verbindung, dann wäre es durchaus möglich, dass einige germanische Krieger bei einem längeren Aufenthalt im Imperium auch handwerkliche Fähigkeiten erlangt haben, die sie nach ihrer Rückkehr verwenden konnten und die sie von einheimischen Handwerkern ohne diese Erfahrung unterschieden.

Das Grab von Gommern hat wie die Funde von Leuna-Hassleben und von Haarhausen für die Erhellung der römisch-germanischen Beziehungen im 3. Jahrhundert und für die Geschichte der Hermunduren eine herausragende Bedeutung. Von ihrem Quellenwert sind diese archäologischen Entdeckungen gleichwertig mit dem der literarischen für das 1. Jahrhundert.

7 Die Nachbarn der Markomannen II: Semnonen und kleinere Stämme

Die Geschichte der Semnonen weist eine Reihe von Gemeinsamkeiten mit der Geschichte der Hermunduren auf. Beide werden zu Beginn des 1. Jahrhunderts im geographischen Werk Strabons zum ersten Male genannt. Die älteste zeitlich bestimmbare Erwähnung erfolgt gemeinsam anlässlich der Expedition des Tiberius an die untere Elbe im Jahre 5 n. Chr. Der eine wie der andere Stamm haben Beziehungen zum Reich Marbods, die Semnonen gehören zeitweise dazu, die Hermunduren profitieren von seinem Zerfall. Die wenigen Details aus der Stammesgeschichte kennen wir jeweils nur aus dem 1. nachchristlichen Jahrhundert. Tacitus hält beide Stämme für so wichtig, dass er jedem ein eigenes Kapitel in seiner *Germania* einräumt. Semnonen wie Hermunduren verschwinden mit den Markomannenkriegen der Jahre 166 bis 180 aus der literarischen Überlieferung. Bei beiden haben archäologische Funde der letzten Jahrzehnte ganz entscheidende neue Informationen für die Stammesgeschichte im 3. Jahrhundert geliefert. Beide Stämme gehören mit ihrer materiellen Kultur zur Gruppe der Elbgermanen.

Am Anfang der literarischen Überlieferung steht Strabon, der die Semnonen als einen großen Stamm bezeichnet, der wie die Markomannen und die Hermunduren zu den Sueben gehört und sich der Herrschaft Marbods unterstellt hat.[152] Ihr Siedlungsraum lag zwischen Elbe und Oder vor allem im Spree-Havelgebiet des heutigen Landes Brandenburg. Begrenzt wurde er im Westen von der mittleren Elbe, im Norden vom Stamm der Langobarden, im Süden vom Höhenzug des Fläming und von den Hermunduren und im Osten von der Oder und den Burgundern.[153] Diese Begrenzungen des Siedlungsgebiets werden allerdings erst im 2. Jahrhundert von dem alexandrinischen Gelehrten Klaudios Ptolemaios überliefert. In seinem geographischen Werk findet man die Mitteilung, dass die suebischen Semnonen östlich des Mittellaufs der Elbe bis zum Fluss Suebos, der Oder, wohnen und dort an die Burgunder grenzen.[154] Etwas später spricht Ptolemaios noch davon, dass südlich der Semnonen die Silinger siedeln. Dieser Stamm, dessen Name etymologisch mit »Schlesien« zusammenhängt und der später in den Vandalen aufgegangen ist, könnte, wenn man den Ausdruck »unterhalb der Semnonen« wörtlich nimmt, im 2. Jahrhundert noch in der Niederlausitz gewohnt haben und erst später nach Schlesien abgewandert sein.[155]

Die Römer an der Elbe

In unmittelbare Berührung mit den Römern sind die Semnonen unserer Kenntnis nach bei der bereits mehrmals erwähnten See- und Landexpedition des Tiberius im Jahre 5 n. Chr. gekommen. Dieses militärische Unternehmen gehört zu den bedeutendsten strategischen Leistungen der augusteischen Feldzüge nach Germanien. Tiberius zog mit seinem Heer von einem Winterlager an der Lippe zuerst zu den Chauken im heutigen Niedersachsen und besiegte anschließend die Langobarden an der Elbe. Am unteren Abschnitt dieses Stromes traf er dann mit der Flotte zusammen, die vom Rhein aus über den Drususkanal in die Nordsee bis zur Mündung der Ems und von dort in die Unterelbe gefahren war. Die Einmaligkeit dieser Expedition bestand im Zusammentreffen von Heer und Flotte an einem zuvor vereinbarten Ort an der Elbe. Wie weit die Flotte elbaufwärts gefahren ist, lässt sich nicht feststellen. Ein möglicher Ort könnte die Anhöhe des späteren Kastells Höhbeck bei Vietze im Kreis Lüchow-Dannenberg in Niedersachsen sein. Von der Elbe sagt Velleius Paterculus, sie »fließe am Gebiet der Semnonen und Hermunduren vorbei«.[156] Der Wortlaut legt die Annahme nahe, die beiden Stämme würden nur östlich des Flusses siedeln und hätten ihre westelbischen Wohngebiete aufgegeben. Bei den Semnonen wird eine Siedlung auch in der Altmark angenommen, die später aufgegeben wurde, für die Hermunduren trifft die Aussage, wie im vorigen Kapitel dargelegt, höchstens kurzfristig zu.

7 Die Nachbarn der Markomannen II: Semnonen und kleinere Stämme

Velleius Paterculus hat als Offizier im Heere des Tiberius an diesem Feldzug teilgenommen. Aus den Sommermonaten 5 n. Chr. schildert er als Augenzeuge die »zweifellos berühmteste Episode, die sich im Altertum an der Elbe ereignet hat«.[157] Tiberius hatte mit seinem Heer ein Lager am linken Elbufer aufgeschlagen, wo auch die Flotte ankerte. Das rechte Ufer war von germanischen Kriegern besetzt, die sich im Glanz ihrer Waffen zeigten, allerdings sofort die Flucht ergriffen, wenn eine Bewegung der römischen Schiffe erkennbar wurde. Einen Stammesnamen nennt Velleius nicht, doch sind mit größter Wahrscheinlichkeit die Semnonen gemeint. Die weiter nördlich wohnenden Langobarden waren gerade erst besiegt worden und in Richtung Mecklenburg geflohen. Die Hermunduren wiederum lebten weiter südlich und es ist unwahrscheinlich, dass die römische Flotte bis zum Mittellauf der Elbe gefahren sein sollte.

Velleius fährt mit folgender Episode fort: Die Situation des bewaffneten Gegenüberstehens und Beobachtens sei unterbrochen worden, als ein älterer »Barbar« von offensichtlich höherem Rang einen Einbaum bestiegen und vom rechten Ufer aus in die Flussmitte gerudert sei. Von dort aus habe er um die Erlaubnis gebeten, das linke, das »römische« Ufer betreten zu dürfen. Als ihm die Erlaubnis erteilt worden sei, habe er mit seinem Boot angelegt, lange schweigend den Thronfolger Tiberius betrachtet und dann eine von Velleius angeblich im Wortlaut wiedergegebene Rede gehalten: »Unsere Jugend ist nicht bei Sinnen, dass sie eure Göttlichkeit verehrt, wenn ihr abwesend seid, dass sie aber eher eure Waffen fürchtet, wenn ihr hier seid, als sich in euren Schutz zu begeben. Ich aber, Caesar, habe heute mit deiner gütigen Erlaubnis die Götter gesehen, von denen ich früher nur gehört hatte. Einen glücklicheren Tag habe ich in meinem Leben weder gewünscht noch erlebt.«[158] Nachdem dem Germanen noch erlaubt worden sei, die Hand des Tiberius zu berühren, habe er wieder sein Boot bestiegen und sei, sich unverwandt nach ihm umsehend, über die Elbe and das rechte Ufer zurückgefahren.

Zweifellos hat die geballte römische Macht von Heer und Flotte im Inneren Germaniens einen tiefen Eindruck auf die Bewohner des Landes gemacht. Der Zug des Tiberius muss als ein für die Germanen westlich wie östlich der Elbe sichtbares Signal verstanden worden sein, dass die Macht des Imperiums nunmehr bis an diesen Fluss reiche. Ob allerdings die Römer als höhere Wesen angesehen und mit den Göttern gleichgesetzt worden sind, darf doch bezweifelt werden. Dieser Gedanke dürfte eher dem Wunschdenken des Velleius und der literarischen Gestaltung dieser Szene entstammen, bei der die Herausstellung des Thronfolgers durch seinen ihm völlig ergebenen Offizier im Vordergrund steht. Für Velleius war diese Expedition der Höhepunkt der Germanienfeldzüge überhaupt.[159]

Mit dem Geschehen im Sommer 5 n. Chr. steht wohl auch die Gesandtschaft der Semnonen an Augustus im Zusammenhang. In dem vor allem in der Inschrift des »Monumentum Ancyranum« erhaltenen »Tatenbericht« des Kaisers behauptet dieser, seine Flotte sei von der Mündung des Rheins in östlicher Richtung über den Ozean bis zum Gebiet der Kimbern gesegelt, wohin vor dieser Zeit weder zu Lande noch zu Wasser ein Römer gekommen sei. Die Kimbern und andere germanische Stämme wie die Semnonen hätten durch Gesandtschaften die Freundschaft mit Rom erbeten.[160] Auf dasselbe Ereignis bezieht sich später der ältere Plinius mit der Nachricht, unter Augustus habe eine Flotte Germanien bis zum Kimbernkap umfahren.[161] Für die Erforschung des Nordmeeres war diese Flottenfahrt bis an die Nordspitze der Halbinsel Jütland, bis zum Kap Skagen, zweifellos von größter Bedeutung. Augustus und Plinius berichten von einer Erkundungsfahrt in unbekannte Gewässer. Eine solche Aufgabe ist aber nun nicht vereinbar mit allem, was von der Elbe-Flotte des Tiberius berichtet wird. Deren Fahrt muss zeitlich genau mit dem Zug des Landheeres abgestimmt gewesen sein. Sie hatte bestimmte Funktionen bei den Operationen gegen die Chauken und Langobarden zu erfüllen und sie sollte vor allem die Truppen zu Lande mit dem erforderlichen Nachschub versorgen. Es ist kaum vorstellbar, dass die von Velleius erwähnte »reiche Fülle von Nachschub aller Art« für die mitten in Germanien stehende Armee erst entlang der Nordfriesischen Inseln und der Westküste Schleswig-Holsteins und Jütlands bis zum Kap Skagen gefahren worden sei, um erst auf dem Rückweg an der Elbe abgeladen zu werden. Schließlich muss sich die von Velleius hervorgehobene »Beachtung der rechten Zeiten« für das Zusammentreffen bei einer Forschungsexpedition in unbekannte Meeresgebiete geradezu als Unmöglichkeit erweisen. Die in vielen Darstellungen, Kommentaren und Landkarten ohne Diskussion aufgestellte Behauptung über die Identität der Flotte, die bis zur Nordspitze Jütlands gesegelt ist, mit derjenigen, die im Jahre 5. n. Chr. die Elbe aufwärts fuhr, kann nicht stimmen. Es muss sich um zwei verschiedene Fahrten gehandelt haben! Die entscheidende Erkenntnis der Erkundungsexpedition muss diejenige über den Küstenverlauf gewesen sein. Es stellte sich heraus, dass die Elbe von der Rheingrenze aus gesehen nach Ems und Weser die letzte Flussmündung in die Nordsee war, von der aus man mit Schiffen ins Binnenland Germaniens gelangen konnte. Die Halbinsel Jütland versperrte eine Weiterfahrt auf dem Nordmeer jenseits der Elbemündung. Diese Entdeckung steht aller Wahrscheinlichkeit nach auch hinter dem Verbot des Augustus, die Elbe zu überschreiten.[162] Mit dieser Annahme lässt sich die Fahrt zum Kimbernkap in die Jahre zwischen Elbüberschreitung des Domitius Ahenobarbus und der kombinierten See- und Landoperation des Tiberius datieren. Um 3 v. Chr. hat ein Elbeübergang die Verleihung der Triumphalornamente eingebracht, das Verbot kann zu dieser Zeit noch nicht bestanden haben. Tiberius steht 5 n. Chr. mit einem großen Truppenaufgebot an dem Strom und wird von der Flotte unterstützt, doch er bleibt auf der linken Uferseite und hält sich damit an die inzwischen erlassene Anordnung des Kaisers. Betrachtet man die Jahre zwischen 3 v. Chr. und 5 n. Chr., dann spricht einiges für die Zeit von Tiberius' zweitem Germanienaufenthalt und der unmittelbaren Vorbereitung für die kombinierte Operation als das Datum für die Erkundungsfahrt. Wenn die auf der Expedition gewonnenen Erkenntnisse noch vor dem Sommerfeldzug 5 n. Chr. in Rom bekannt gewesen sind und Augustus und seine Berater daraus ihre Schlüsse ziehen und die entsprechende Anweisung weiterleiten konnten, dann bietet sich das Jahr 4 n. Chr. als das wahrscheinlichste Datum für die Fahrt zum Kimbernkap an.[163]

In Verbindung mit der Nordlandfahrt erwähnt der Kaiser in seinem »Tatenbericht« die Gesandtschaften mehrerer germanischer Stämme an ihn. Die Kontaktaufnahme wird als das Ergebnis dieser Expedition dargestellt. Für die Kimbern könnte dies zutreffen, ihre Gesandtschaft wird auch von Strabon erwähnt.[164] Zwingend ist das jedoch keinesfalls, da Augustus in seinem »Tatenbericht« durchaus zu Zusammenfassungen neigt. Wenige Kapitel später wird der oben erwähnte hilfeflehende Markomannenkönig unbekannten Namens neben mehreren anderen hilfesuchenden Königen aus Ost und West aufgeführt.[165] Ebenso könnten die Gesandtschaften verschiedener Germanen, darunter der Semnonen, im Anschluss an die Nordlandfahrt erwähnt worden sein, ohne dass sie mit dieser unmittelbar im Zusammenhang stehen müssten. Da es praktisch unmöglich ist, dass die Erkundungsexpedition auf ihrer Rückfahrt bis zu den Semnonen gelangt ist, muss deren Gesandtschaft von dieser Fahrt in jedem Falle getrennt werden. Aufgrund der Tatsache, dass wir von einer Berührung mit den Römern vor dem Sommerfeldzug des Tiberius nichts wissen, ist es wahrscheinlich, dass die Semnonen ihre Gesandtschaft erst nach dem ›Gegenüberstehen an der Elbe‹ geschickt haben.

Ein weiterer Grund für das Verbot der Elbeüberschreitung durch Augustus dürfte das Reich Marbods sein, dessen Interessengebiet östlich des Stromes begann und den Rom vorerst nicht reizen wollte. Wann die Semnonen unter den Einfluss des Markomannenkönigs geraten sind, ist unbekannt. Für Strabon ist dies eine Tatsache, Tacitus erwähnt zum Jahre 17 ihren Abfall von Marbod zusammen mit den Langobarden und den zeitweiligen Übertritt zu Arminius.[166]

Nach dem Ende des Marbodreiches verschwinden die Semnonen in den literarischen Quellen bis zum Ende des 1. Jahrhunderts. Erst in der *Germania* des Tacitus aus dem Jahre 98 tauchen sie wieder auf, hier ist ihnen das Kapitel 39 gewidmet. Allerdings sind alle dort getroffenen Aussagen von so allgemeiner Natur, dass sie auf das gesamte zurückliegende Jahrhundert bezogen werden können. Das Kapitel ist zwei Aspekten gewidmet, der Größe und Bedeutung des Stammes und seiner Religiosität. Die Semnonen sind danach die ältesten und angesehensten der Sueben, weil in ihrem Gebiet das Zentralheiligtum der suebischen Stammesgruppe liegt und dort der gemeinsame Kult gefeiert wird und sie sind der Hauptstamm der Sueben, weil sie das größte Territorium haben.[167] Als »großen Stamm« hatte auch Strabon die Semnonen bezeichnet. Die betonte Herausstellung der Größe durch Tacitus ist auch einem literarischen Aspekt geschuldet. Dem volkreichen Stamm der Semnonen stellt er im folgenden Kapitel die geringe Zahl der Langobarden gegenüber.[168] Eine vergleichbare Darstellung von Gegensätzen findet sich auch bei der Vorstellung anderer Stämme, z. B. der Chatten und der Tenkterer sowie der Chauken und der Cherusker. Um die Größe des Stammes zu unterstreichen, behauptet der Historiker, 100 Gaue (*centum pagi*) würden von ihnen bewohnt. Dasselbe hatte Caesar 150 Jahre früher von den Sueben insgesamt schon behauptet.[169] Bei den »100 Gauen« dürfte es sich um einen Topos handeln, der allgemein für »sehr viele« steht. Bei dem Nachdruck, der auf die Größe gelegt wird, fällt auf, dass über die Grenzen des Stammesgebietes in der

Germania nichts gesagt wird, dafür ist man auf die Ausführungen von Strabon und Ptolemaios angewiesen.

Hinsichtlich der tatsächlichen Größe der Semnonen kommt man über Spekulationen nicht hinaus. Günter Stangl hat 2009 den Versuch unternommen, die Bevölkerungsgröße germanischer Stämme zu schätzen. Die Mindestanzahl eines selbständigen Stammes veranschlagt er auf 10.000 Personen, die höchste auf 100.000. Bei den Semnonen kommt er auf eine Zahl von 60–90.000 Personen und ein Militärpotential von 12.000 bis 18.000 Männern. Im Vergleich dazu schätzt er die Markomannen auf 125.000 Personen und 25.000 Krieger, die Quaden auf 105.000 Personen und 21.000 Krieger.[170] Angesichts der literarischen und archäologischen Quellenlage müssen alle diese Angaben jedoch weitgehend hypothetisch bleiben.[171]

Auch Heiko Steuer hat sich in seinem Handbuch mit der Größe der Bevölkerung beschäftigt. Er schätzt bei 25 % besiedelter Flächen Germaniens die Einwohnerzahl auf 3–4 Millionen Menschen, bei 50 % besiedelbarer Flächen sogar auf 6–8 Millionen. Bei einem Fünftel Krieger, die eine solche Bevölkerung stellen konnte, wären das dann 1,2–1,6 Millionen Kämpfer.[172]

Wie bei den Hermunduren das Hauptaugenmerk in der *Germania* auf dem guten Verhältnis zu den Römern gerichtet ist, steht bei den Semnonen ihr urtümlicher Kult im Mittelpunkt des ihnen gewidmeten Kapitels. Das besondere Interesse des Tacitus an diesem Thema resultierte sicher auch aus seiner eigenen Mitgliedschaft in dem altehrwürdigen Priesterkollegium der *quindecimviri sacris faciundis* in Rom. Seine ganz persönliche Anteilnahme zeigt sich in der sehr bewussten Stilisierung mit feierlichen und dichterischen Redewendungen. So steht im Mittelpunkt des Kultes ein Wald, »der durch die von den Vorvätern vorgenommenen Weihen und durch uralte fromme Scheu geheiligt ist« (*auguriis patrum et prisca formidine sacram*). Tacitus hat in dieser Passage in Anlehnung an den Dichter Vergil einen Vers, einen Hexameter, in seinen Prosatext eingebaut.[173]

Geheimnisvolle Riten und wahrsagende Frauen

Geheimnisvolle Riten schienen für das Gebiet der »Suebia« im Inneren Germaniens besonders passend zu sein. Für das westelbische Germanien werden keine Kulte genannt, obwohl es sie gab und einige von ihnen von Tacitus in dem später verfassten Werk *Annales* auch erwähnt werden. So war das Heiligtum der Tamfana der kultische Mittelpunkt der Marser, Brukterer, Tubanten und Usipeter aus der Gruppe der Rhein-Weser-Germanen. Einen dem Herkules geweihten Hain gab es an der Weser, wobei die Römer unter Herkules den germanischen Gott Donar verstanden. Bei den Friesen existierte ein Hain der Göttin Baduhenna, die ebenso unbekannt ist wie die Tamfana.[174] Keinen dieser Kulte erwähnt Tacitus bei der Vorstellung der Stämme. Offensichtlich eigneten sie sich nicht so wie der »Semnonenhain« für die Schilderung eines unheimlichen, barbarischen Ritus. Dieser wurde mit einem Menschenopfer gefeiert, das im Namen des ganzen Stammesverbandes dargebracht wurde. Im Kapitel 9 seiner Schrift hatte der Historiker schon darauf hingewiesen, dass Merkur (Wodan) an bestimmten Tagen Menschenopfer dargebracht werden, während Herkules (Donar) und Mars (Tiu) mit Tieropfern besänftigt werden konnten.[175]

Als besondere Merkwürdigkeit erwähnt Tacitus den Brauch, diesen verehrungswürdigen Hain nur in Fesseln zu betreten, um die eigene Unterwürfigkeit und die Macht der Gottheit vor Augen zu führen. Wer zufällig hinfällt, darf sich nicht erheben, sondern muss sich auf dem Erdboden herauswälzen. Die Gottheit, der man sich durch die Fesseln wie einem Sklaven unterwirft, wird nicht bei ihrem Namen genannt, um das Geheimnis und die Heiligkeit des Hains zu wahren. Die Umschreibung als »der über alles herrschende Gott« (*regnator omnium deus*) ist wiederum Vergil entnommen und bezeichnet in der römischen Religion Iupiter, bei den Semnonen dürfte damit Merkur (Wodan) gemeint sein. Die symbolische Fesselung begegnet noch an einer weiteren Stelle in der *Germania*. Bei den Chatten heißt es, gerade die tapfersten Krieger würden einen eisernen Ring als Fessel tragen, von dem sie sich nur durch die Tötung eines Feindes befreien könnten.[176] Man kann vermuten, dass dieser Brauch aus dem Ritus der Jünglingsweihe hervorgegangen ist: Durch das Erlegen eines Feindes befreit sich der Jüngling von der selbst auferlegten Fessel, dem

Abb. 7: Kniender Germane (römische Bronzestatuette).

Symbol der Bindung, und wird als Freier in den Männerbund aufgenommen.

Die Kenntnisse über den geheimnisvollen »Semnonenhain« kann Tacitus in den neunziger Jahren des 1. Jahrhunderts durch einen Besuch aus Germanien gewonnen haben. Die einzige mit Personennamen verbundene Nachricht aus diesem Stamm wird erst von Cassius Dio im 3. Jahrhundert überliefert. Der griechische Historiker schreibt, der Semnonenkönig Masyos und die wahrsagende Jungfrau Ganna, die Nachfolgerin der Veleda, kamen zum Kaiser Domitian, wurden von ihm ehrenvoll empfangen und kehrten dann zurück.[177] Die Nachricht ist nur aus mittelalterlichen Exzerpten von Dios »Römischer Geschichte« bekannt. In dem betreffenden Exzerpt werden Verhandlungen Domitians mit Cheruskern,

Sueben und Semnonen zusammengefasst.[178] Die Datierung ist wohl auf die Jahre 91 oder 92 anzusetzen, mithin wenige Jahre vor der Abfassung der *Germania*. Die knappe Aussage des Cassius Dio lässt mehrere Deutungen zu. Vieles spricht dafür, dass der Besuch von König und Jungfrau mit der politischen Situation an der oberen Donau zusammenhängt. Seit dem Jahre 89 führte Rom hier Krieg gegen Markomannen, Quaden und Jazygen, auf diese Vorgänge soll im nächsten Kapitel eingegangen werden. Kaiser Domitian könnte in den Semnonen potentielle Verbündete gegen die Markomannen gesehen und ein Bündnis mit ihnen angestrebt haben. Generell war die römische Diplomatie bei den Germanen bestrebt, mit grenzfernen Stämmen ein gutes Verhältnis herzustellen und sie gegen grenznahe Stämme, mit denen sich das Imperium im Krieg oder im Spannungszustand befand, auszuspielen. Allerdings ist es auch möglich, dass die Sachlage umgekehrt war und die Semnonen mit den Markomannen gegen die Römer kämpften und der Besuch im Rahmen von Friedensverhandlungen erfolgt ist.[179]

Interessant ist der Bezug zu Veleda, der berühmtesten germanischen Seherin überhaupt, die von Dio als Vorgängerin der Ganna bezeichnet wird. Veleda gehörte zum Stamm der Brukterer, wohnte in einem hohen, unzugänglichen Turm an der Lippe und wurde als Orakel bei mehreren rechtsrheinischen Stämmen in hohen Ehren gehalten. Mit der Wohnung im Turm wahrte sie die Distanz zu allen gewöhnlichen Menschen. Nur bestimmte Personen aus ihrer Verwandtschaft waren die Vermittler zur Außenwelt, überbrachten die an sie gestellten Fragen und gaben ihre Antworten weiter. Im Bataveraufstand der Jahre 69/70 spielte sie eine politisch aktive Rolle. Als Germanen bei einem nächtlichen Überfall im Jahre 70 das Flaggschiff der römischen Rheinflotte gekapert hatten, machten sie es der verehrten Seherin zum Geschenk. Später ist sie dann in römische Gefangenschaft geraten, wie aus einem Gedicht aus dem Jahre 89 hervorgeht. Tacitus führt sie in seinem Kapitel über die germanischen Frauen auf mit dem Hinweis, sie habe lange bei vielen als Stellvertreterin einer Gottheit gegolten.[180]

Veleda war die bekannteste Vertreterin der germanischen Wahrsagerinnen, die auf die Römer einen nachhaltigen Eindruck machten, aber keineswegs die einzige. Am Hof des Kaisers Vitellius, der im Jahre 69 als Befehlshaber der Niederrheinarmee in Köln seine Herrschaft antrat, lebte eine Seherin aus dem Stamm der Chatten.[181] Auf einem ägyptischen Ostrakon aus Elephantine wird im 2. Jahrhundert eine »semnonische Sibylle« mit dem Namen Valuburg genannt. In ihrem Fall gibt es die Vermutung, dass sie eine Seherin in der Zeit der Markomannenkriege war, die als politisch gefährlich von den Römern an die äußerste Grenze im Süden des Imperiums verbannt worden ist.[182] Schließlich steht hinter der Gestalt, die Drusus den Älteren im Jahre 9 v. Chr. zur Umkehr an der Elbe aufgefordert haben soll, ebenfalls die Vorstellung von einer weissagenden Frau. Die Geschichte wird von zwei Autoren überliefert. Cassius Dio spricht von einer Frau von übermenschlicher Größe am Ufer der Elbe und zitiert sie mit den Worten: »Wohin treibt es dich, unersättlicher Drusus? Nicht alles hier ist dir vom Schicksal zu sehen vergönnt. Kehre um! Denn schon sehr nahe ist das Ende deiner Tage und deines Lebens«.[183] Der nur wenige Monate nach dem Erreichen der Elbe eingetretene Tod des Prinzen in einem fernen und unbekannten Land muss als die Ursache für die Bildung dieser Legende angesehen werden. Die Prophezeiung wird in ihrer ausführlichen Form erst von Dio im frühen 3. Jahrhundert berichtet, entstanden ist sie aber natürlich sehr viel früher. Fast ein Jahrhundert vor dem griechischen Historiker nimmt schon der Kaiserbiograph Sueton auf sie Bezug. Bei ihm tritt dem Feldherrn »tief in den innersten Einöden« Germaniens eine »Barbarin« von übermenschlicher Größe entgegen, die ihm – in lateinischer Sprache – das weitere Vordringen verbietet.[184] Bei Sueton fehlt die Elbe als Ort der Handlung und auch die Prophezeiung des nahen Todes. Unstrittig ist, dass hinter der Frauengestalt das Wissen um germanische Seherinnen steht, denen etwas Heiliges und Prophetisches innewohnt und deren Ratschläge und Aussprüche Beachtung finden.[185] Die Ausformulierung der Geschichte gehört sicher schon in die Zeit nach dem Tode des Drusus und vor allem in die Zeit nach dem Ende der Germanicus-Feldzüge 16/17 n. Chr., als die Offensivpolitik im Norden ihr Ende gefunden hatte. Seitdem musste der Vorstoß bis an die Elbe zu Beginn aller Unternehmungen der augusteischen Germanienpolitik in einem helleren Licht erstrahlen als zuvor. Unter der Herrschaft von Drusus' Sohn Claudius, der seit dem Jahre 41 regierte, dürfte das in der späteren Literatur überlieferte Bild dann wohl durch den älteren Plinius seine endgültige Gestalt angenommen haben. Für Sueton und Cassius Dio könnten Frauen wie Veleda und Ganna noch zusätzliche Vorbilder für die »weise Frau von der Elbe« gewesen sein, die, wenn man ihr eine Historizität zubilligen würde, eine Semnonin gewesen sein müsste.[186] Ganna besaß zweifellos eine politische Bedeutung wie Veleda, wenn sie ihren König auf einer diplomatischen Mission begleitete und neben ihm offenbar eine gleichberechtigte Vertragspartnerin war. Dios Formulierung »die nach Veleda Wahrsagerin bei den Germanen war« kann sich nur darauf beziehen, dass dem griechischen Schriftsteller keine andere germanische Seherin bekannt gewesen ist. Reinhard Wolters interpretiert den Ausdruck dahingehend, dass Ganna eine überregionale Seherin in der Nachfolge der Veleda gewesen ist. Die Reise zu Domitian sei der Huldigungsbesuch der neuen Wahrsagerin beim römischen Kaiser nach der Gefangennahme der Veleda gewesen.[187] Für einen solchen Besuch wäre jedoch die Teilnahme des Königs nicht erforderlich gewesen. Gerade sie spricht für einen politischen Anlass, sei es ein Bündnis oder ein Friedensvertrag. Außerdem ist zu bedenken, dass Veleda eine Autorität bei den Rhein-Weser-Germanen war und ihr Wirken auf das Rheinland beschränkt blieb, während die Semnonen an der Spitze des elbgermanischen Kultverbandes der Sueben standen.

Eine andere Hypothese ist, in Ganna die Priesterin des »Semnonenhains« zu sehen.[188] Auch dies kann nicht mehr als eine Vermutung sein, da Tacitus zu diesem Kultplatz weder Priester noch Priesterin erwähnt, während bei dem zentralen Heiligtum des Kultverbandes der Nerthus-Stämme an der Ostsee wie auch beim heiligen Hain der Naharnavalen jeweils von einem Priester die Rede ist.[189]

Der Aufenthalt von König und Stammesorakel eines östlich der Elbe beheimateten Stammes beim römischen Kaiser muss als ein relativ wichtiger Vorgang angesehen werden. Wo sich der Besuch abgespielt hat, geht aus dem Exzerpt aus Dios Werk nicht hervor. Da Domitian sich in den Jahren 92 und 93 in Pannonien aufgehalten hat, ist die Vermutung geäußert worden, Ganna und Masyos hätten ihn in seinem Hauptquartier an der Donau aufgesucht.[190] Wahrscheinlicher ist jedoch ein Besuch in Rom, der viel spektakulärer sein musste und viel eher eine Berücksichtigung in der Geschichtsschreibung finden konnte. Die Annahme, Tacitus habe Einzelheiten über die Semnonen und ihre Religiosität in Erfahrung gebracht, die dann in der *Germania* ihren Niederschlag gefunden haben, setzt sogar den Besuch in der Reichshauptstadt voraus. Eventuell ist auch der

Besuch von Ganna und Masyos für den Historiker überhaupt der Anlass gewesen, seine ethnographische Studie zu schreiben.[191]

Nach dem König und der Seherin hören wir in der Literatur fast ein Jahrhundert nichts mehr von den Semnonen. Sie tauchen erst in der Endphase der Markomannenkriege im Jahre 179 wieder auf. In diesem Jahr stießen die Römer von der Donau aus nach Mähren und in die Slowakei vor. In den Gebieten der Markomannen und Quaden wurden je 20.000 Soldaten stationiert, die Stützpunkte und Kastelle errichteten. In das gleiche Jahr fällt die Gründung des Legionslagers in *Castra Regina*, dem heutigen Regensburg. Das neue Legionslager an der Grenze zum Markomannenland und die Besatzungstruppen dort und bei den Quaden deuten auf ein dauerhaftes Engagement der Römer nördlich der Donau hin. Da die Quaden die Anlage von Festungen in ihrem Land nicht ertragen wollten, fassten sie den Plan, zu den Semnonen im Norden auszuwandern. Kaiser Mark Aurel erfuhr davon und ließ die Zugangswege sperren, um den Auszug zu verhindern.[192] Der Plan gestattet den Schluss, dass die Quaden sich ihres elbgermanischen Ursprungs weiterhin bewusst waren und die Semnonen als einen verwandten Stamm betrachteten. Möglicherweise existierte auch noch die Kultgemeinschaft aller Sueben. Ob die Semnonen im späten 2. Jahrhundert noch in ihrer Gesamtheit zwischen Elbe und Oder wohnten, ist nicht sicher. Teile von ihnen könnten bereits in Richtung Süden abgewandert sein. Der Auswanderungsplan zeigt auch, dass die Semnonen in jedem Fall der Koalition vieler Germanenstämme nahestanden, wenn sie selbst auch nicht namentlich unter den Gegnern Roms aufgeführt werden. Vermutet wurde, dass die im Geschichtsabriss des Eutrop und in der Kaisergeschichte der *Historia Augusta* genannten »Sueben« in der antirömischen Koalition die Semnonen meinen.[193] Der Name dieses Stammes wird in dem wiederum nur aus Exzerpten gewonnenen Zitat aus Dios Werk zu den Vorgängen des Jahres 179 in den literarischen Quellen letztmalig genannt. Bis 1992 war es überhaupt die letzte Erwähnung der Semnonen. Ein glücklicher Fund hat dem jedoch inzwischen Abhilfe geschaffen.

Die Juthungen und der Augsburger Siegesaltar

Am 18. August 1992 wurde beim Bau einer Tiefgarage in der Jakobervorstadt in Augsburg ein großer Stein mit Inschrift und Reliefs entdeckt, der sich als ein Siegesaltar aus der römischen Kaiserzeit herausstellte. Geschmückt ist der Stein mit zwei Seitenreliefs, die den Kriegsgott Mars und die geflügelte Göttin Victoria zeigen. Zu Füßen der Siegesgöttin kauert ein gefesselter »Barbar«. Die Inschrift auf der Vorderseite enthält die Weihung an Victoria anlässlich eines Sieges über Germanen. Errungen wurde er in einer zweitägigen Schlacht am Lech bei Augsburg am 24. und 25. April des Jahres 260, wie aus der Datumsangabe mit den Namen der Konsuln hervorgeht. Die zentrale Nachricht des Steins ist, dass ein »Barbarenheer«, das von einem Plünderungszug aus Italien über die Alpen zurückgekehrt war, von römischen Truppen »niedergemacht und in die Flucht« gejagt worden ist, wobei Tausende von gefangenen Italikern befreit wurden. Die Befreiung gelang noch südlich der Donaugrenze, bevor die Germanen mit ihren Gefangenen das Imperium verlassen konnten. Den Sieg errang der Statthalter der Provinz Rätien M. Simplicinius Genialis mit drei verschiedenen militärischen Gruppierungen. Zum einen waren dies Soldaten der Provinz Rätien. Da die im heutigen Regensburg stationierte *Legio III Italica* keine Erwähnung findet, obwohl ihre Aufgabe der Grenzschutz an der oberen Donau gewesen ist, war sie zu diesem Zeitpunkt zumindest zu einem Teil auf einem anderen Kriegsschauplatz eingesetzt, nämlich im Kampf gegen den Sassanidenkönig Shapur an der Ostgrenze, so dass nur Teile der Legion und Hilfstruppen zur Verfügung standen. Als zweite Gruppe wird eine als *Germaniciani* bezeichnete Einheit benannt, die als eine aus Bestandteilen der rheinischen Legionen aufgestellte »schnelle Eingreiftruppe« gedeutet wird. Für die höchst prekäre Situation in diesem Frühjahr spricht schließlich, dass *populares*, zivile Einwohner der Provinz, bewaffnet und zum Kampf herangezogen werden mussten. Dahinter kann sich ein ad hoc ausgehobener Landsturm verbergen, aber auch ein Aufgebot der rätischen Gemeinden. Der Statthalter musste offenbar jeden, der eine Waffe tragen konnte, aufbieten, um den Germanen noch vor dem Grenzübertritt ihre Beute abzujagen.[194] Der Befreiung einer großen Schar von Gefangenen aus Italien dürfte es zu verdanken sein, dass der Statthalter oder der von ihm beauftragte Verfasser der Inschrift wussten, um welche Germanen es sich hier handelte. Von den befreiten Gefangenen war aus erster Hand zu erfahren, wie ihre Gegner sich nannten und von wem sie ihre Abstammung herleiteten. Daher kommt der Inschrift, angesichts der Unsicherheit vieler Schriftsteller bei der ethnischen Zuordnung von Stämmen und den Überlieferungsproblemen bei seltenen Namen, große Authentizität zu. Die »Barbaren« waren die *Semnones sive Iouthungi*, wobei »sive« »oder«, im Sinne von »oder besser, vielmehr, besser gesagt« zu verstehen ist. Die Stelle bezeugt die Herkunft der Juthungen aus dem Stamm der Semnonen. Damit löst sich zum Teil das Rätsel über deren Verbleib nach dem Ende der Markomannenkriege. Die Augsburger Inschrift ist das bisher späteste Zeugnis für die Semnonen und das früheste für die Juthungen. Das Verschwinden der Semnonen aus den Schriftquellen war bisher so interpretiert worden, dass sie im 3. Jahrhundert wesentlich zur Stammesbildung der Alamannen beigetragen haben. Der Victoria-Altar modifiziert nun diese Ansicht, ohne indes die Semnonen als Vorfahren der Alamannen ganz auszuschließen.[195]

Die Juthungen wurden in der bisherigen Überlieferung erstmals zu den Jahren 270/271 erwähnt. Der griechische Historiker Dexippos von Athen überliefert Verhandlungen zwischen Kaiser Aurelian (270–275) und juthungischen Gesandten nach der Zurückschlagung eines Einfalls dieses Stammes nach Norditalien.[196] Der Name »Juthungen« wird als »Abkömmlinge« oder »Nachkommen« gedeutet. Hatte die frühere Forschung sie als Nachfahren der Hermunduren verstanden und zwar der nördlich der Provinz Rätien siedelnden Südhermunduren, so wird diese Auffassung nun von der neuen Inschrift korrigiert. Die Juthungen müssen vielmehr als eine sich von den Semnonen emanzipierende und dennoch den altehrwürdigen Namen bewahrende Jungmannschaft angesehen werden. Sie lassen sich in den Quellen bis in die erste Hälfte des 5. Jahrhunderts verfolgen, allerdings werden sie von Ammianus Marcellinus schon zum Jahre 357 als ein Teil der Alamannen bezeichnet.[197]

Die Zurückgewinnung von Beute, wie sie die Augsburger Inschrift schildert, war kein singulärer Vorgang. Ein solcher steht auch am Anfang des Gallischen Sonderreiches im gleichen Jahre 260. Der von Kaiser Gallienus mit dem militärischen Schutz der Grenze am Niederrhein beauftragte Statthalter oder Militärbefehlshaber Postumus konnte zwar einen

Abb. 8: Der Augsburger Siegesaltar.

Einfall von Germanen, hier handelte es sich wahrscheinlich um Franken, über den Rhein nicht verhindern, errang jedoch über die auf dem Rückzug befindlichen Scharen einen Sieg wie sein Kollege in Rätien und nahm ihnen ihre Beute wieder ab. Aus dem Streit über die Verteilung der zurückgewonnenen Beute entstand die Usurpation des Postumus mit der 15 Jahre dauernden Abspaltung der Westprovinzen vom übrigen Römischen Reich.[198] Die Abnahme von Beute kommt auch später wieder vor. So wird Kaiser Probus (276–282) dafür gerühmt, dass er nach Gallien eingefallenen Germanen alle Beute wieder abgenommen habe.[199] Eine Gefangenenbefreiung ist auch aus der Schlussphase der Markomannenkriege überliefert.

Kaiser Commodus konnte in einem Friedensschluss aus dem Jahre 182 erreichen, dass die Buren und andere Stämme 15.000 Kriegsgefangene freigeben mussten.[200] Im April 260 konnten die Römer die Verschleppung von Landsleuten ins »Barbaricum« verhindern, in anderen Fällen ist ihnen dies nicht gelungen. Anders sind die bereits erwähnten Bestimmungen über die Rückgabe römischer Gefangener in Friedensverhandlungen aus den Jahren 358 und 359 nicht zu verstehen. Ein Motiv für die Verschleppung war sicher die Erpressung von Lösegeld vor allem für Gefangene aus den Oberschichten, aber bestimmt nicht nur für diese. Im Falle der Versklavung mussten Menschen mit Spezialkenntnissen für die Germanen besonders interessant sein. Bei gefangenen Handwerkern ließ sich damit ein »Technologietransfer« erzwingen. Um einen solchen Vorgang könnte es sich, wie im vorigen Kapitel dargestellt, bei den Töpfern von Haarhausen aus der Zeit von 260 bis 290 gehandelt haben. Falls dies zutreffen würde, ergäbe sich damit eine weitere Parallele zwischen Semnonen/Juthungen und Hermunduren.

Kleinere Stämme

Neben den Semnonen, den Hermunduren und den Quaden gab es noch mehrere kleine Stämme in der Nachbarschaft der Markomannen, die in der *Germania* des Tacitus aufgeführt werden.

Die Naristen werden von ihm im Gebiet zwischen den Hermunduren und den Markomannen angesiedelt, allerdings ohne eine nähere Angabe und ohne jeglichen Kommentar. Ptolemaios beschreibt ihr Siedlungsgebiet südlich der »Sudeten« gelegen.[201] Daraus hat man auf Wohnsitze in Oberösterreich oder in der Oberpfalz geschlussfolgert, evtl. in den Flusstälern von Naab und Regen. Aber auch Mähren und die westliche Slowakei sind vermutet worden. In jedem Fall muss der Stamm nicht weit entfernt von der Donau gelebt haben, denn die beiden einzigen näheren Angaben, sie entstammen zwei Inschriften, beziehen sich auf diese Flussgrenze. Aus

Carnuntum in Niederösterreich stammt der Grabstein des Marcus Naevius Primigenius, der mit 75 Jahren dort gestorben ist und sich von Hause aus als einen Naristen bezeichnet (*domo Naristo*).²⁰² Die Inschrift stammt aus der Zeit um 100 n. Chr. und wird als Beweis für ein gutes Verhältnis zwischen Römern und Naristen in dieser Zeit angesehen. Primigenius und seine Frau Naevia, die den Stein gesetzt hat, besaßen das römische Bürgerrecht und dürften die Klienten eines Römers namens Naevius gewesen sein. An ihrem Lebensende weilten diese Naristen in der römischen Provinz. Der Grabstein erinnert an eine Marmortafel ebenfalls aus Carnuntum, die Septimius Aistomodius nach dem Jahre 193 gesetzt worden ist.²⁰³

In den Markomannenkriegen haben sich die Naristen dann Roms Feinden angeschlossen. In der *Historia Augusta* erscheinen sie in der »Völkertafel« von Roms Gegnern unter dem Namen *Varistae*.²⁰⁴ Nach den Zeugnissen der Inschriften muss die Namensform mit dem anlautenden N jedoch als die authentische angesehen werden. Aus dieser Zeit stammt das zweite Detail zu dem Stamm. Ein Anführer der Naristen (*dux Naristarum*) namens Valao wurde an der Donaugrenze von einem römischen Offizier im Zweikampf getötet. Der Reiteroffizier wurde dafür von Kaiser Mark Aurel öffentlich belobigt und ausgezeichnet. Es handelt sich bei ihm um M. Valerius Maximianus, der den Winter 179/180 mit 855 Soldaten der Legion von Aquincum in dem Stützpunkt Trenčín in der Slowakei verbracht hat.²⁰⁵ Der Zweikampf mit Valao muss in die Jahre 171–173 fallen.²⁰⁶ Die Tötung ihres Anführers war für die Naristen offensichtlich mit einer Niederlage verbunden. Wie auch in anderen Verträgen dieser Jahre hatten die Besiegten den Römern Hilfstruppen zu stellen. Im Jahre 175 wurden Reiter der Naristen neben Reitern der Markomannen und der Quaden als römische Verbündete in den Orient geschickt. Das Kommando über diese Einheit hatte erneut Valerius Maximianus, wie aus der langen Inschrift über seinen Werdegang und seine Tätigkeiten hervorgeht.²⁰⁷ Ein weiteres Zeugnis für die Niederlage der Naristen liefern Exzerpte aus Cassius Dio. Danach liefen 3.000 Naristen in ihrer Bedrängnis geschlossen zu den Römern über und erhielten von ihnen Land angewiesen, eine Parallele zu den anderen Ansiedlungen von Markomannen und Quaden durch Mark Aurel in den siebziger Jahren des 2. Jahrhunderts.²⁰⁸

In der *Germania* nennt Tacitus neben den Naristen noch vier weitere Stämme als Nachbarn der Markomannen und Quaden. Als nördliche und nordöstliche Anrainer werden die Marsigner, die Kotiner, die Osen und die Buren genannt. Dabei werden Marsigner und Buren als Sueben eingestuft und damit als Germanen, den Kotinern wird eine gallische Sprache und den Osen eine pannonische bescheinigt, womit sie als Kelten bzw. Illyrer bezeichnet werden sollen.[209]

Die Marsigner werden ausschließlich an dieser Stelle genannt. Sie lebten vermutlich in Nordböhmen und könnten von den Markomannen bei deren Einwanderung in die Gebirgszone gedrängt worden sein.[210] Eine bessere Kenntnis gibt es über die Buren, die auch von Ptolemaios, Cassius Dio und der *Historia Augusta* erwähnt werden. Der alexandrinische Gelehrte betrachtet sie als einen Teil des Kultverbandes der Lugier und siedelt sie als Nachbarn der Quaden im nördlichen Mähren bis zur Weichselquelle hin an.[211] Im ersten Dakerkrieg im Jahre 101 waren die Buren Gegner Roms. Dio-Xiphilinos überliefert die merkwürdige Geschichte von einem großen Pilz, auf dem in lateinischen Buchstaben gestanden habe, dass die Buren Kaiser Trajan den Rat gäben, sich zurückzuziehen und Frieden zu halten. Der ungewöhnliche Vorgang ist vielleicht auf der 113 in Rom errichteten Trajanssäule dargestellt worden. Der Bote der Buren hat sich vor dem Kaiser niedergeworfen, ihn begleitet ein Maultier und der Gegenstand auf dessen Rücken könnte als der erwähnte Pilz gedeutet werden.[212]

In den Markomannenkriegen bezogen die Buren unterschiedliche Positionen. In der »Völkertafel« der *Historia Augusta* werden sie pauschal unter den Feinden Roms aufgeführt.[213] Das kann jedoch nicht für den gesamten Kriegsverlauf zutreffen. Im Jahre 179 verhandelten sie nämlich mit den Römern über die Stellung von Hilfstruppen gegen die Quaden und 180 verbot Kaiser Commodus den Markomannen und Quaden, mit den Buren Krieg zu führen.[214] Beide Nachrichten sprechen für ein zeitweiliges Vertragsverhältnis. In der Zwischenzeit muss es jedoch auch zu Kampfhandlungen gekommen sein, wie eine Inschrift mit der Nennung einer *expeditio Burica* bezeugt.[215] Bei einem erneuten Friedensschluss im Jahre 182 mussten die Germanen Geiseln stellen, Kriegsgefangene zurückgeben und schwören, einen Landstreifen an der Grenze zu den Dakern weder zu bewohnen noch als Weideland zu nutzen. Außerdem wird in dem Exzerpt aus Cassius Dio betont, dass die Buren inzwischen völlig geschwächt waren.[216]

Nordöstlich der Quaden und östlich der Buren siedeln Tacitus und Ptolemaios die keltischen Kotiner an.[217] Die Vermutungen über ihr Siedlungsgebiet reichen von der Böhmisch-Mährischen Höhe bis zum Slowakischen Erzgebirge. Als Besonderheiten werden bei ihnen der Eisenerzbergbau und die Tributpflichtigkeit gegenüber den Quaden genannt. Beides benutzt Tacitus zu einer seiner moralisierenden Ausführungen. Da die Kotiner Eisen fördern, könnten sie seiner Meinung nach auch Waffen herstellen, um damit ihre Freiheit zu verteidigen. Die Tributzahlung wird ihnen als beschämende Schwäche und mangelnde Tapferkeit ausgelegt.

In den Markomannenkriegen waren die Kotiner zeitweise Bundesgenossen der Römer. Im Jahre 171 versuchten sie aber diese Abhängigkeit abzuschütteln und misshandelten den als »Berater« zu ihnen geschickten Kanzleichef des Kaisers Tarrutienus Paternus.[218] Aus Inschriften muss man schlussfolgern, dass die Kotiner oder Teile von ihnen später in der Provinz Unterpannonien angesiedelt wurden.[219]

Als die letzten Nachbarn nennt Tacitus die Osen, die er einmal zu den Germanen, einmal zu den Illyrern rechnet, wobei letzteres wohl zutreffend ist.[220] Sie wohnten am Donauknie und am nördlichen Rand der Ungarischen Tiefebene, hatten enge Berührung mit den illyrischen Araviskern und waren den Sarmaten, worunter wohl die Jazygen zu verstehen sind, tributpflichtig.[221] Soviel zu den »kleineren Nachbarn« der Markomannen.

8 Die Grenze an der oberen Donau von Domitian bis Antoninus Pius

Nach den Überblicken zur Geschichte der Hermunduren und der Semnonen sowie der »kleineren« Nachbarn wenden wir uns in diesem Kapitel wieder den Markomannen und Quaden zu, deren Betrachtung mit dem Bürgerkrieg der Jahre 69 und 70 im Römischen Reich abgebrochen worden war. In dieser innerrömischen Auseinandersetzung hatten die Nachfolger des Quadenkönigs Vannius, Sido und der Sohn Vangios, ihre Treue als Bündnispartner, als Foederaten, unter Beweis gestellt. Das aus römischer Sicht gute Verhältnis der Markomannen und Quaden gegenüber dem Imperium hielt danach offensichtlich bis in die Mitte der achtziger Jahre des 1. Jahrhunderts an. Auf diese Verhältnisse bezieht sich Tacitus in der *Germania*, wenn er schreibt: »Kraft und Macht erhalten die Könige aus römischer Vollmacht«: *sed vis et potentia regibus ex auctoritate Romana*.[222]

Seit dem Jahre 81 regierte in Rom Kaiser Domitian, der jüngere Sohn Vespasians. Unter ihm erfolgte eine völlige Neuorientierung der Politik mit der Verlagerung des Schwerpunktes von der Rhein- an die Donaugrenze. Zuvor kam es aber noch einmal zu einem Krieg im Vorfeld der Rheingrenze. Vespasian hatte in den Jahren 73 und 74 die Oberrheinebene, den Schwarzwald und das Neckarland bis hin zur Schwäbischen Alb besetzen lassen und damit die Grenze am Oberrhein vorgeschoben und erheblich verkürzt. Der Sohn setzte die Initiative des Vaters mit sehr viel größerem Aufwand fort. Im Jahre 83 begann er von Mainz aus mit einem großen Heer einen Angriffskrieg gegen die Chatten, die sich seit augusteischer Zeit immer wieder romfeindlich gezeigt hatten. In den Jahren 9 und 14 bis 16 hatten sie zur Koalition des Arminius gehört. Bei dem Triumph des Germanicus 17 wurden sie neben den Cheruskern als die gefährlichsten Feinde bezeichnet. Zuletzt hatten sie im Bataveraufstand 69/70 gegen die Römer gekämpft. Das Zentrum der Kämpfe gegen die

Chatten lag in den Gebieten an der Lahn, um den Taunus und am Main, wieweit es in das Innere Hessens reichte, lässt sich nicht genau feststellen. Für den Kaiser waren ohnehin die propagandistische Auswertung und die innenpolitischen Aspekte dieses Feldzugs wichtiger als die militärischen Erfolge selbst. Am Ende des ersten Kriegsjahres feierte er einen Triumph über die Chatten und nahm den Siegernamen *Germanicus* an, der erstmals dem älteren Drusus nach seinem Tode im Inneren Germaniens 9 v. Chr. posthum verliehen worden war. Seitdem war er quasi im Erbgang erst auf seinen Sohn Germanicus, dann auf Caligula und Claudius und schließlich auf Nero übergegangen, ohne dass bei den drei Kaisern damit tatsächliche militärische Erfolge verbunden gewesen wären. Vitellius hatte den Beinamen im Jahre 69 noch mehr seines ursprünglichen Sinnes beraubt, als er ihn deshalb annahm, weil er von dem an der Germanengrenze stehenden Heer zum Kaiser proklamiert worden war. Domitian kehrte dagegen mit der Annahme des Namens zu der eigentlichen Bedeutung eines »Siegers über Germanen« zurück und dabei ist es in der Zukunft auch geblieben.

Domitians Propaganda und seine neue Germanenpolitik

Die Propaganda gipfelte schließlich in einer Münzserie mit der Legende *GERMANIA CAPTA*, die nichts weniger als ein »erobertes bzw. gefangengenommenes Germanien« verkündete. Sie war unverkennbar einer Münzserie seines Vaters Vespasian und seines älteren Bruders Titus nachgestaltet, in der die Unterwerfung der Juden im Jahre 70 mit der Legende *IUDAEA CAPTA* gefeiert worden war. Der ein Jahrzehnt im Schatten des Titus stehende Domitian wollte damit seine Gleichwertigkeit im militärischen Bereich demonstrieren. Während der ältere Bruder das aufständische Iudaea jedoch tatsächlich unterworfen und damit nach römischem Verständnis ›befriedet‹ hatte, war dem jüngeren nur ein recht begrenzter Erfolg beschieden. Endgültig an das Reich angegliedert wurden durch den

Krieg der Jahre 83 bis 85 nur das Neuwieder Becken und die Wetterau, der größere Teil des Stammesgebietes der Chatten verblieb auf Dauer außerhalb des Imperiums. Nichtsdestoweniger wurden diese relativ bescheidenen Eroberungen zum Anlass genommen, um an der Rheingrenze endgültige Regelungen zu treffen. Ein dreiviertel Jahrhundert hatte dort ein Provisorium bestanden. Es gab keine Provinzen, sondern die Militärbezirke der Nieder- und der Oberrheinarmee, die formal zu der Provinz *Gallia Belgica* gehörten. Dieser Ausnahmezustand ließ immer noch die Option offen, die zu Jahrhundertbeginn einmal geplante große Provinz *Germania* bis zur Elbe doch noch zu verwirklichen. Domitian formte die beiden Militärbezirke zwischen 85 und 90 in die Provinzen *Germania inferior* und *Germania superior* um. Mit der Errichtung dieser Provinzen sollte die seit Augustus latent vorhandene Frage einer endgültigen »Befriedung« Germaniens beantwortet werden. Zugleich wurde damit die Grenze im Rheinland festgeschrieben und der Verzicht auf weitere Eroberungen im rechtsrheinischen Gebiet bekräftigt.[223]

Abb. 9: *GERMANIA CAPTA*-Münze Domitians.

Die Ursache für den Abschluss des Chattenkrieges und die Schaffung der neuen Provinzen waren Ereignisse des Jahres 85. Die im heutigen Rumänien siedelnden Daker, eine mit den Thrakern verwandte Völkerschaft, fielen über die untere Donau in die Provinz Mösien ein und verwickelten die Römer in einen über Jahre anhaltenden sehr verlustreichen Krieg.[224]

Diese Auseinandersetzung brachte den entscheidenden Wechsel in der Schwerpunktsetzung der römischen Außenpolitik nicht nur für den Augenblick, sondern auf Dauer. Seitdem verlor die Rheingrenze deutlich an Bedeutung und die Donaugrenze stand fortan im Mittelpunkt. In dem Krieg gegen den Dakerkönig Decebalus forderte Kaiser Domitian von den Markomannen und Quaden Waffenhilfe. Demnach hat das nach dem Zerfall des Vannius-Reiches im Jahre 50 bestehende Abhängigkeitsverhältnis der beiden Stämme als römische Bundesgenossen bis in die achtziger Jahre angedauert. Jetzt verweigerten Markomannen und Quaden jedoch die von Rom geforderte Unterstützung. Diese Entscheidung erfolgte sehr wahrscheinlich unter dem Eindruck römischer Niederlagen gegen die Daker. Im Sommer 86 war sogar der Prätorianerpräfekt Cornelius Fuscus im Kampf gegen sie gefallen. Im Jahre 88 lenkten die beiden Germanenstämme dann jedoch wieder ein und schickten eine Gesandtschaft an den Kaiser mit der Bitte um Verzeihung. Als Domitian im Frühjahr 89 in Carnuntum an der Donau weilte, kam eine zweite Gesandtschaft zu ihm. Der Kaiser zeigte jedoch jetzt eine unnachgiebige Härte, ließ die germanischen Gesandten hinrichten und fiel in das Gebiet der Markomannen und Quaden ein. Der kurze Straffeldzug im Sommer 89 wurde jedoch ein Misserfolg.[225] Daraufhin schlossen die Römer Frieden mit König Decebalus und unternahmen im Herbst desselben Jahres einen zweiten Feldzug gegen die Germanen und jetzt auch gegen die in der Theißebene wohnenden sarmatischen Iazygen, die sich mit den beiden Stämmen verbündet hatten.[226] Diese zweite Expedition wird in einer Inschrift als *bellum Marcomannorum Quadorum Sarmatarum* bezeichnet. Eine Armeeeinheit, die aus Verbänden von acht verschiedenen Legionen zusammengestellt worden war, unternahm unter dem Kommando des bewährten Offiziers C. Velius Rufus eine Expedition von der Donaugrenze quer durch den Westen des Dakerreiches vor allem gegen die Jazygen.[227]

Die Nachrichten über die Zeit vor 89 beruhen wie diejenigen über König Masyas und die Seherin Ganna lediglich auf wenigen byzantinischen Exzerpten aus dem monumentalen Werk des Cassius Dio. Sie sind jedoch sehr bedeutsam, weil sie erstmals kriegerische Auseinandersetzungen zwischen Römern und Markomannen überliefern, zu denen es im vorangegangenen Jahrhundert ja niemals gekommen war. Das Jahr 89 bedeutet somit einen tiefen Einschnitt für die markomannisch-römischen

103

Beziehungen. Bis zu diesem Zeitpunkt hatten sich die Markomannen immer um eine Art »friedlicher Koexistenz« mit den Römern bemüht. Für Marbod war sie die politische Leitlinie gewesen. Er, Catualda und Vannius flüchteten vor ihren Gegnern in das Imperium Romanum und wurden dort aufgenommen. Ihre Anhänger wurden im Vorfeld oder innerhalb des Reiches angesiedelt und als Bundesgenossen zum Wohlverhalten verpflichtet. Darauf bezog sich Tacitus in dem oben erwähnten Zitat. Kaiser Domitian war noch der Ansicht, er könne Markomannen und Quaden ebenso zur militärischen Unterstützung gegen die Daker aufbieten wie dies seinem Vater mit den Nachfolgern des Vannius in den Jahren 69/70 gelungen war. Es war offensichtlich die Bildung des mächtigen Dakerreiches, die den Politikwechsel bei den beiden Germanenstämmen bewirkt hatte. Ein Vorgang wie die Hinrichtung der Gesandten könnte eine Ursache für den dauerhaften Bruch mit den Römern gewesen sein. Auch nach der Ausschaltung des Dakerreiches durch Trajan im Jahre 107 änderte sich das Verhalten nicht wieder grundlegend. Fortan waren kriegerische Auseinandersetzungen an der Grenze mit Rom in gewissen Abständen der Regelfall und Phasen der ›friedlichen Koexistenz‹ wie im 1. Jahrhundert nur noch die Ausnahme. Diese Konstellation hat sich vom 2. bis zum 5. Jahrhundert auch nicht wieder wirklich geändert.

Nur kurze Zeit nach dem so bedeutungsvollen Jahr 89 kam es erneut zu Kämpfen. Einen Grenzkonflikt zwischen Markomannen und Quaden mit den nördlich von ihnen im heutigen Schlesien siedelnden Lugiern nahm Domitian zum Anlass, diese militärisch zu unterstützen. Daraufhin schlossen die beiden Germanenstämme wiederum ein Bündnis mit den Jazygen und unternahmen Angriffe auf die Donauprovinz Pannonien. Dabei waren sie recht erfolgreich und vernichteten die im Lager Brigetio, in Komárom an der ungarisch-slowakischen Grenze, stationierte *Legio XXI Rapax*.[228] Auch dieser Krieg im Jahre 92 ist in Inschriften als *bellum Germanicum* und *bellum Suebicum item Sarmaticum* bezeugt.[229] Markomannen und Quaden werden dabei unter dem Oberbegriff der Sueben zusammengefasst, die Jazygen unter dem der Sarmaten. Den entscheidenden Anteil an der Vernichtung der Legion hatte offenbar die Reiterei der Jazygen, denn gegen sie richtete sich die erste Strafaktion der Römer.[230] Einen Vergeltungsschlag gegen Markomannen und Quaden hatte Domitian im Jahre 96 wohl geplant, zu dessen Ausführung ist es durch seine

Ermordung aber nicht mehr gekommen. Das blieb seinem Nachfolger Nerva, der nur kurz bis 98 regierte, überlassen. Die Kämpfe mit den beiden Germanenstämmen in Pannonien zeichnen sich in den Quellen leider nur schattenhaft ab. Im Herbst 97 kam eine Siegesnachricht aus Pannonien, Kaiser Nerva nahm den Siegernamen *Germanicus* an und erhielt eine imperatorische Akklamation und ein Offizier der *Legio I Adiutrix* in Brigetio erhielt von diesem Kaiser militärische Auszeichnungen in einem »Suebenkrieg«. Aus diesen Angaben ist ein für die Römer siegreicher Feldzug in Mähren und der südlichen Slowakei rekonstruiert worden. Den Friedensschluss regelte Nervas Nachfolger Trajan, als er im Winter 98/99 die Grenzprovinzen an der Donau besuchte. Markomannen und Quaden wurden als Bundesgenossen für die folgenden Jahrzehnte erneut zum Wohlverhalten genötigt.[231]

Die Adoptivkaiser und die Germanen

Die 20-jährige Herrschaft Kaiser Trajans (98–117) ist in mehrfacher Hinsicht bemerkenswert, obwohl aus seiner Zeit fast keine Nachrichten zu den uns interessierenden Stämmen vorliegen. M. Ulpius Traianus war vor seinem Regierungsantritt Statthalter von Obergermanien. Dort wurde er zum Caesar erhoben und nach Nervas Tod 98 in Köln zum Augustus. Einen Teil dieses Jahres verbrachte er noch in den beiden germanischen Provinzen, die Domitian kurz zuvor errichtet hatte. An diesen Aufenthalt knüpfte Tacitus wohl die Hoffnung auf die Wiederaufnahme einer aktiveren Germanienpolitik am Rhein, die man aus der *Germania* herauslesen kann. Doch sehr bald ließ Trajan erkennen, dass er im Bereich der Außenpolitik den von Domitian eingeschlagenen Kurs konsequent fortzusetzen gedachte. Er reduzierte die Legionen an der Rheingrenze auf vier und löste die Legionslager in Nimwegen, Neuss und im schweizerischen Windisch an der Aare auf. Fortan hatte jede der beiden Provinzen nur noch zwei Legionen zur Verfügung, Niedergermanien die bei Xanten und in Bonn, Obergermanien die in Mainz und in Straßburg. Diese Maßnahmen waren ein sicheres Anzeichen für die Aufgabe aller Expansionsabsichten in diesem Grenzbereich, die Anlage des Obergermanisch-Rätischen Limes ein zweites. Der systematische Ausbau des Limes wird jetzt erst mit der Regierung Trajans und seiner Neuorganisation des Militärwesens im Rheinland in Verbindung gebracht.[232] Für den Kaiser standen die Grenzen an der Donau und am Euphrat im Vordergrund und bei der Donau auch nicht mehr deren Oberlauf. Trajans Hauptaugenmerk galt den Dakern und deren König Decebalus. Sein Königreich zwischen Donau und Karpatenbogen wurde in einem ersten Krieg 101/102 besiegt und zu einem Klientelstaat herabgedrückt, in einem zweiten 105 bis 106 erobert und in eine römische Provinz umgewandelt. Im Partherkrieg der Jahre 114 bis 117 mit der – vorübergehenden – Schaffung der nahöstlichen Provinzen *Armenia*, *Mesopotamia* und *Assyria* erlangte dann das Imperium Romanum seine größte jemals erreichte Ausdehnung.

Nicht zuletzt ist Trajans Regierung auch deshalb von Bedeutung, weil in seine Zeit die schriftstellerische Tätigkeit des Cornelius Tacitus fällt. Im Jahre 98 veröffentlichte er seine *Germania*, während des zweiten Dakerkrieges schrieb er an den *Historiae* und während des Partherkrieges an den *Annales*. Diese drei Werke unterrichten uns über die Markomannen und ihre Nachbarn in einer Ausführlichkeit, die für die folgenden Jahrhunderte leider fehlt.

Trajans Nachfolger Hadrian (117–138) gab die bisherige Eroberungspolitik auf und bemühte sich um eine Konsolidierung des Reiches. Dieser Politik diente der Ausbau des Obergermanisch-Rätischen Limes, aber auch der der Grenzanlagen in Britannien und Nordafrika. Durch eine ausgedehnte Reisetätigkeit lernte er fast alle Provinzen seines Reiches kennen und auch dessen Grenzen. In den Jahren 121 und 122 besuchte Hadrian Gallien und die beiden Germanien. Aus diesem Anlass wurden Münzen mit der Legende *GERMANIA* und *GERMANICVS EXERCITVS* geprägt, womit die von Domitian gegründeten Provinzen und die dort stationierten Truppen geehrt werden sollten. Hadrian überzeugte sich von Zustand und Einsatzbereitschaft der Legionen wie auch vom Ausbau des Limes. In seiner Biographie wird der Aufenthalt mit der Einsetzung eines »Königs bei den Germanen« in Verbindung gebracht. Damit kann nur ein Klientelkönig bei einem der grenznahen Stämme gemeint sein, die näheren Umstände sind unbekannt.[233]

Mit der Lebensbeschreibung Hadrians gerät eine Schrift ins Blickfeld, die im zweiten Kapitel über die literarischen Quellen nicht behandelt wurde, die aber für das 2. und 3. Jahrhundert wichtig ist. Es handelt sich um die sogenannte *Historia Augusta*, eine Sammlung von 30 Biographien römischer Herrscher, Thronanwärter und Usurpatoren aus der Zeit zwischen 117 und 285, am Beginn steht eben diejenige Hadrians. Als Verfasser des Sammelwerkes erscheinen sechs sonst unbekannte Autoren, die ihre Lebensbeschreibungen zwischen 293 und 330 verfasst haben wollen. Die literaturhistorische und historische Forschung seit dem ausgehenden 19. Jahrhundert hat jedoch ergeben, dass die Biographien keineswegs von sechs unabhängig voneinander wirkenden Schriftstellern verfasst wurden, sondern nach einem einheitlichen Plan und sehr wahrscheinlich auch nur von einem einzigen Autor. Die Schrift dürfte an der Wende vom 4. zum 5. Jahrhundert entstanden sein. In der *Historia Augusta* spiegelt sich die Ideologie der heidnischen Senatsaristokratie des spätantiken Rom wider. Das Kriterium für die Bewertung der Kaiser und ihrer Politik ist das Verhalten gegenüber dem Senatorenstand. Literaturhistorisch steht das Werk in der Tradition der Kaiserbiographien Suetons aus der ersten Hälfte des 2. Jahrhunderts. Ungeachtet der Fälschung hinsichtlich der Abfassung bleibt die *Historia Augusta* eine der wichtigsten Quellen für die von ihr behandelte Zeit. Für die Darstellung bis in das zweite Jahrzehnt des 3. Jahrhunderts hat sie sich nämlich auf ein wertvolles lateinisches Geschichtswerk stützen können, das verloren ist und wohl mit den mehrfach bezeugten Kaiserbiographien des Senators Marius Maximus, eines Zeitgenossen des Cassius Dio, identisch war. Das außenpolitische Geschehen wird zwar der römischen Innenpolitik untergeordnet, jedoch keineswegs übergangen. Daher finden sich in dem Werk auch zuverlässige Berichte über römisch-germanische Auseinandersetzungen, z. B. in den Markomannenkriegen. Am Beginn der Völkerwanderungszeit war dem Verfasser der *Historia Augusta* die dem Römischen Reich von den Germanen drohende Gefahr durchaus bewusst.[234]

Neben der Rheingrenze hat Kaiser Hadrian auch die Provinz Pannonien an der oberen Donau in den Jahren 118 und 124 besucht. Von einem der dortigen Aufenthalte ist eine Begebenheit literarisch und inschriftlich überliefert. Cassius Dio berichtet, ein Reitercorps der Bataver sei in voller Rüstung über die Donau geschwommen, um dem Kaiser die vorzügliche

Ausbildung dieser Hilfstruppe der römischen Armee vor Augen zu führen. Diese Nachricht bestätigt ein inschriftlich erhaltenes Gedicht, in dem ein batavischer Soldat das Bravourstück schildert, vor den Augen des Kaisers in voller Rüstung durch die Donau geschwommen zu sein. Die in den Niederlanden beheimateten germanischen Bataver wurden vor allem wegen ihrer Reitkünste von den Römern sehr geschätzt und in verschiedenen Hilfstruppen wie auch in der kaiserlichen Leibgarde verwendet.[235] Natürlich wurde der Grenzschutz an der oberen Donau nicht allein Hilfstruppen, den Auxiliareinheiten, anvertraut, dies war in erster Linie die Aufgabe der dort stationierten Legionen, von denen drei die Markomannen und Quaden besonders im Blick haben sollten.

In Vindobona stand die *Legio X Gemina*, die »Zwillingslegion«. Sie war schon von Caesar aufgestellt worden und erst in Spanien und danach am Niederrhein stationiert. Unter Trajan kam sie nach Pannonien und fand im späteren Wien ihren endgültigen Standort.

Die *Legio XIV Gemina*, auch eine »Zwillingslegion«, war von Caesar oder Augustus gegründet worden, nahm 43 an der Eroberung Britanniens teil und 70 an der Niederschlagung des Bataveraufstandes. Dann wurde sie nach Pannonien verlegt, kämpfte in den Dakerkriegen Trajans und war seit 114 in Carnuntum (Petronell/Deutsch-Altenburg in Niederösterreich), dem Schnittpunkt von Donautalstraße und »Bernsteinroute«, stationiert.

Die *Legio I Adiutrix*, »die Helferin«, wurde im Jahre 68 von Kaiser Galba aufgestellt, war in Mainz stationiert und wurde 86 von Domitian nach Pannonien verlegt, wo sie an den Kriegen gegen die Daker, unter Trajan aber auch an dem Partherkrieg der Jahre 114 bis 117 teilnahm. Seit dem Jahre 97 war Brigetio ihr Standort. Brigetio war bis 92 das Quartier der *Legio XXI Rapax*, der »Räuberischen«, die in dem erwähnten Krieg wohl vor allem durch die Jazygen ihren Untergang gefunden hatte.

Weniger gegen Markomannen und Quaden als gegen die sarmatischen Jazygen in der Ungarischen Tiefebene war die Stationierung der *Legio II Adiutrix* in Aquincum im heutigen Budapest gedacht. Sie war von Vespasian im Bürgerkriegsjahr 70 aufgestellt worden und zuerst in Britannien und ab 87 an der Donau stationiert. Nach Trajans Dakerkriegen wurde Aquincum ihr endgültiger Standort.

Zu Beginn der Markomannenkriege hat Kaiser Mark Aurel (161–180) noch zwei neue Legionen am Oberlauf der Donau stationiert. Beide wurden in Italien ausgehoben, was sich in ihren Beinamen ausdrückt. Das Standquartier der *Legio II Italica* wurde Lauriacum (Enns-Lorch in Oberösterreich), das der *Legio III Italica* Castra Regina (Regensburg).[236]

Antoninus Pius und der Quadenkönig

Die Notwendigkeit des Grenzschutzes in diesem Bereich durch mehrere Legionen zeigen die Vorgänge der Jahre 89, 92 und 97. Nach einer offenbar längeren Zeit der Ruhe kam es am Ende von Hadrians Regierung zu neuen kriegerischen Verwicklungen. Aus der Kombination verschiedener Quellen lässt sich der Schluss ziehen, dass zwischen 136 und 144 wiederum Einfälle der Quaden, vielleicht erneut in Verbindung mit Markomannen und Jazygen in die römischen Provinzen Pannoniens erfolgt sind. Im Jahre 137 vergab Hadrian ein außerordentliches Kommando über die beiden pannonischen Provinzen, was für militärische Konflikte spricht. In der Biographie seines Nachfolgers Antoninus Pius (138–161) ist allgemein von Kriegen gegen Germanen die Rede und in Inschriften wird dem Kaiser der Siegername *Germanicus* beigelegt, den er offiziell jedoch nicht geführt hat.[237] Eine wirkliche Aussagekraft gewinnen diese Nachrichtensplitter allein durch eine Münzemission des Kaisers Antoninus Pius aus der Zeit zwischen 140 und 144, in der die Einsetzung eines Königs bei den Quaden als ein bedeutender politischer Erfolg gefeiert wird. Die Münze trägt die Legende *REX QVADIS DATVS*, »den Quaden ist ein König gegeben worden«, und zeigt als Abbildung den Kaiser, der dem mit einem Fellmantel bekleideten Quadenkönig einen Kranz überreicht. Dabei ist auf eine demütigende Haltung des Germanen verzichtet, der scheinbar gleichberechtigt vor dem Imperator steht. Dieser ist in der Toga dargestellt, was darauf hindeutet, dass die Königseinsetzung unter friedlichen Umständen erfolgte und sehr wahrscheinlich in Rom.[238] Sie kann nur als die Wiederherstellung des Bundesgenossenverhältnisses verstanden werden, wie es seit der Zeit des Vannius und seiner Nachfolger bestanden hatte. Entweder wurde von den Römern ein Einfall der Quaden siegreich abgewehrt, oder es wurde ein Vorstoß über die Grenze nach Norden unternommen. Erwogen wurde auch die Möglichkeit, dass es sich nur um die Bestätigung eines von den Quaden gewählten Königs oder um die Inthronisation eines Prätendenten gehandelt haben kann. Doch auch diese Königseinsetzung sicherte den Einfluss des Imperiums nördlich der Donau für nicht viel länger als 20 Jahre, denn in den Markomannenkriegen standen die Quaden erneut auf der Seite von Roms Gegnern.

Abb. 10: *REX QVADIS DATVS*-Münze des Antoninus Pius.

Leider kennen wir keine Einzelheiten über die Vorgänge, die der Königseinsetzung vorausgegangen sind. Die Münzprägung zeigt jedoch, dass Antoninus Pius und seine Regierung diesem Ereignis eine nicht zu unterschätzende Bedeutung beigemessen haben. Außerdem ist die Emission ein höchst interessantes Zeugnis für das Verständnis des germanischen Königtums und germanischer Klientelstaaten bei den Römern. Aus denselben Anfangsjahren der Herrschaft von Antoninus Pius existiert eine auf die Ostgrenze bezogene Münzserie mit der Legende *REX ARMENIIS DATVS*. Dabei stimmen die Abbildungen bis ins Detail überein. Auf dem Revers der einen Münze überreicht der Kaiser dem vor ihm stehenden Quadenkönig einen Kranz, auf dem anderen setzt der Kaiser dem vor ihm stehenden Armenierkönig das Diadem auf. Das Motiv der Königseinsetzung im Osten findet sich abgewandelt vor Antoninus Pius schon bei Trajan und später wieder bei Lucius Verus (161–169), dem Mitregenten Mark Aurels. Trajan ließ im Jahre 116 Münzen mit der Legende *REX PARTHIS DATVS* prägen. Sie zeigen auf der Rückseite den Kaiser auf einem Tribunal sitzend, wie er dem vor ihm stehenden Partherkönig Parthamaspates das Diadem aufsetzt. Parthamaspates, ein Sohn des Partherkönigs Osroes, war von Trajan auf die römische Seite gezogen und für kurze Zeit zum König gemacht worden. Fast dieselbe Darstellung findet sich auf dem Revers einer Münze von Lucius Verus aus dem Jahre 164 anlässlich der Einsetzung des Sohaemus zum König von Armenien.[239] Der relativ ausgeschmückten Szenerie bei Trajan und Verus steht die deutlich einfachere bei Pius gegenüber. In unserem Zusammenhang von Bedeutung ist, dass sich im Bildprogramm der Münzen die Königseinsetzung bei Quaden und Armeniern nur in Nuancen unterscheidet. Die Römer setzten also das Königtum bei den Quaden und dasjenige bei den Armeniern und Parthern in Parallele. Die beträchtlichen Unterschiede zwischen Germanen und Orientalen haben sie nicht gesehen oder wollten sie nicht sehen, für ihre Politik sollten sie auf jeden Fall keine Rolle spielen. Unter dieser Voraussetzung wollten sie auch das im hellenistischen Osten ausgebildete System der Klientelkönige auf die Germanen im Vorfeld der nördlichen Reichsgrenze übertragen. Das ist jedoch im Unterschied zum Orient immer nur in Ausnahmefällen gelungen wie z. B. bei Italicus. Dafür scheint es vor allem zwei Ursachen zu geben: In der hellenistischen Welt fanden die Römer seit der altorientalischen Zeit monarchisch geprägte Verhältnisse vor, die mit den Stammes- und Heerkönigen der Germanen nicht verglichen werden können. Der weitere gewichtige Unterschied im Osten war die geopolitische Situation, wie sie sich seit der Mitte des 1. nachchristlichen Jahrhunderts dort herausgebildet hatte. Die Klientelkönige existierten in einem Raum zwischen zwei Großmächten, zwischen dem Reich der Römer und dem der Parther. Die in Germanien latent vorhandene Gefahr, dass aus einem Klientelkönig in kurzer Zeit ein Rivale werden konnte, wie – zumindest potentiell – im Falle von Marbod und Vannius, war bei der Konstellation im Osten so nicht gegeben. Die dortigen Klientelkönige waren stets in die Interessensphäre von einem der beiden Großmächte eingebunden. Markomannen und Quaden hatten aber immer nur eine Grenze zum Imperium Romanum und konnten ihre Macht im günstigen Falle gegenüber anderen Germanenstämmen in andere Himmelsrichtungen ausdehnen. So ist bei den Germanen die Phase eines Klientelkönigtums immer nur die Ausnahme geblieben.[240]

Das Königtum bei den Germanen begegnet uns natürlich immer nur in der römischen Terminologie. Wie sie selbst ihre Stammesherrscher tituliert haben, wissen wir nicht. Erst im 4. nachchristlichen Jahrhundert taucht in der Übersetzung der Bibel in die gotische Sprache durch den Bischof Wulfila der Begriff »thiudans« als Synonym für den griechischen Terminus »basileus« (König) auf. Die moderne Bezeichnung für den König hat sich aus dem althochdeutschen Wort »kuning« entwickelt, das ab dem 7. Jahrhundert im Frankenreich der Merowinger belegt ist.[241]

Bis in die Spätantike werden die Herrscher der germanischen Stämme in den Quellen durchweg als *rex* (König) und *reges* (Könige) bezeichnet und damit natürlich mit einem Begriff der römischen Vorstellungswelt. Der Frage, wie diese Begrifflichkeit den realen Verhältnissen entsprach, ist Stefanie Dick im Jahre 2008 nachgegangen mit dem Ergebnis, dass das germanische Königtum nur ein Mythos sei. Der Begriff des *rex* sei vor allem an den Bedürfnissen der römischen Außenpolitik und nicht an den tatsächlichen sozio-politischen Verhältnissen der germanischen Gesellschaft orientiert gewesen. Deshalb will sie die Bezeichnung »König« eliminieren und durch »Anführer« ersetzen.[242] Allerdings spielte für die Römer die Verleihung des Titels *rex et amicus populi Romani*, »König und Freund des römischen Volkes«, an germanische Heerführer und Stammesherrscher eine große Rolle, seit Caesar 59 v. Chr. diese Verleihung an Ariovist vorgenommen hatte. Mit dem Akt wurde ein Bündnisvertrag geschlossen, der dem neuen »König und Freund« jedoch Verpflichtungen auferlegte, womit de facto die Anerkennung der römischen Oberhoheit gemeint war. Zugleich wurde mit dieser Verleihung der »barbarische« Bundesgenosse nach römischen Rechtsvorstellungen überhaupt erst einmal als wirklicher Vertragspartner legitimiert.[243] Beispiele für diese Strategie sind Vannius, Sido, Vangio und der von Antoninus Pius eingesetzte Quadenkönig sowie

Italicus bei den Cheruskern. Tacitus hat dieser Maxime römischer Außenpolitik in einer geradezu klassischen Formulierung Ausdruck verliehen, wenn er in seinem Kapitel über Markomannen und Quaden schreibt, »ihre tatsächliche Macht verdanken die Könige römischem Einfluss«: *vis et potentia regibus ex auctoritate Romana.*[244] Sicher war es ein Wunsch römischer Schriftsteller, dass die Germanen nur von Rom anerkannte Könige hätten. Dennoch konnten sie sich nicht der Realität verschließen, dass dies nicht immer der Fall war und es durchaus Stammesoberhäupter im Königsrang gab, die ihre Herrschaft nicht den Römern verdankten. Dafür ist schon Marbod ein gutes Beispiel, dessen Machtstellung sich gegen Roms Interesse herausgebildet hatte und der bereits vor dem Vertrag des Jahre 6 n. Chr. ein König war. Der Hermundure Vibilius wird von Tacitus erst *dux*, »Heerführer«, und später *rex*, »König« genannt. Auch der Semnone Masyas war ein vom Imperium unabhängiges Stammesoberhaupt, das als König bezeichnet wird. Aus den Markomannenkriegen ist deren König Ballomarius ein weiteres Beispiel. Die antiken Literaten wussten durchaus zwischen »Anführern« unterhalb der Königswürde, in ihrer Terminologie *duces, principes, proceres, magistratus*, und den »Königen«, den *reges*, zu unterscheiden. Auch dafür liefert Tacitus einen Beleg. Im siebenten Kapitel der *Germania* heißt es: *Reges ex nobilitate, duces ex virtute sumunt*: »Könige erwählen sie nach der adligen Abstammung, Heerführer dagegen nach der Tapferkeit«.[245] Daher wird man dem Vorschlag, auch die *reges* nur als »Anführer« zu bezeichnen und den Königstitel für sie nicht mehr zu gebrauchen, schwerlich folgen können.

9 Die Markomannenkriege (166–180)

Mark Aurel ist als Philosophenkaiser in die Geschichte eingegangen. Der Adoptiv- und Schwiegersohn des Antoninus Pius war einer der gebildetsten Herrscher Roms und einer der bedeutendsten Vertreter der Schule der Stoa. Seine von dieser Philosophie geprägten »Selbstbetrachtungen« gehören zu den Schätzen der Weltliteratur und gewähren Einblick in seine Gedankenwelt, wie sie sich von keinem anderen Imperator erhalten haben. Die Tragik seiner Herrschaft von 161 bis 180 ist darin zu sehen, dass zu dieser Zeit nicht der Philosoph auf dem Thron gefragt war, sondern der Heerführer. 14 Jahre hat Mark Aurel im Kriege zugebracht, seine ganze Regierung war von heftigen Abwehrkämpfen an fast allen Grenzabschnitten seines großen Reiches gezeichnet. Mit diesen Kriegen fand die relative Stabilisierung der Prinzipatszeit ihr Ende.[246]

Für die Geschichte der römisch-germanischen Beziehungen bedeuten diese Auseinandersetzungen einen tiefen Einschnitt. Zum ersten Mal geriet das Römische Reich gegenüber den nördlichen »Barbaren« in die Defensive. Von Völkerbewegungen im östlichen Mitteleuropa ging eine Druckwelle aus, die in den sechziger Jahren des 2. Jahrhunderts die Grenzen des Imperium Romanum erreichte. Verschiedene wandernde Stämme bedrängten das Vorfeld der Reichsgrenze an der oberen und mittleren Donau so sehr, dass die Verteidigung dieses Grenzabschnitts zusammenbrach und alle Provinzen von Rätien über Noricum, Ober- und Unterpannonien bis nach Dakien und Mösien schwer erschüttert wurden. Sie mussten Plünderungszüge abwehren wie auch die versuchte Landnahme. Selbst das Mutterland Italien blieb davon nicht verschont. Zu Recht sind diese Auseinandersetzungen als ein Vorläufer der großen »Völkerwanderung« des 4. bis 6. Jahrhunderts bezeichnet worden. Eine wichtige Rolle spielten dabei die Markomannen, deren Name mit den

9 Die Markomannenkriege (166–180)

Kriegen der Jahre 166 bis 180 verbunden wurde, obwohl die Quaden und die Jazygen ebenso gefährliche und zeitweise sogar gefährlichere Gegner waren und eine größere Zahl von Stämmen verschiedener Provenienz sich daran beteiligten.

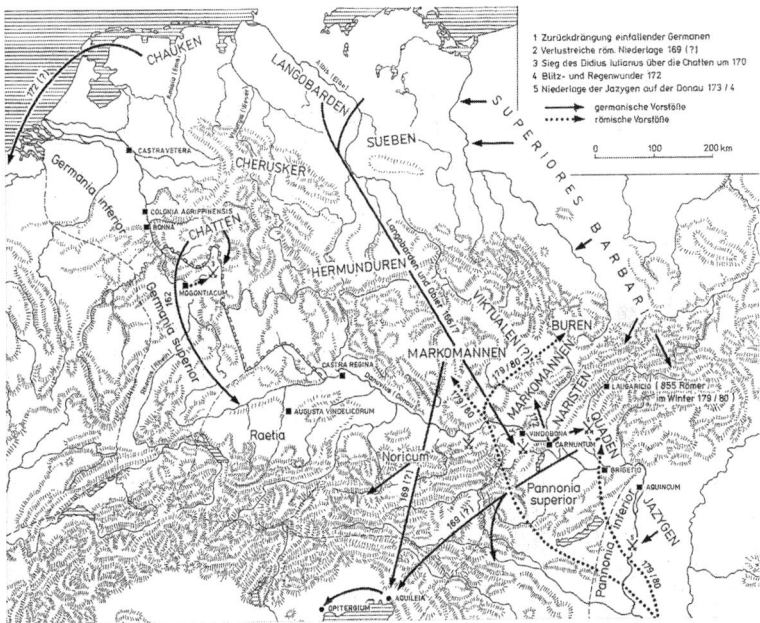

Karte 2: Markomannenkriege.

Die Chronologie der Markomannenkriege ist schwierig. Leider gibt es in den Quellen keinen fortlaufenden Bericht über sie. Von unserem wichtigsten Gewährsmann Cassius Dio ist eben nicht die eigentliche Darstellung erhalten geblieben, sondern nur die Kurzfassung des Xiphilinos aus dem 11. Jahrhundert und Fragmente byzantinischer Autoren vom 6. bis zum 10. Jahrhundert. Hierbei spielen die nach bestimmten Themen geordneten Exzerptsammlungen, die auf Veranlassung von Kaiser Konstantin VII. Porphyrogenitos (913–959) vorgenommen worden sind, eine besondere Rolle. Trotz der Kombination dieser Texte mit den Nachrichten aus der *Historia Augusta*, die in ihren Biographien natürlich auch keinen fortlaufenden Bericht enthält, den bildlichen Darstellungen auf der Markus-Säule sowie mit Inschriften und Münzen bleiben Abfolge und Datierung der Ereignisse im Einzelnen oft noch hypothetisch. Bei strittiger Chronologie wird der Behandlung des Themas bei Demandt 2019 gefolgt.[247]

Der Ausgangspunkt für das Geschehen dieser Jahre war die Südwanderung der Goten von der Weichsel in Richtung Schwarzes Meer, ein langwieriger Prozess, der sich vom 2. bis zum 4. Jahrhundert hingezogen hat.[248] Darauf weist eine Notiz in Mark Aurels Lebensbeschreibung in der *Historia Augusta*, der zufolge die Markomannen und andere Stämme, die sich auf der Flucht vor ›weiter oben‹, d. h. im Norden, wohnenden nachdrängenden »Barbaren« befanden, mit Krieg drohten, falls sie nicht auf römisches Territorium aufgenommen würden.[249] Der Ausdruck *(gentes) quae pulsae a superioribus barbaris,* »(Stämme), die von nördlichen Barbaren getrieben wurden«, ist charakteristisch für die vagen Vorstellungen, die es bei den Römern über die Vorgänge im östlichen Mitteleuropa gegeben hat. Die Südwanderung der Goten führte offenbar zuerst zu Verschiebungen bei den Stämmen der Vandalen und Burgundern, die ihrerseits wiederum Druck auf die Germanen unmittelbar an der Reichsgrenze ausübten. Archäologisch ist eine Zunahme der Bevölkerung im 2. Jahrhundert im Gebiet des heutigen Polen nachgewiesen.[250]

Der Ausbruch des sich schließlich über anderthalb Jahrzehnte hinziehenden Krieges hing mit einer Schwächung der Grenzverteidigung an Rhein und Donau zusammen. Wegen eines militärischen Konfliktes mit dem Partherreich waren ab dem Jahre 162 größere Truppenverbände an die römische Ostgrenze abkommandiert worden. Die Situation nutzten zuerst die Chatten zu einem Einfall über den Limes in die Provinzen Obergermanien und Rätien aus, nachdem etwa 70 Jahre lang an diesem Grenzabschnitt Ruhe geherrscht zu haben scheint. Sie wurden relativ schnell besiegt und über den Limes zurückgedrängt. An der Donau konnten die Römer den Ausbruch von Feindseligkeiten durch diplomatische Bemühungen so lange hinauszögern, bis der Krieg im Orient zu einem Abschluss gekommen war. Daraus kann man schließen, dass ein großer Druck auf diese Grenze bereits zu Beginn von Mark Aurels Regierung, wenn nicht schon vorher, vorhanden war. Dafür spricht auch die schon erwähnte Aufstellung von zwei neuen Legionen in den Provinzen Rätien und Noricum.

Migrationsdruck an der Donau

Eröffnet wurden die Kampfhandlungen im Jahre 166 damit, wie es scheint, dass 6.000 Langobarden und Obier die Donau überschritten, in die Provinz Pannonien einfielen und dort von den Römern schnell besiegt wurden. Mit den Langobarden an der Niederelbe hatte das Reich seit augusteischer Zeit keine Probleme mehr gehabt. Dass jetzt ein größerer Gefolgschaftsverband, denn um einen solchen dürfte es sich gehandelt haben, so weit entfernt von seinem Stammesgebiet operierte, spricht für die Bewegung, die zu dieser Zeit offenbar größere Teile der germanischen Stämme erfasst hatte und keineswegs nur die Goten allein. Nur an dieser Stelle in einem Exzerpt aus Dios Werk tauchen die Obier auf, die nicht einmal unter den vielen Stämmen im Werk des Ptolemaios vorkommen und bis auf weiteres eine unbekannte Größe bleiben. Nach der Niederlage der Langobarden und Obier unternahmen Roms Grenznachbarn an der Donau Versuche, den Frieden wiederherzustellen. Der Markomannenkönig Ballomarius und zehn andere Stammesführer kamen als Gesandte zu dem Statthalter von Oberpannonien M. Iallius Bassus und erreichten eine Einstellung der Kampfhandlungen.[251] Dies war der erste von drei Friedensschlüssen mit den Markomannen in der Zeit Mark Aurels. Mit Ballomarius begegnet nach langer Zeit wieder einmal eine Führungspersönlichkeit dieses Stammes in den Quellen. Wie sich die Markomannen zu dem Geschehen im Jahre 166 verhalten haben, wissen wir nicht. Wahrscheinlich haben sie den Langobarden und Obiern nur den Durchzug durch ihr Stammesgebiet erlaubt und waren vorerst noch nicht an dem Einfall beteiligt. In diesem Falle hätte Ballomarius als Fürsprecher und Friedensvermittler in der Gesandtschaft wirken können.[252]

Die weitere Entwicklung an der Donaugrenze wurde nachhaltig durch ein unheilvolles Ereignis aus dem Osten des Römerreiches beeinflusst.

9 Die Markomannenkriege (166–180)

Während des Partherkriegs war im Jahre 165 in Seleukeia am Tigris in der Nähe des heutigen Bagdad die Pest ausgebrochen. Sie befiel auch die römische Armee, die Seleukeia erobert hatte und bei ihrem Rückzug die Seuche in das Innere des Imperiums einschleppte. Als »Antoninische Pest« gehört sie zu den verheerendsten Epidemien der Antike, vergleichbar den Seuchen in Athen 430/429 v. Chr. und in Konstantinopel 542/543 n. Chr. Angeblich soll sie über 20 Jahre bis 189 gewütet haben. In jedem Falle führte sie zu einer spürbaren Schwäche des in den Legionslagern stationierten Heeres.[253] Diese Situation nutzten die Germanen aus. Der von Ballomarius ausgehandelte Frieden hielt nur bis zum folgenden Jahr. 167 begann ein neuer Ansturm auf die römische Grenze. Markomannen, Quaden und Jazygen, die alten Gegner aus den Jahren 89 bis 97, wurden jetzt von zahlreichen anderen germanischen und sarmatischen Stämmen unterstützt. In Mark Aurels Biographie ist eine »Völkertafel« von nicht weniger als 16 Stämmen aufgeführt, die sich nach römischem Verständnis zu einer »Verschwörung« von der illyrischen Grenze auf der Balkanhalbinsel bis nach Gallien zusammengefunden hätten.[254] Zu den 16 Stämmen gehörten auch die Hermunduren, deren Romtreue Tacitus in der *Germania* so sehr herausgestellt hatte. Nicht entscheiden lässt sich, ob die nördlich der römischen Grenze siedelnden Donau-Hermunduren gemeint sind oder die mitteldeutschen Vertreter des Stammes, die dann ebenso wie die Langobarden Gefolgschaftsverbände in den Süden geschickt hätten. Diese Passage ist, wie im Kapitel VIII erwähnt, die letzte sichere Erwähnung der Hermunduren unter diesem Namen in den literarischen Quellen.

Im Jahre 167 gehörten nun bestimmt auch die Markomannen und Quaden neben vielen anderen zu den »von den nördlichen Barbaren Getriebenen«. Es gelang den Germanen, über die Donau nach Pannonien einzudringen und den Römern eine schwere Niederlage beizubringen. Danach zogen sie über die Julischen Alpen in den Nordosten Italiens, belagerten die reiche Hafen- und Handelsstadt Aquileia an der Adria und zerstörten Opitergium, das heutige Oderzo in Venetien.[255] In der Reichshauptstadt brach eine Panik aus. Seit den Einfällen der Kimbern und Teutonen 102 und 101 v. Chr., d. h. seit mehr als 250 Jahren, war es keinem auswärtigen Feind mehr gelungen, in das Mutterland des Weltreiches vorzudringen, dort Städte zu belagern und zu zerstören. Die »Furcht vor einem Markomannenkrieg« – *timor belli Marcomannici* – brach aus und wurde durch die seit kurzem aufgetretene Pestseuche bestimmt noch vergrößert.[256] In der *Historia Augusta* wird das *bellum Marcomannicum* als der größte Krieg seit Menschengedenken eingestuft und der Geschichtsschreiber Eutrop hält ihn im 4. Jahrhundert für den schwersten seit den Punischen Kriegen gegen Karthago im 3. und 2. vorchristlichen Jahrhundert.[257]

Im Jahre 168 eilte Mark Aurel mit seinem Mitregenten Lucius Verus an die Front. Einen Kriegseinsatz des Herrschers hatte es seit 50 Jahren nicht mehr gegeben, Trajan hatte als letzter persönlich die Kriegsführung übernommen. Dabei dürfte eine Rolle gespielt haben, dass Lucius Verus gegen die Parther erfolgreich gewesen war und Mark Aurel zu seiner Legitimation als Kaiser eines eigenen militärischen Erfolges bedurfte. Die beiden Imperatoren befreiten das belagerte Aquileia und erreichten einen Friedensschluss mit den Quaden. Diese baten um die Bestätigung ihres Königs Furtius, dessen Vorgänger als »Kriegstreiber« vom eigenen Stamm getötet worden war. Danach kann man vermuten, dass das von Antoninus Pius mit der Königseinsetzung zwischen 140 und 144 begründete Klientelverhältnis bis 166/167 Bestand hatte und nach einer kurzen Unterbrechung 168 von neuem begründet wurde. Allerdings hielt auch dieser erste Quadenfrieden mit König Furtius nicht lange. Spätestens im Jahre 170 wurde der romfreundliche König von seinen Landsleuten verjagt und durch den betont romfeindlichen Ariogaisos ersetzt. Zusammen mit den Jazygen fielen die Quaden erfolgreich in die Provinz Dakien ein. Furtius und Ariogaisos sind die ersten namentlich bekannten Quaden seit Vannius und seinen Neffen Sido und Vangio.[258]

Ab 170 residierte Mark Aurel, nach dem Tode des Lucius Verus nunmehr Alleinherrscher, für mehrere Jahre im Legionslager Carnuntum, um von hier aus neue Feldzüge gegen Markomannen und Quaden vorzubereiten. Wie verzweifelt der Kaiser die Lage beurteilte, zeigt sich daran, dass unfreie Gladiatoren freigelassen und in die Armee eingereiht werden mussten. Außerdem wurden verstärkt Germanen gegen ihre Landsleute in den Kampf geschickt. »Er kaufte germanische Hilfstruppen gegen die Germanen«: *emit et Germanorum auxilia contra Germanos*, heißt es in der Biographie.[259] Die Indienststellung von Germanen besaß bei den Römern ja eine lange Tradition. Caesar hatte im Gallischen Krieg als erster damit begonnen, die julisch-claudischen Kaiser setzten diesen Brauch mit ihrer

9 Die Markomannenkriege (166–180)

germanischen Leibwache weiter fort und mit den Batavern gab es einen ganzen Stamm, der den Römern über Generationen Hilfstruppen gestellt hat. Mark Aurel baute diese Tradition unter dem Druck der Verhältnisse nur noch weiter aus. Möglich war dies, weil die germanischen Stämme untereinander häufig Krieg führten und es über die Stammesgrenzen hinaus nur ein begrenztes Gemeinschaftsgefühl bei ihnen gegeben hat.[260] Die Kriege zwischen Arminius und Marbod sowie zwischen Vibilius und Vannius sind Beispiele bei Markomannen und Quaden. Mark Aurel gelang es u. a. die aus dem Kultverband der Lugier hervorgegangenen Vandalen und die mit ihnen verwandten Lakringen in seine Dienste zu stellen.[261]

Im Jahre 171 errang der Kaiser einen großen Sieg über Markomannen, die nach einem Einfall ins Reich über die Donau zurückkehren wollten, nahm ihnen ihre umfangreiche Beute ab und gab sie der Bevölkerung in den Provinzen zurück. Der Erfolg wurde mit Siegesmünzen und der Legende *VICTORIA GERMANICA*, »Sieg über die Germanen«, gefeiert.[262] Danach kam es zu einem zweiten Friedensschluss mit den Markomannen, der allerdings nur aus einem dritten Frieden mit diesem Stamm aus dem Jahre 173 erschlossen werden kann.[263]

172 konnte die römische Armee die Donaugrenze nach Norden hin überschreiten und die Kampfhandlungen in das Quadenland, die westliche Slowakei, hineintragen. Hier erzielten sie größere Erfolge, es wurden Münzen mit der Legende *GERMANIA SVBACTA*, »Germanien ist unterworfen«, geprägt und am 15. Oktober 172 nahmen Mark Aurel und sein Sohn Commodus den Siegernamen *Germanicus* an.[264] Dieses Jahr war der Wendepunkt in den Markomannenkriegen, da mit ihm die Zeit der Gegenoffensiven begann und die Kampfhandlungen aus dem Reichsgebiet in das »Barbaricum« verlagert werden konnten. Selbst in dieser Situation hat Mark Aurel seine schriftstellerische Tätigkeit nicht aufgegeben. Das zweite Buch der »Selbstbetrachtungen« trägt die Überschrift »bei den Quaden an der Gran« und das dritte Buch ist mit »in Carnuntum« überschrieben.

Das »Regenwunder« im Quadenland

Wohl in dieses bedeutsame Jahr 172 gehört die berühmteste Episode der Zeit, das »Regenwunder im Quadenland«, das in verschiedenen Versionen überliefert ist. Das eindrucksvollste Zeugnis ist die Szene XVI der Markussäule auf der Piazza Colonna in Rom. Über einer Kampfszene zwischen römischen Soldaten und in barbarischer Tracht dargestellten Quaden breitet ein geflügelter Dämon in der Gestalt eines bärtigen alten Mannes von übermenschlicher Größe seine Arme aus, von denen ein Vorhang von Regensträhnen herabströmt, die die Römer mit Wasser erquicken und die »Barbaren« vernichten. Die Gestalt erinnert an die mythische Personifikation des regenbringenden und stürmischen Südwindes, des Notos, den der Dichter Ovid in augusteischer Zeit in seinen »Metamorphosen« folgendermaßen beschreibt:[265]

> »Der aber mit triefenden Schwingen
> Stürmt hinaus, pechschwarz umschattet das schreckende Antlitz.
> Schwer ist von Regen der Bart; Flut strömt vom ergraueten Haupthaar;
> Nebel benetzen die Stirn; naß tropfen die Brust und die Flügel.«

Die höchst eindrucksvolle künstlerische Darstellung auf der Markussäule wird durch mehrere literarische Behandlungen des Vorgangs ergänzt. In der Lebensbeschreibung Mark Aurels ist es der Kaiser selbst, der durch sein Gebet einen Blitzstrahl vom Himmel gegen die Feinde herabzieht und Regen für seine an Durst leidenden Soldaten bewirkt.[266] Sehr viel ausführlicher als die Notiz in der *Historia Augusta* ist die Darstellung bei Cassius Dio. Er schildert, wie die Quaden römische Truppen eingekesselt und von jeglicher Wasserzufuhr abgeschnitten hatten. Als die Römer durch Wunden, Hitze und Durst in eine verzweifelte Lage gekommen waren, soll der das Heer begleitende ägyptische Magier Arnuphis durch sein Gebet den Gott Hermes bewogen haben, dem verschmachtenden Heer einen Gewitterregen zu senden. Hermes dürfte dabei die griechisch-römische Version des ägyptischen Zaubergottes Toth gewesen sein. Eine dritte Lesart dieses »Wunders« liegt bei Xiphilinos vor. Der byzantinische Geistliche überlieferte in seiner mittelalterlichen Kurzfassung der »Römischen Geschichte« des Cassius Dio die Geschichte mit Arnuphis und – korrigiert sie.

9 Die Markomannenkriege (166–180)

Abb. 11: Das »Regenwunder« im Quadenland (Szene 16 der Markussäule).

Nicht der ägyptische Magier habe das »Wunder« vollbracht, sondern die Christen. Nach seiner Schilderung befand sich Kaiser Mark Aurel mit seinen Soldaten in der erwähnten schlimmen Lage, als ihm gemeldet wurde, dass sich Christen bei der Truppe befänden. Auf die Bitte des Kaisers wurde zum Gott der Christen gebetet, der sofort Blitze auf die Feinde geschleudert und die Römer durch Regen erquickt habe. Daraufhin habe der Kaiser die Christen durch ein Edikt geehrt und der aus Christen bestehenden Legion den Beinamen »die Blitzschleudernde« verliehen. Eine Legion mit diesem Beinamen gab es tatsächlich, es ist die *Legio XII Fulminatrix*, die zu dieser Zeit in Melitene in Kappadokien stationiert war und ihren Beinamen allerdings bereits seit über 100 Jahren führte.[267]

Die christliche Version, die Xiphilinos der ursprünglichen des Cassius Dio hinzufügte, ist von ihm jedoch keineswegs erfunden worden, sie lässt sich vielmehr bis an die Wende vom 2. zum 3. Jahrhundert zurückverfolgen und findet sich schon bei dem afrikanischen Kirchenvater Tertullian.[268] Die Darstellung des »Blitz- und Regenwunders« auf der bald nach 180 errichteten Markussäule ist schließlich der Beweis dafür, dass bereits die Zeitgenossen einen Vorgang im Quadenland legendenhaft ausgeschmückt haben müssen. Der historische Hintergrund dürfte in Vorgängen bei einem Gewitter mit anschließendem Wolkenbruch zu suchen sein. Neuere Inschriftenfragmente aus dem Tempelbezirk des Jupiter auf dem Pfaffenberg in Carnuntum bezeugen eine dort vorgenommene Verehrung Jupiters als Wettergott in Verbindung mit dem Kaiserkult. Der österreichische Forscher Werner Jobst hat auf Grund dieser Fragmente das Blitz- und Regenwunder auf den 11. Juni 172 datiert.[269]

Der zweite und dritte Quadenfrieden

Das in der Folgezeit immer weiter legendenhaft ausgeschmückte Geschehen im Quadenland war mit militärischen Erfolgen der Römer verbunden. Sie führten dazu, dass die Quaden noch in diesem Jahr wiederum um Frieden baten, den ihnen die Römer vor allem deshalb gewährten, um sie von den Markomannen zu trennen. Die quadische Gesandtschaft wurde von dem 12-jährigen Prinzen Battarios angeführt, vermutlich dem Sohn des Königs Ariogaisos, den Mark Aurel nicht als König anerkannt hatte und deswegen auch nicht empfangen wollte. Auf der Tafel VII des 176 errichteten Ehrenbogens wird dieses Kind von einem älteren Germanen dem vor ihm erhöht sitzenden Kaiser vorgeführt.[270] Der zweite Quadenfrieden von 172 ist erfreulicherweise mit einigen Details überliefert. Sie entstammen Exzerpten aus Dios Werk zu dem Thema »Gesandtschaften fremder Völker an die Römer«. Die Quaden mussten Pferde und Rinder sowie Kriegsgefangene und Überläufer ausliefern. Diese wurden wie auch gefangene Germanen teils in die Armee eingegliedert, teils in den Grenzprovinzen angesiedelt. Natürlich mussten die Quaden wieder ein Bündnis mit Rom schließen, was sie erneut in die frühere Abhängigkeit brachte, und sich zum Kampf gegen andere »Barbaren« verpflichten. Dafür wurden sie auch mit Geld unterstützt.²⁷¹

Bei den Überläufern kann man an entflohene Sklaven, desertierte Soldaten oder andere straffällig gewordene Personen denken. Bei dem großen Niveauunterschied in den Lebensverhältnissen dürfte eine freiwillige Flucht zu den »Barbaren« für andere Provinzbewohner kaum eine attraktive Alternative gewesen sein.

Abb. 12: Gefangene vor dem Kaiser (Szene 26 der Markussäule).

Im Jahre 173 wurde ein neuer Frieden mit den Markomannen geschlossen, es war nunmehr der dritte. Er korrigierte und ergänzte die Friedensbedingungen von 171.²⁷² Erneut wurden Münzen mit der Aufschrift *GERMANIA SUBACTA*, »Germanien ist unterworfen«, geprägt. Im Jahr darauf erhielt Mark Aurels Gemahlin Faustina die Jüngere, die ihren Gatten auf dem Feldzug begleitete, den Ehrentitel *mater castrorum*, »Mutter des Feldlagers«. Dies ist insofern interessant, weil die Kaiserin bis zu diesem Zeitpunkt keinen Titel besaß, der ihre Verbindung zum stehenden Heer zum Ausdruck gebracht hätte. *Mater castrorum* spielte später ab dem Jahre 196 bei den syrischen Kaiserinnen der Severerdynastie eine große Rolle. Für die Frauen der Soldatenkaiser zwischen 235 und 284 bekam der Titel eine geradezu existentielle Bedeutung. Auch sie besaßen von der Stellung her keine eigene definierte Macht, aber die permanente politische Krise dieser Zeit stärkte tendenziell ihre Rolle. Gerade das Scheitern längerfristiger Dynastienbildungen führte zu in der frühen Kaiserzeit unbekannten Ehrungen für die Frau, von der man erwartete, dass sie die Begründerin einer Dynastie werden würde. Zugleich waren die Frauen der Soldatenkaiser für die Herrschaftsstabilisierung ungleich wichtiger als im vergleichsweise ruhigen 1. und 2. Jahrhundert. Eine auffällige Besonderheit ist die dreigliedrige titulare Abstufung im Hinblick auf die Bedeutung der Kaiserin. Der Titel *Augusta*, »Kaiserin«, bis zum Jahre 174 überhaupt der einzig vorhandene, gelangt dabei mit einem Mal an die unterste Stelle. *Mater castrorum* stellt eine Steigerung zu *Augusta* dar und *mater castrorum et senatus et patriae*, »Mutter des Feldlagers, des Senats und des Vaterlandes«, wird zur höchsten möglichen Ehrung. Das Vorbild war Julia Domna, die Gattin des Septimius Severus (193–211). Sie wurde 193 *Augusta*, 195 *mater castrorum* und spätestens 211 schließlich *mater castrorum et senatus et patriae*. Die allmählich gewachsene Titulatur der Frau des Septimius Severus wurde ab 238 gezielt und, wie es scheint, auch dosiert auf die Kaiserinnen angewandt. Der Titel *mater castrorum* wurde erst bei der Geburt eines Thronfolgers vergeben. Der ausführliche dritte Titel scheint nur dann vergeben worden zu sein, wenn die dynastische Nachfolge gesichert schien. *Mater castrorum* war somit ein ganz charakteristischer Titel für die Kaiserin des 3. Jahrhunderts. Die überragende Rolle des Militärs ließ einen Bezug zu ihm auch für die Frau des Herrschers unbedingt notwendig erscheinen. Im 4. Jahrhundert ist diese Bezeichnung dann wieder verschwunden, nachdem längerfristige Dynastien wieder die Regel geworden waren. Der von Mark Aurel nach dem Markomannenfrieden von 173 eingeführte Titel für seine Frau besaß mithin eine lange Fortwirkung.[273]

Ebenfalls 173 verlegte der Kaiser sein Hauptquartier von Carnuntum nach Sirmium an der Save, dem heutigen Sremska Mitrovica in Serbien. Hier verweigerte er 174 den Quaden eine Erneuerung des Friedens von 172, den sie gebrochen hatten. Sie hatten vor den Römern flüchtende

9 Die Markomannenkriege (166–180)

Markomannen aufgenommen und nicht alle Gefangenen ausgeliefert, sondern nur solche, die sie weder verkaufen noch zu irgendwelchen Diensten gebrauchen konnten.[274] Die Nachricht aus Dios Exzerpten zeigt, dass es einen Sklavenhandel auch innerhalb der germanischen Stämme gegeben hat. Auf den Quadenkönig Ariogaisos setzte Mark Aurel eine Prämie von 1.000 Goldstücken für denjenigen aus, der ihn lebendig ausliefere, die Hälfte sollte erhalten, wer ihn töte und seinen Kopf vorweisen könne. Das waren für den menschenfreundlichen Kaiser ungewöhnlich harte Maßregeln, an die er sich schließlich auch selbst nicht halten sollte. Als Jahre später Ariogaisos in seine Gefangenschaft geriet, ließ er ihn am Leben und verbannte ihn lediglich ins ägyptische Alexandria.[275]

Im Jahre 175 kam es in den Ostprovinzen zu der kurzfristigen Usurpation des C. Avidius Cassius. Sie veranlasste Mark Aurel, die Offensive an der Donaugrenze vorläufig zu beenden und auch mit den Jazygen Frieden zu schließen.[276] Der Kaiser reiste in den Osten seines Reiches, auf dieser Reise starb Anfang 176 die Kaiserin Faustina. Nach Aufenthalten in Alexandria, Smyrna und Athen kam Mark Aurel im Herbst nach Rom. Hier feierte er am 23. Dezember 176 mit seinem Sohn Commodus einen Triumph über Germanen und Sarmaten, worunter in erster Linie die Markomannen und Quaden sowie die Jazygen zu verstehen sind. Zur Erinnerung an diesen Triumph ließ der Senat einen Ehrenbogen errichten, weil der Kaiser »die kriegerischsten aller Völker vernichtet oder unterworfen« habe.[277] Von diesem heute verschwundenen Ehrenbogen stammt das berühmte Relief im Treppenhaus des Konservatorenpalastes auf dem Capitol in Rom, das Mark Aurel im Eichenwald zeigt (s. Abb. 13). Es ist die bekannteste Reliefplatte, von denen noch zwei andere im Konservatorenpalast hängen, während acht weitere zum Schmuck des Konstantinbogens am Anfang des 4. Jahrhunderts umgearbeitet und wiederverwendet worden sind, zu diesen gehört die Tafel VII mit dem Quadenprinzen Battarius. Die Szene der Tafel V ist eindrucksvoll. Der Kaiser hoch zu Ross und mit fliegendem Feldherrenmantel befindet sich in einem Wald unter Eichen, die den Aufenthalt in Germanien andeuten sollen. Rechts neben und hinter ihm ist der bärtige Kopf des Pompeianus zu sehen, ebenfalls beritten und auf fast gleicher Höhe mit dem Kaiser. Claudius Pompeianus war Mark Aurels Schwiegersohn und der wichtigste Heerführer in den Kriegen dieser Jahre. Links neben dem Kaiser steht der Prätorianerpräfekt Bassaeus Rufus, der bald danach gegen die Jazygen gefallen ist. Zwei Germanenfürsten sind vor dem Kaiser auf die Knie gesunken und bitten mit erhobenen Armen um Gnade. Mark Aurel hat wie auf dem bekannten Reiterdenkmal, das seit Michelangelo auf dem Capitolsplatz steht, die rechte Hand ausgestreckt und nimmt mit diesem Gestus die Unterwerfung entgegen. Die Szene soll einen Beweis seiner Gnade, der *clementia*, darstellen. Die beiden Germanen werden von einem römischen Offizier geführt, über der Szene wehen zwei Reiterfahnen.[278] Die Darstellung passt sowohl zu Friedensschlüssen mit den Markomannen wie zu denen mit den Quaden in den Jahren zwischen 171 und 173.

Der zweite Markomannenkrieg

Triumph und Ehrenbogen waren jedoch, wie sich bald zeigen sollte, verfrüht. Die Konflikte mit den germanischen und sarmatischen Stämmen hörten nur für kurze Zeit auf. Im Jahre 178 musste Mark Aurel zusammen mit seinem Sohn und nunmehrigen Mitregenten Commodus den Krieg von neuem aufnehmen. Diese Auseinandersetzung wurde offiziell als *expeditio Germanica et Sarmatica secunda* bezeichnet.[279] Das Hauptquartier wurde wieder Sirmium an der Save. Dort wurde ein neuer Frieden mit den Jazygen geschlossen, der deshalb von Interesse ist, weil mit ihm das frühere Bündnis des sarmatischen Stammes mit den Quaden endgültig zerbrach. Nach den Exzerpten aus Dios Werk fürchteten die Jazygen inzwischen eine Versöhnung Mark Aurels mit den Quaden und wollten von ihm die Zusicherung, dass er gegen den germanischen Stamm ernsthaft Krieg führen werde.[280] Das neue Bündnis der Römer mit den Jazygen hielt mehrere Jahre, denn Commodus verpflichtete 180 die Quaden dazu, keinen Krieg mit ihren früheren sarmatischen Verbündeten zu führen.[281]

Im folgenden Jahr 179 verlegte Mark Aurel sein Hauptquartier von Sirmium nach Vindobona. In Castra Regina (Regensburg) entstand ein neues Legionslager für die *Legio III Italica*. Der Prätorianerpräfekt Tarrutienus Paternus errang erneut einen Sieg über die Quaden, der als Höhe-

Abb. 13: Mark Aurel und sich unterwerfende Germanen im Eichenwald.

punkt des *expeditio secunda* verstanden werden muss.[282] Wohl bei dieser Gelegenheit wurde der Quadenkönig Ariogaisos gefangen oder vielleicht auch von seinem Stamm ausgeliefert. Obwohl Mark Aurel auf seinen Kopf eine Prämie ausgesetzt hatte, ließ er ihn jetzt als Zeichen seiner Milde am Leben und verbannte ihn.[283] Mit dem politischen Untergang des Ariogaisos wird ein neuerer Fund aus einem römischen Lager in Biesheim im Elsass in Verbindung gebracht. 1988 wurde dort ein großer Cameo aus Achat gefunden. Er zeigt den Kaiser Commodus zu Pferde mit erhobener Lanze, die auf einen unter ihm liegenden »Barbaren« gerichtet ist, der flehend die Hand erhebt. Der »Barbar« hat die von Tacitus beschriebene Haartracht der Sueben und ist mit einem Stirnband geschmückt, was ihn als König bezeichnet. Michael Paul Speidel hat die Figur als Quadenkönig identifiziert. Das Schmuckstück sollte die militärischen Erfolge des Commodus in der Schlussphase der Markomannenkriege propagieren und wird mit seinem Germanentriumph im Oktober 180 im Zusammenhang stehen. Dabei hat sich der junge Kaiser die tatsächlichen Erfolge des Feldherrn Paternus selbst zugeschrieben. Aller Wahrscheinlichkeit nach ist der hilfeflehende Quadenkönig der gefangene und anschließend verbannte Ariogaisos.[284]

Im Rahmen der *expeditio secunda* stießen die Römer weit nach Mähren und in die Slowakei vor. In den Gebieten der Markomannen und Quaden wurden je 20.000 Soldaten stationiert, die Stützpunkte und Kastelle errichteten.[285] Ein Detail zu diesen Stützpunkten steuert die Inschrift von Trenčín in der westlichen Slowakei bei. 855 Soldaten der in Aquincum (Budapest) stationierten *Legio II Adiutrix* verbrachten unter ihrem Legionskommandeur M. Valerius Maximianus den Winter 179/180 in diesem von ihnen Laugaricio genannten Ort und weihten der Siegesgöttin Victoria eine Inschrift.[286] Der Militärstützpunkt befand sich etwa 125 km nördlich der Donau im Innern des Quadenlandes. Seine Bedeutung wird dadurch unterstrichen, dass der Befehlshaber der Legion, ein Senator, persönlich mit einem Teil seiner Soldaten den exponierten Außenposten im »Barbaricum« befehligte. Mit dieser Inschrift vergleichbar ist eine Weihinschrift aus Maktar in Tunesien. Der Offizier, der sie gesetzt hat, war in seiner Laufbahn auch der Befehlshaber eines Truppenverbandes der *Legio III Augusta* und zwar *aput Marcomannos* – »im Markomannenland«.[287] Eine Abteilung der in Lambaesis in Numidien im heutigen Algerien stationierten Legion wurde in den Markomannenkriegen eingesetzt und operierte nördlich der Donau. Offenbar reichten die an dieser Grenze stationierten Legionen für die Feldzüge dieser Jahre nicht aus und mussten selbst durch Truppen aus Nordafrika unterstützt werden.

Die Besatzungstruppen im Quadenland und das neue Legionslager in Regensburg an der Grenze zum Markomannenland deuten auf ein dau-

9 Die Markomannenkriege (166–180)

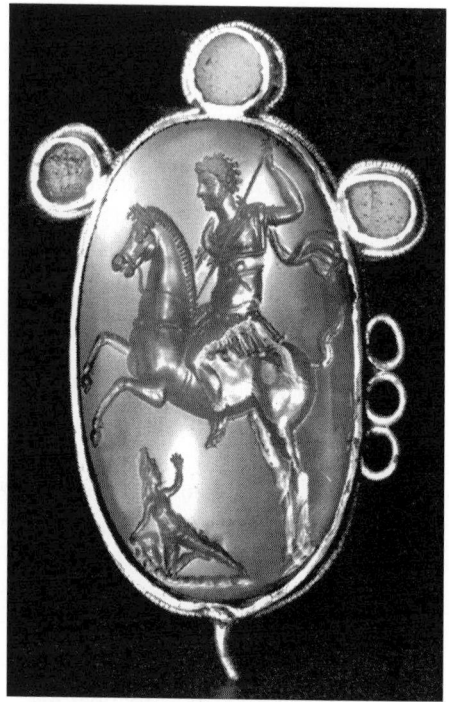

Abb. 14: Commodus und der Quadenkönig (Cameo, gefunden in Biesheim im Elsass).

erhaftes Engagement der Römer in diesem Teil des »Barbaricums« hin. Es überrascht daher nicht, dass die Quaden, weil sie die Anlage von Festungen in ihrem Land nicht ertragen wollten, den Plan fassten, zu den Semnonen in den Norden auszuwandern. Mark Aurel erfuhr davon, ließ die Zugangswege sperren und vereitelte so die Absicht des Stammes.[288]

Die Situation der Jahre 179 und 180 an der Donau bietet deutliche Parallelen zur Rheingrenze in augusteischer Zeit, in der auch Marbods Reich bestand. Neue Legionslager wurden an einer Flussgrenze errichtet. Neben der Regensburger Legion kam die ebenfalls neu aufgestellte *Legio II Italica* nach Lauriacum in der Provinz Noricum, dem heutigen Enns/Lorch in Oberösterreich, Vorgänge, die an die Verlegung der Legionen aus Gallien an den Rhein in den Jahren 16–13 v. Chr. erinnern. Römische Truppen beziehen Stellungen in Flusstälern nördlich der Donau wie fast 200 Jahre früher östlich des Rheins an Lippe, Lahn und Main. Vorgeschobene Posten erproben eine Überwinterung im »Barbarenland«, Laugaricio-Trenčín ist hier mit dem Winterlager des Tiberius »mitten in Germanien« 4 auf 5 n. Chr. vergleichbar. Germanenstämme weichen vor dem römischen Einmarsch zurück oder versuchen es zumindest, die Quaden verhalten sich dabei nicht anders als einst die Markomannen 6/5 v. Chr. und die Langobarden 5 n. Chr. Die römischen Eroberer greifen durch Um- und Ansiedlung massiv in das Stammesleben ein. Die Umsiedlung der Sugambrer durch Tiberius 8 v. Chr. und die Ansiedlung der Hermunduren durch Domitius Ahenobarbus um 3 v. Chr. lassen sich mit der Verhinderung der Auswanderung der Quaden vergleichen. Diese Parallelen legen den Gedanken nahe, zum Ende der Markomannenkriege sei eine Ausweitung des Reichsgebietes ins Auge gefasst worden wie unter Augustus die Verlegung der Grenze vom Rhein an die Elbe. Vorrangiges Anliegen war beide Male die Sicherung einer langen Flussgrenze.

Eine Provinz *Marcomannia*?

Mark Aurels Biographie in der *Historia Augusta* überliefert an zwei Stellen die Absicht des Kaisers, in Böhmen und Mähren eine Provinz *Marcomannia* und in der Ungarischen Tiefebene die Provinz *Sarmatia* zu gründen. Einmal wird dieser Plan in die Jahre 174/175 gelegt und die Usurpation des Avidius Cassius im Orient für das Misslingen verantwortlich gemacht.[289] An der zweiten Stelle heißt es, der Kaiser habe drei Jahre lang mit Markomannen, Hermunduren, Sarmaten und Quaden Krieg geführt und hätte deren Gebiete zu Provinzen gemacht, wenn er nur ein Jahr länger gelebt hätte, sie bezieht sich also auf die Jahre 178–180.[290] Der zweiten Notiz kommt die Behauptung des Dio-Xiphilinos nahe, wenn der Kaiser länger gelebt hätte, wären alle Völker, gegen die Krieg geführt wurde, unterworfen worden.[291] Die Historizität dieser Absichten wird in der Forschung kontrovers beurteilt, Befürworter wie Ablehner dieser Provinzgründungen

9 Die Markomannenkriege (166–180)

stehen sich seit langem gegenüber.²⁹² Angesichts der großen Menschenverluste sowie der Verwüstung und Entvölkerung lange besehender Provinzen seit der Mitte der sechziger Jahre und der grassierenden Pestseuche wurden die Annexionspläne lange sehr skeptisch beurteilt. Das ist heute nicht mehr der Fall. Neuere Untersuchungen der in den Markomannenkriegen geschlossenen Friedensverträge scheinen gezeigt zu haben, dass die politischen Mittel eines indirekten Herrschaftssystems Ruhe und Ordnung im Vorfeld der Reichsgrenze aus römischem Verständnis nicht sichern konnten.²⁹³ Außerdem ist zu berücksichtigen, dass sich die *Historia Augusta* in der Markusbiographie auf das Werk des Marius Maximus stützt, der zwei Bücher über Mark Aurel geschrieben hat. Da dieser Senator am Ende der Markomannenkriege Offizier in den in Mainz und Regensburg stationierten Legionen gewesen ist, könnte er durchaus über die politischen Absichten des Kaisers informiert gewesen sein, was seinen Niederschlag in der Biographie gefunden haben kann.²⁹⁴

Das entscheidende Argument dafür, in den Nachrichten über die Provinzgründungen kein bloßes Phantasieprodukt des Verfassers der *Historia Augusta* zu sehen, liefern jedoch die in den letzten Jahrzehnten gewonnenen Erkenntnisse aus der Archäologie. Durch Luftbildaufnahmen und Terrainuntersuchungen sind inzwischen fast 30 römische Objekte nördlich der Donau im Markomannen- und Quadenland entdeckt worden. Das am weitesten vorgeschobene Marschlager wurde im Raum Brünn etwa 130 km nördlich der bisherigen Grenze gefunden. Der bedeutendste römische Militärstützpunkt im südlichen Mähren ist der Ort Mušov im Kreis Břeclav mit fortifikatorischen Einrichtungen, Verwaltungsbauten und einem Lazarett auf einem Areal von 40 ha.²⁹⁵ Die Funde dort sind so eindrucksvoll, dass die Vermutung geäußert wurde, Mušov hätte die neue Hauptstadt einer Provinz *Marcomannia* werden können.²⁹⁶ So bieten das nördliche Österreich im Vorfeld der Donau, das südliche Mähren und die westliche Slowakei um das Jahr 180 das Bild einer entstehenden Provinz im Okkupationszustand wie Germanien östlich des Rheins in der Zeit der Statthalterschaft des Varus. Die archäologischen Befunde und die literarischen Nachrichten über die beabsichtigten Provinzgründungen lassen sich meines Erachtens dann in Einklang bringen, wenn man sich von der bisher von den Befürwortern dieser Pläne durchweg vertretenen Ansicht verabschiedet, *Marcomannia* müsste ganz Böhmen und Mähren bis zum Erzgebirge, Riesengebirge und den Beskiden umfasse und *Sarmatia* die ganze ungarische Tiefebene von der Donau bis zum Karpatenbogen.[297]

Etwa ein Jahrhundert früher hatte Kaiser Domitian ein Beispiel dafür geliefert, wie man neue Provinzen gründen konnte, auch wenn man nur einen Teil des ursprünglich anvisierten Territoriums erobert hatte. Eine markomannische Provinz zwischen der Donau und dem südlichen Böhmen etwa bis Strakonice und Tabor im Norden, in Mähren bis nördlich von Brünn und in der Slowakei bis zu den Weißen Karpaten als Begrenzung nimmt sich wesentlich realistischer aus und wäre in der Provinz *Germania superior* mit dem Gebiet zwischen Oberrhein und Limes vergleichbar. Die Donaugrenze wäre durch dieses vorgelagerte Provinzgebiet ebenso geschützt worden wie die Oberrheingrenze durch die *Agri Decumates*, das »Zehntland«.[298] Mit dieser Annahme kann man die Pläne für eine Provinz *Marcomannia* durchaus für historisch halten.[299]

Wie auch immer die Absichten im Einzelnen ausgesehen haben mögen, der Tod Mark Aurels am 17. März 180 entweder im Heerlager von Vindobona oder in Bononia bei Sirmium machten sie zunichte. Brünn und Trenčín blieben die nördlichsten Punkte römischer Präsenz im oberen Donauraum. Der neue Alleinherrscher Commodus schloss nach einem halben Jahr weiterer Kriegsführung noch 180 Frieden, gab alle vorgeschobenen Militärstützpunkte auf und kehrte zu dem System einer indirekten Herrschaft im grenznahen Raum zurück und damit zu Verträgen, wie sie sein Vater bis zum Jahre 175 geschlossen hatte.

Die Friedensbedingungen vom Herbst 180 sind wiederum in Exzerpten aus Dios Werk enthalten, die über Gesandtschaften fremder Völker an die Römer informieren sollten. Ihnen sind auch sehr interessante Nachrichten über die inneren Verhältnisse bei den germanischen Stämmen zu entnehmen. Cassius Dio schreibt, den Markomannen fehle es wegen der großen Zahl von Gefallenen und der dauernden Verwüstung ihrer Gebiete sowohl an Nahrung wie an Männern, weshalb sie um Frieden baten.[300] Mit der Aussage wird der Eindruck bestätigt, dass die Macht der Markomannen im Laufe des von den Römern nach ihnen benannten Krieges immer schwächer geworden und in der Schlussphase hinter der der Quaden, aber auch der sarmatischen Jazygen zurückstand. Die Bezeichnung *bellum Marcomannicum*, »Markomannenkrieg«, hatte vor allem für die Anfangsphase ihre Berechtigung, in den siebziger Jahren traten andere Stämme immer mehr in den Vordergrund. Die Verlagerung der Führungsrolle an die Quaden wird auch daraus deutlich, dass Commodus in dem Friedensschluss von den Quaden 13.000 Rekruten für die römische Armee forderte, von den Markomannen jedoch »weniger«. Eine weitere Friedensbedingung war, keinen Krieg mit den inzwischen mit Rom verbündeten Jazygen und den Vandalen zu führen, dafür zogen die Römer ihre Besatzungstruppen ab.[301] Commodus interpretierte den Abschluss des Friedens als einen Sieg und feierte im Oktober 180 einen Triumph über die Germanen.[302] Darauf dürfte der abgebildete Cameo mit der Siegesdarstellung über den Quadenkönig zu beziehen sein.

Markomannen und Quaden wurden keine Untertanen Roms, was ihnen mit der Schaffung einer Provinz *Marcomannia* zumindest zum Teil gedroht hätte, aber sie blieben Abhängige des Imperiums. Die regelmäßigen Truppenstellungen der germanischen Stämme förderten seitdem die Germanisierung der römischen Armee, während gleichzeitig zurückkehrende Söldner und Geldzahlungen an die Stämme für ihr »Wohlverhalten« zu tiefgreifenden Veränderungen in der Sozialstruktur der Germanen führte.

Die Markussäule

Aus den letzten Regierungsjahren Mark Aurels oder den ersten seines Sohnes Commodus stammt die bereits erwähnte Markussäule auf der Piazza Colonna in Rom. Sie kann in die Zeit nach dem Triumph des Jahres 176 und vor der Ersterwähnung in einer Inschrift 193 datiert werden. Die Markussäule besteht aus 17 durchschnittlich 1,6 m hohen Trommeln, die jeweils einen Durchmesser von 3,7 m besitzen. Sie ist ca. 30 m hoch und wird von einem ca. 200 m langen Reliefband umschlossen mit insgesamt 116 Szenen.[303] Ihr Vorbild war die im Jahre 113 errichtete 33 m hohe Trajanssäule mit einem ebenfalls ca. 200 m langen Reliefband über die Dakerkriege der Jahre 101/102 und 105/106. So ist die Überschreitung der

Donau am Beginn der Darstellung auf der Markussäule demselben Motiv auf der Trajanssäule nachgebildet. Das Szenenrepertoire besteht aus zwei inhaltlichen Gruppen. Zum einen sind das Bilder des Kampfes zwischen Römern und ihren Feinden, Darstellungen des Vormarsches des römischen Heeres im Feindesland, von Flussüberquerungen und der Errichtung von Festungen. Daneben stehen mehr oder weniger stark typisierte Standardbilder wie etwa der Aufbruch des Heeres, Opfer und kaiserliche Ansprachen.[304]

Chronologisch geht es um die Zeit ab 171/172, als die Römer die Initiative in den Markomannenkriegen zurückgewonnen und die Kämpfe über die Donau nach Norden hin getragen hatten. Tonio Hölscher hat als Konzept der Markussäule eine »Ideologie der Strafe« gesehen und dabei auf die Zerstörung von Dörfern, die Tötung unterlegener Feinde, die Gefangennahme von Frauen und Kindern sowie den Abtransport von Beutegut verwiesen. Mit dieser Schwerpunktsetzung unterscheidet sich die Markussäule inhaltlich von der Trajanssäule. Die Untersuchung von Johannes Griebel hat jedoch gezeigt, dass es nicht nur um die Vernichtung der »Barbaren« geht, sondern dass den Reliefszenen auch eine differenziertere Behandlung der Gegner entnommen werden kann.[305]

Germanen und Kolonenwirtschaft

Zum Abschluss dieses Kapitels soll der Blick noch einmal auf die Anfänge der anderthalb Jahrzehnte währenden Auseinandersetzungen gerichtet werden. Sie begannen mit Plünderungszügen ins Römische Reich und mit dem Versuch einer Landnahme in dessen Provinzen. In den ersten Jahren der Markomannenkriege wurde alles getan, um diese beiden Kriegsziele der »Barbaren« zu verhindern. Mit den Jahren 171/172 änderte Mark Aurel seine Politik. Jetzt wurden unterworfene oder in Kriegsgefangenschaft geratene Germanen auf dem Boden des Imperiums angesiedelt und damit zu dessen Untertanen gemacht. Im Zusammenhang mit dem zweiten Quadenfrieden heißt es in den Exzerpten aus Dio, Quaden und Angehörige

9 Die Markomannenkriege (166–180)

Abb. 15: Zerstörung eines Dorfes (Szene 102 der Markussäule).

anderer Stämme wurden in den Provinzen Dakien, Pannonien, Mösien, in den beiden germanischen Provinzen und selbst in Italien angesiedelt. Einige, die in die Gegend von Ravenna gekommen waren, unternahmen einen Aufstand und wollten sich dieser Stadt bemächtigen. Nach diesem Vorfall ordnete der Kaiser an, keine »Barbaren« mehr nach Italien zu bringen und die bisher dort angesiedelten wieder auszuweisen.[306] Ergänzend dazu heißt es zum zweiten Markomannenfrieden in der *Historia Augusta*, Mark Aurel habe die Unterwerfung der Markomannen entgegengenommen und viele von ihnen nach Italien überführt.[307] Die aus den wenigen Notizen erkennbare Umsiedlungspolitik hatte mehrere Ursachen. Zum einen sollte damit der Druck auf die Grenzen wie auch der Zusammenhalt der Stämme verringert werden, indem Teile von ihnen durch die Eingliederung in das römische Herrschaftsgebiet einer dauernden Kontrolle unterworfen wurden. Damit dienten die Ansiedlungen zweifellos der Entlastung des Grenzschutzes. Genauso wichtig waren jedoch als zweiter Aspekt die Arbeitskräfte. Der lange Krieg und die aus dem Osten eingeschleppte Pest hatten große Verluste in der Bevölkerung hervorgerufen. Besonders die schwer in Mitleidenschaft gezogenen Grenzprovinzen bedurften neuer Arbeitskräfte und diese konnten durch die zwangsangesiedelten Germanen gewonnen werden. Jochen Bleiken hat die Zahl der Neusiedler auf mehrere Hunderttausende geschätzt.[308] Die Ansiedlung erfolgte auf den Domänen des Kaisers und auf den Gütern privater Grundbesitzer. Die Siedler blieben zwar persönlich frei, wurden aber an das ihnen zugewiesene Land gebunden. Wer das Land verlassen wollte, durfte dies nur unter der Bedingung tun, in die Armee einzutreten. Damit waren die Betroffenen vollständig Untertanen des Imperiums geworden.[309] Die persönliche Freiheit behielten sie wegen der Verpflichtung, das Land zu bebauen und die Grenze zu schützen. Man konnte sie zum Militärdienst heranziehen, wenn es erforderlich war, was in der Regel nicht möglich gewesen wäre, wenn man sie versklavt hätte. Aber genauso wichtig dürfte die Erkenntnis gewesen sein, dass diese Gefangenen die Aufgabe der Bodenbestellung mindestens ebenso gut, wenn nicht besser erfüllten als im Zustand völliger Unfreiheit, der sich dadurch für sie erübrigte. Eine Form der Bodenbindung ist für sie mehr als wahrscheinlich, die Erhebung von Ravenna ohne diese Annahme kaum erklärbar.

Die literarischen Quellen erwähnen hinsichtlich der Bedingungen, unter denen »Barbaren« etwa ab 170 angesiedelt wurden, keine Einzelheiten. Seit langem wird ein Zeugnis aus der juristischen Überlieferung mit diesem Phänomen in Verbindung gebracht. Ein Reskript der Kaiser Mark Aurel und Commodus aus der Zeit ihrer Samtherrschaft 177–180 besagt, dass *inquilini* nur mit den Gütern, an die sie gebunden sind, vermacht werden dürfen.[310] Ein *inquilinus* war nach römischem Sprachgebrauch im Allgemeinen der Haus- oder Wohnungsmieter. Spätestens seit dem Anfang des 2. Jahrhunderts bezeichnete der Terminus bestimmte Gruppen der bäuerlichen Bevölkerung. Erstmals in dem genannten Reskript wird *inquilinus* im Sinne eines abhängigen Bauern gebraucht, der in einer nicht näher bekannten Weise an sein Grundstück gebunden war. Seit Otto Seeck werden in den Inquilinen die angesiedelten »Barbaren« vermutet, die man ihrer Freizügigkeit beraubt hatte.[311] Diese Ansiedlungen haben nun für die Sozialgeschichte des Römischen Reiches große Bedeutung gewonnen, da sie einen Markstein bei der Ausgestaltung des Kolonats darstellten.

Bereits seit dem 2. vorchristlichen Jahrhundert spielten Kolonen als Bodenpächter in der Landwirtschaft eine große Rolle. Der Kolone war ein Pächter wirtschaftlich nutzbaren Bodens, dessen Eigentümer oder Besitzer er als juristisch gleichberechtigter Vertragspartner gegenübertrat. Er verpflichtete sich gegenüber dem Verpächter in einem individuellen privatrechtlichen Austauschvertrag oder durch die Anerkennung einer allgemeinen Pachtordnung zur Bearbeitung des gepachteten Landes. Die Pächter gehörten zur freien Bevölkerung, sie rekrutierten sich aus verarmten oder ruinierten Bauern, aus den nicht erbenden Bauernsöhnen, aus Grundeigentümern, die z. B. bei der Versorgung verabschiedeter Soldaten mit Land enteignet worden waren und auch aus Freigelassenen. Wesentlich an der Kolonenwirtschaft war das Vertragsverhältnis, das nach Ablauf einer bestimmten Frist, im Allgemeinen fünf Jahre, gelöst und natürlich auch erneuert werden konnte.

Bereits in der Mitte des 1. Jahrhunderts n. Chr. empfahl der Landwirtschaftsschriftsteller Columella, am einträglichsten sei ein Gut, das alteingesessene Pächter habe und sie durch lange Vertrautheit schon von der Wiege an festhalte. Natürlich lag dieser Zeit der Gedanke an eine juristisch fixierte Bodenbindung der Kolonen noch fern, doch ein in diese Richtung gehender Wunsch von Grundeigentümern war damit erstmals formuliert worden. Pächter, die vielleicht lebenslang auf einem Gut blieben, mussten mit ihm fest verwurzeln. Dabei konnte die Abhängigkeit vom Grundherrn in ganz anderer Weise zunehmen als bei einer kurzfristigen Bodenpacht. Im Laufe der Kaiserzeit verschlechterte sich die Situation vieler Kolonen. Pachtrückstände und Verschuldung konnten jetzt bereits zu einer faktischen Bodenbindung führen. Die sich oft über Generationen hinziehende Langzeitpacht auf den afrikanischen Domänen des Kaisers führten von einem Vertrags- zu einem immer stärker ausgeprägten Untertanenverhältnis. Bis zu dem erwähnten Reskript Mark Aurels blieb die Kolonenwirtschaft jedoch im Prinzip noch ein Vertragsverhältnis, bei dem die Freizügigkeit zumindest offiziell noch gewährleistet war. Das änderte sich in den siebziger Jahren des 2. Jahrhunderts. Erstmals kam es zu einer Bindung der Arbeitskräfte an das zu bearbeitende Land. Natürlich wurde mit den Germanen kein Vertrag mehr geschlossen. Indem Mark Aurel und seine Juristen Kriegsgefangene nicht mehr versklavten, sondern in einen kolonenähnlichen Status versetzten, gaben sie dem Kolonen als Arbeitskraft in der Landwirtschaft den Vorzug vor dem Sklaven. Zugleich erhielt die zum Kolonat tendierende Kolonenwirtschaft gewissermaßen ihre staatliche Sanktionierung.

Die von Mark Aurel den kriegsgefangenen »Barbaren« verordnete Bodenbindung wurde im 4. Jahrhundert auf die einheimischen Kolonen ausgedehnt. Die entscheidende Etappe von der Kolonenwirtschaft zum Kolonat war ein Edikt Kaiser Konstantins I. aus dem Jahre 332.[312] Bis zum Ende dieses Jahrhunderts erfuhr der Kolonat dann seine volle Ausbildung. Die in dieses System eingebundenen Bauern befanden sich durch die Bodenbindung in einem Zustand der Hörigkeit und wurden in verschiedener Hinsicht sogar mit Sklaven auf eine Stufe gestellt. Zum Sklaven selbst ist der Kolone jedoch niemals geworden, denn er war nicht das Eigentum seines Herrn, sondern dessen Rechte an ihm waren auf das Eigentum an dem Boden begründet, dem er zugehörig galt. Das Abhängigkeitsverhältnis war also nicht persönlich und direkt, sondern durch das Grundstück vermittelt.

Die generelle Bodenbindung der Kolonen war eine Folge der großen Krise des Römischen Reiches im 3. Jahrhundert und die ihr folgende Steuerreform Kaiser Diokletians. Durch die Schollenpflichtigkeit der abhängigen Bauern ließen sich die Einnahmen der Grundherren sicherstellen und durch die damit erzielten regelmäßigen Steuereinnahmen die Staatsfinanzen zumindest in gewissem Umfang sanieren. Die Leistungen der Kolonen waren in der Spätantike viel zu wichtig geworden, um sie – wie in den vorangegangenen Jahrhunderten – dem privaten Kräftespiel mit Verträgen zwischen Grundeigentümern und Pächtern zu überlassen. Diese Regelung nahm der Staat jetzt selbst in die Hand.[313]

Auf dem Wege von der Kolonenwirtschaft zum Kolonat bedeutete Mark Aurels Ansiedlungspolitik in den Markomannenkriegen somit einen wichtigen Schritt.

10 Markomannen und Quaden vom 3. bis 5. Jahrhundert

Die langen und verlustreichen Auseinandersetzungen mit den Römern unter Mark Aurel waren für die Markomannen der »Große Krieg«, der eine tiefe Zäsur in ihrer gesamten Stammesgeschichte bedeutete. Niemals danach sollte der Stamm seine frühere Stärke wiedererlangen.[314]

Commodus und Septimius Severus

Zum Friedensschluss des Commodus im Jahre 180 heißt es in einem der Dio-Exzerpte: »Den Markomannen fehlte es wegen der großen Zahl an Gefallenen und der dauernden Verwüstung ihrer Gebiete sowohl an Nahrung wie auch an Männern«.[315] Auf die harten Friedensbedingungen wie Auslieferung von Kriegsgefangenen, Waffen und Getreide, Stellung von Hilfstruppen, Verbot der Kriegsführung u. a., ist im vorigen Kapitel hingewiesen worden. Die Römer griffen auch nachdrücklich in das Stammesleben ein, wenn etwa Volksversammlungen nur in Gegenwart eines römischen Offiziers abgehalten werden durften.[316] Das war schon eine Form klientelartiger Abhängigkeit. Als ein Faktor, von dem eine Gefahr für die römische Donaugrenze ausging, waren die Markomannen damit für die voraussehbare Zukunft ausgeschaltet. Für die Römer hatte sich ihre langfristige Außenpolitik mit einer Mischung aus militärischer Intervention und geschickter Diplomatie, die alle bedeutenderen Machtkonzentrationen vor ihrer Grenze verhindern sollten, durchaus bewährt.[317] Von nun an wechselten längere Phasen der Abhängigkeit der Markomannen vom Römerreich mit relativ kurzen Phasen ab, in denen sich der Stamm aus dieser Abhängigkeit lösen wollte und Angriffe auf die römischen Provinzen unternahm, die aber niemals wirklich erfolgreich waren. Eine Folge davon war, dass wir den Stamm auch in den literarischen Quellen für längere Zeit nicht mehr erwähnt finden.

Ein informatives Zeugnis für die große Abhängigkeit von Teilen der germanischen Oberschicht von den Römern im Vorraum der Donaugrenze liefert eine Marmortafel aus Carnuntum. Sie ist die Ehrung für den verstorbenen Septimius Aistomodius, vorgenommen von seinen Brüdern Septimius Philippus und Septimius Heliodorus. Das Interessanteste an dieser Inschrift ist nun, dass der Verstorbene als *rex Germanorum*, als »König der Germanen« bezeichnet wird.[318] Er und seine Brüder tragen den Familiennamen Septimius, der alle drei als römische Bürger ausweist. Verliehen wurde ihnen das Bürgerrecht von Kaiser Septimius Severus (193–211), der nach dem Tode des Commodus eine neue Dynastie begründet hatte, die sich bis 235 an der Herrschaft halten konnte. Septimius Severus war in den Jahren 191 bis 193 Statthalter in der Provinz Oberpannonien gewesen und am 9. April 193 in Carnuntum zum Kaiser proklamiert worden. Wahrscheinlich ist er dabei von Aistomodius und seinen Brüdern unterstützt worden. Nach Lage der Dinge dürfte es sich bei den drei Germanen um Markomannen oder Quaden gehandelt haben. Für diese Deutung spricht eine Nachricht, der zufolge Septimius Severus im Jahre 193 Stämme nördlich der Provinz Pannonien zu seiner Unterstützung gewinnen konnte.[319] Aistomodius trägt einen latinisierten Namen, seine Brüder haben jedoch griechische Namen. Dieser Umstand weist neben Septimius Severus auf seine Frau Julia Domna hin. Sie stammte aus dem Geschlecht der Hohenpriester des Sonnengottes Baal von Emesa, dem heutigen Homs in Syrien. Einer der beiden Brüder, die den Grabstein gesetzt haben, hieß Heliodorus und Helios war die griechische Übersetzung des syrischen Sonnengottes Baal. So hatte dieser Germane einmal bei der Bürgerrechtsverleihung den Namen des Kaisers angenommen und zu Ehren der griechischsprachigen Familie der Kaiserin den Namen Heliodorus. Die enge Bindung dieser germanischen Adligen an Rom wird noch dadurch unterstrichen, dass der Grabstein auf römischem Territorium gefunden wurde. Aistomodius und seine Brüder müssen also zuletzt in Oberpannonien gelebt haben. Als Zeitpunkt bieten sich die Jahre nach 193 an. Die Bezeichnung »König der Germanen« wird man nicht auf die Goldwaage legen dürfen. In der auf eine Ehrung des Verstorbenen bedachten Inschrift kann es sich bei dem *rex* auch um die Aufwertung eines *regulus*, eines »Kleinkönigs« gehandelt haben, d. h. um den Anführer einer Stammesgruppe.

Die letzten Severer

Der Sohn des Septimius Severus und der Julia Domna, die auch *mater castrorum*, »Mutter des Heerlagers«, zu einer verbreiteten Titulatur für die Kaiserin gemacht hat, war der unter seinem Spitznamen bekannte Kaiser Caracalla. Während seiner kurzen Alleinherrschaft von 211 bis 217 hielt er sich im Jahre 214 an der Donaugrenze auf. Wohl in dieses Jahr gehört die Nachricht, der Kaiser habe die Freundschaft zwischen den Markomannen und den östlich von ihnen siedelnden Vandalen auseinandergebracht und beide Stämme gegeneinandergehetzt. Außerdem habe er den Quadenkönig Gaiobomarus anklagen und ermorden lassen.[320] Die Tat könnte die Reaktion auf einen Einfall nach Pannonien gewesen sein.[321] Es fällt auf, dass an dieser Stelle wieder ein König der Quaden namentlich genannt wird, mit Vannius ist es bereits der achte, im 4. Jahrhundert sollten noch weitere folgen. Bei den Markomannen ist Ballomarius im gesamten 2. Jahrhundert die einzige mit Eigennamen hervortretende Person, bei Aistomodius ist die Stammeszugehörigkeit ja unklar. Auch diese Beobachtung spricht für die gewonnene Bedeutung der Quaden gegenüber den Markomannen. Schon Commodus konnte 180 von den Quaden mehr Rekruten fordern als von den Markomannen.

Mit dem Jahre 229 endet die monumentale »Römische Geschichte« des Cassius Dio Cocceianus. Nach seinen eigenen Angaben hat er dafür 10 Jahre Material gesammelt und 12 Jahre an der Niederschrift gearbeitet. Ursprünglich reichte das Werk bis zum Tode des Septimius Severus 211, danach hat er es noch bis zu seinem eigenen zweiten Konsulat 229 fortgesetzt. Trotz gewisser Schwächen ist dieses Geschichtswerk von großem

Wert für die römisch-germanischen Beziehungen, selbst in den byzantinischen Auszügen und Exzerpten lässt sich noch viel Wichtiges finden. Unser ohnehin begrenztes Wissen über die Markomannenkriege wäre ohne Dios Werk noch sehr viel lückenhafter. Sein Tod um 235 bedeutet einen gravierenden Einschnitt in der Überlieferungsgeschichte zu den Markomannen und ihren Nachbarn.

Einen spürbaren Abfall in der historiographischen Qualität stellt das Werk von Dios jüngerem Zeitgenossen Herodian dar. Er stammte aus dem griechischsprachigen Osten des Reiches, stand im Staatsdienst und schrieb in dem Jahrzehnt nach 244 eine »Geschichte des Kaisertums nach Mark Aurel« über die Zeit von 180 bis 238. Das vollständig erhalten gebliebene, gefällig geschriebene Werk wandte sich an das Lesepublikum in den Städten der Ostprovinzen und trägt auf Unterhaltung bedachte belletristische Züge.[322]

Herodians Darstellung setzt mit Commodus' Alleinherrschaft ein. In einer Ansprache nach Mark Aurels Tod fordert er seine Soldaten auf, die Markomannenkriege zu einem siegreichen Abschluss zu bringen und Roms Herrschaft »bis zum Ozean« auszudehnen. Als der neue Kaiser dann aber doch von der Donaufront in die Hauptstadt zurückkehren wollte, soll ihn sein Schwager Claudius Pompeianus – er ist als Feldherr auf der Reliefplatte »Mark Aurel im Eichenwald« hinter dem Kaiser abgebildet (s. Abb. 13) – eindringlich ermahnt haben, den Krieg doch nicht unvollendet aufzugeben, sondern erst dann nach Hause zurückzukehren, wenn alle bekämpften Stämme unterworfen und »der nördliche Ozean« zur Reichsgrenze geworden sei.[323] Hierbei kann es sich nur um eine rhetorische Ausmalung der Expansionspläne handeln, die am Ende von Mark Aurels Regierung diskutiert wurden. Allerdings verließ Herodian dabei jeglicher Realitätssinn und er offenbarte auch seine eigene Unkenntnis von Mitteleuropa, wenn er die geplante Provinz *Marcomannia*, falls er davon überhaupt Kenntnis gehabt haben sollte, bis zur Ostsee reichen lässt.[324] Herodian scheint an dem Gedanken römischer Eroberungen »bis zum nördlichen Ozean« einen solchen Gefallen gefunden zu haben, dass er über 50 Jahre später dem Soldatenkaiser Maximinus Thrax noch einmal denselben Plan unterstellt, obwohl es dann nicht einmal mehr um eine begrenzte Erweiterung des Reichsgebietes gehen konnte, in der Zeit um 180 noch im Bereich des Möglichen gelegen hatte. Der Germanenfeldzug des Maximinus Thrax in den Jahren 235 und 236 könnte Markomannen und Quaden berührt haben, obwohl sie namentlich nicht erwähnt werden, und er ist durch neue, Aufsehen erregende archäologische Funde aus dem Jahre 2008 in die wissenschaftliche Diskussion geraten.

Als es unter Kaiser Severus Alexander (222–235), dem letzten Vertreter der Severerdynastie, erneut zu größeren Auseinandersetzungen mit den Persern kam, wurden wiederum militärische Verbände von Rhein und Donau abgezogen wie vor dem Ausbruch der Markomannenkriege. Die Folgen waren jetzt noch gravierender als damals. Bei den Einfällen der Jahre 231–233 durchbrachen Germanen den Obergermanisch-Rätischen Limes und stießen bis an den Rhein und über die Donau vor. Erstmals wurden Teile der langen Grenzbefestigung zerstört und das Hinterland des Limes erobert, auch Italien galt wieder als bedroht. Daraufhin brach Severus Alexander den Feldzug gegen die Perser ab und ließ bei Mainz ein großes Expeditionsheer gegen die Germanen sammeln. Bevor es zu dem beabsichtigten Feldzug gekommen ist, wurde er ermordet und ein Offizier aus dem Ritterstand, Maximinus Thrax, von 235 bis 238 der neue Herrscher. Er überschritt im Frühjahr 235 mit dem von seinem Vorgänger aufgebotenen Heer den Rhein. Neben den Legionen aus den Grenzprovinzen waren osrhoenische, armenische und maurische Verbände mit speziellen Kampftechniken aufgeboten worden. Offensichtlich wurden die verlorengegangenen rechtsrheinischen Gebiete zurückerobert und die römische Herrschaft wieder bis an den Limes ausgedehnt. Anschließend erfolgte ein Einfall in das nichtrömische Germanien. Bei einem großen Sumpfgebiet soll es zu einer für die Römer siegreichen Schlacht gekommen sein. Die von Herodian ausgemalte »Schlacht im Moor« lässt sich nicht lokalisieren, ja es kann nicht einmal ganz ausgeschlossen werden, dass es sich dabei nur um einen Topos handelt und der Schriftsteller sie nach ihm passend erscheinenden Feldzugberichten, z. B. bei Cassius Dio, konstruiert hat.[325]

Maximinus Thrax und die Schlacht am Harzhorn

Zum Verlauf des Heereszuges liegen nur zwei Angaben vor. Im Frühjahr 235 überschritt Maximinus Thrax den Rhein bei Mainz und im Herbst führte er seine Truppen nach Pannonien und nahm sein Winterquartier in dem bereits öfter erwähnten Sirmium. Es ist nicht einmal sicher, ob dies noch im gleichen Jahr geschehen ist oder erst 236. In diesem Jahr erfolgten Münzprägungen mit der Legende *VICTORIA GERMANICA* und die Annahme des Siegernamens *Germanicus maximus*. Aus den wenigen Angaben lässt sich auf eine Kriegsführung im Vorfeld des Limes und der Donaugrenze schließen. Auf dem Weg nach Pannonien dürften die Stammesgebiete der Markomannen und Quaden von Maximinus' Heer zumindest am Rande berührt worden sein. Zu der Frage, wie weit der erste Soldatenkaiser nach Germanien eingedrungen ist, trägt auch die *Historia Augusta* mit ihren vermeintlich genauen Zahlenangaben von 30–40 bzw. 300–400 Meilen nichts bei. Die Darstellung dieses Krieges in der Biographie des Maximinus stammt aus Herodian und ist zum Teil gekürzt, vor allem aber mit Übertreibungen und Erfindungen ausgeschmückt worden. Ein eigener Quellenwert kommt den Feststellungen der *Historia Augusta* leider nicht zu.[326]

Das wenig befriedigende Wissen um diesen Germanenfeldzug wurde im Jahre 2008 durch die Funde am Harzhorn wie durch einen Paukenschlag verändert. Am Vogelberg zwischen Kalefeld und Bad Gandersheim im niedersächsischen Kreis Northeim wurde ein römisch-germanisches Schlachtfeld entdeckt, das durch Münzfunde in das Jahr 235 oder 236 datiert werden kann. Die Beweise für einen römischen Feldzug in das Innere Germaniens mehr als 200 Jahre nach der Schlacht im Teutoburger Wald sind und bleiben eine Sensation!

Eine römische Truppe, die von einem Aufenthalt nördlich des Harzes kam, konnte am Harzhorn einen germanischen Überfall erfolgreich abwehren. Aus den zahlreichen Militaria-Funden, von denen Katapultbolzen, Pfeilspitzen und Sandalennägel am wichtigsten sind, lässt sich das Kampfgeschehen rekonstruieren. Die Römer setzten Torsionsgeschütze, die bereits ein Jahrhundert früher auf der Trajanssäule in Rom abgebildet worden sind, als Artillerie ein. Die Auswertung dieses Fundplatzes der

»Schlachtfeldarchäologie« ist vor wenigen Jahren mustergültig durch Günther Moosbauer erfolgt.[327] Er rekonstruiert den Weg der römischen Truppe, die am Harzhorn gekämpft hat. Danach zog diese Einheit von Mainz aus durch die Wetterau an die Werra bei Hedemünden, einem Römerlager der augusteischen Zeit, von dort in das Thüringer Becken und schließlich nach Norden bis in die Altmark. Dort verortet er die in der Literatur überlieferte »Schlacht im Moor«.[328] Auf dem Rückweg zogen die Römer am Harz vorbei nach Süden, gerieten in einen Hinterhalt der Germanen und errangen am Harzhorn einen Sieg über sie, bevor sie wieder in ihr Winterlager nach Mainz gekommen sind. Diese Route ist durchaus überzeugend. Allerdings bleibt die Frage, ob es sich bei dieser Truppenbewegung zum und vom Harzhorn um denjenigen Feldzug handelt, den Herodian im Auge hatte. Die vordringlichste Aufgabe des Maximinus Thrax musste es ja sein, das kurz zuvor von den Germanen eroberte rechtsrheinische Provinzgebiet zurückzugewinnen, den Obergermanisch-Rätischen Limes wiederherzustellen und ihn neu zu befestigen. Die Kriegsführung des Kaisers jenseits der Grenze dürfte sich daher im Vorfeld des Limes abgespielt haben, also im heutigen Süddeutschland. Das würde mit der Zielrichtung Donaugrenze und Sirmium übereinstimmen. Gegenüber dieser Hauptaufgabe einer Zurückgewinnung verlorener Provinzterritorien, die zweifellos vom Senat und von der römischen Öffentlichkeit von dem ersten Soldatenkaiser erwartet wurde, dürfte ein Rachefeldzug gegen Stämme in Mitteldeutschland, um diese für die Einfälle der Jahre 231 bis 233 zu bestrafen, von zweitrangiger Bedeutung gewesen sein. Bei dem großen Militäraufgebot, das 234/235 am Mittelrhein versammelt wurde, kann eine Heeresgruppe den von Moosbauer nachgezeichneten Zug nach Norden unternommen haben und auf dem Rückmarsch zum Harzhorn gekommen sein, während der Kaiser mit dem Hauptheer nach Südosten zog. Die antike Literatur hat nur von diesem Feldzug Kenntnis genommen – und selbst das nur sehr schemenhaft – und andere Operationen ignoriert. Auch in der augusteischen Zeit haben die Schriftsteller vorrangig diejenigen Kriegshandlungen dargestellt, die von Prinzen des Kaiserhauses geleitet wurden. Wolters vermutet, dass der Kaiser zuerst gegen die Germanen zog, wobei es zu der Schlacht am Harzhorn gekommen ist, und 236 weiter an die Donau.[329]

Die »vergessene Römerschlacht« zeigt, dass noch im krisengeschüttelten 3. Jahrhundert die Römer die Kraft hatten, weit hinter der Reichsgrenze tief im »Barbaricum« erfolgreich zu operieren. Eine völlig andere Deutung der Funde am Harzhorn bietet Steuer in seinem Handbuch. Er vermutet, dass die Ansammlung römischer Waffen auf dem Höhenrücken des Harzhorns gar nicht als die Reste eines Schlachtfeldes zu interpretieren sind, sondern vielmehr als ein Opferplatz für die Niederlegung andernorts gemachter Beute und vergleicht sie mit den Mooropferplätzen in Jütland. Da im 3. Jahrhundert viele Germanen mit römischen Waffen kämpften, sieht Steuer in den Funden keine überzeugenden Beweise für die Anwesenheit römischer Truppen und meint, der Opferplatz könne sich auch auf innergermanische Kämpfe beziehen.[330] Wenn dies zutreffen sollte, hätte es einen Feldzug unter Maximinus Thrax bis in das Innere Germaniens gar nicht gegeben und wir müssten uns weiterhin mit den vagen Angaben Herodians zu diesem Geschehen begnügen. Allerdings dürften der Einsatz von Torsionsgeschützen und vor allem die Funde von Sandalennägeln am Harzhorn nicht zu einer Deutung als Opferplatz passen.

Gallienus und die Markomannin Pipa

In den literarischen Quellen begegnen Markomannen und Quaden erst wieder in der Jahrhundertmitte. Nach mehreren Jahrzehnten offenbarer Ruhe an der mittleren Donau kam es im Jahre 254 zu einem germanischen Einfall nach Pannonien, nachdem dieser Grenzabschnitt durch den Abzug von Truppen dieses Mal im Zusammenhang mit innerrömischen Auseinandersetzungen geschwächt worden war. Seit 253 regierten Kaiser P. Licinius Valerianus und sein Sohn P. Licinius Egnatius Gallienus gemeinsam. Der Vater übernahm die Verteidigung der Ostgrenze gegen die Perser, der Sohn diejenige der Donaugrenze. Bei den Germanen, gegen die Gallienus zu Felde zog, handelte es sich um die Markomannen. Dies berichtet der frühbyzantinische Historiker Zosimos, ein Beamter aus Konstantinopel, der zwischen 498 und 518 eine »Neue Geschichte« in sechs Büchern ge-

schrieben hat, die bis zum Jahre 409 reicht und für das 3. und 4. Jahrhundert eine wichtige Quelle darstellt.[331]
Über die Auseinandersetzungen des Gallienus mit den Markomannen ist nicht viel bekannt.[332] Wahrscheinlich in diese Zeit gehört die Vereinbarung, offenbar ein Friedensvertrag, dieses Kaisers mit dem Markomannenkönig Attalus, der mit seiner Gefolgschaft auf Reichsterritorium in Oberpannonien angesiedelt wurde, um die dortige Grenzverteidigung zu verstärken. Die Geschichte wird in mehreren Quellen erwähnt. Der Name des Attalus taucht allein in dem Geschichtsabriss des Aurelius Victor auf, bei ihm ist er ein König der Germanen.[333] Sex. Aurelius Victor gelang der wahrscheinlich seltene soziale Aufstieg aus einfachen Verhältnissen in Nordafrika durch den Erwerb einer guten Bildung bis in den Senat und dort bis zu Spitzenpositionen, die im Allgemeinen der Aristokratie vorbehalten waren. In den Jahren 360/361 verfasste er eine kurze Kaisergeschichte von Augustus bis zu seiner eigenen Zeit, in der er zum ersten Mal die römische Kaiserzeit in Dynastien untergliederte, was eine bleibende Wirkung zeigen sollte. Sein Werk ist das älteste von vier erhalten gebliebenen Kurzfassungen der römischen Geschichte aus der zweiten Hälfte des 4. Jahrhunderts.[334]
Die von Aurelius Victor abhängige, aber auch andere Quellen verwertende *Epitome de Caesaribus* aus der Zeit um 395 präzisiert den Vertragspartner des Gallienus als König der Markomannen, nennt allerdings seinen Namen nicht. Dieses Werk behauptet zudem, der Kaiser habe einen Teil der Provinz Oberpannonien förmlich an diesen König abgetreten, was mit Sicherheit nicht stimmen kann.[335] Allerdings ist der Nachricht zu entnehmen, dass sich die Markomannen von ihrem ursprünglichen Siedlungsgebiet in Böhmen immer mehr in den Süden an und über die Donau orientierten. Das Interessante an diesem Vertrag war für die Autoren jedoch gar nicht das Abkommen an sich, sondern die damit verbundene Skandalgeschichte. Kaiser Gallienus soll die Tochter des Königs Attalus namens Pipa, zu der er in Liebe entbrannt gewesen sei, unter dem Schein der Ehe von ihrem Vater erhalten und zur Konkubine genommen haben. So lautet die ausführlichste Version in der *Epitome de Caesaribus*. Aurelius Victor spricht im Rahmen einer allgemeinen Verurteilung des Gallienus von dessen »schandbarer Liebe« (*amor flagitiosus*). In der *Historia Augusta* wird diese Bewertung mit der Behauptung übernommen, »Gallienus

frönte der Genusssucht, trieb sich in Kneipen umher und alterte durch die Liebe zu einem Barbarenweib« (*amor barbarae mulieris*).[336] In den Kaiserbiographien ist der Name der Königstochter Pipara statt Pipa. Die lateinischen Quellen stimmen in einer allgemeinen Verurteilung dieses Kaisers und einer generell gallienusfeindlichen Tendenz überein. Sie dürfte aus der verlorenen sogenannten »Enmannschen Kaisergeschichte« übernommen worden sein, einem Geschichtswerk aus der ersten Hälfte des 4. Jahrhunderts.[337] Die Frage ist, was sich hinter diesen Stimmen moralischer Entrüstung tatsächlich verbirgt. Es könnte sich um eine verzerrt dargestellte Geiselhaft der markomannischen Königstochter gehandelt haben oder um eine Heirat nach germanischem Brauch, nach römischem Recht sicher irrelevant, aber als symbolischer Akt für die Markomannen durchaus von Bedeutung. In diesem Falle würde die Bezeichnung als Konkubine sogar in gewisser Weise zutreffen.[338] Auch ist die Vermutung geäußert worden, Gallienus habe im Falle der Pipa die Sitte der germanischen Vielehe übernommen.[339]

In der Biographie des Gallienus in der *Historia Augusta* wird der Eindruck erweckt, Pipa habe als Geliebte des Kaisers beinahe gleichberechtigt neben dessen Ehefrau gestanden, was zweifelsohne allein der negativen Darstellung dieses Herrschers geschuldet ist. Tatsächlich ist seiner Frau Cornelia Salonina schon bald nach dem Regierungsantritt 254 der Augusta-Titel verliehen worden. Vor dem Jahre 260 wurde sie *mater castrorum* und *mater castrorum et senatus et patriae*, womit sie die höchste überhaupt mögliche Ehrung für eine Kaiserin erlangt hatte, weil damit das Fortleben der Dynastie gesichert zu sein schien. Wenn auch diese Ehrungen nichts über den tatsächlichen politischen Einfluss der Frau des Herrschers aussagen, so gibt es doch keine Anzeichen dafür, dass Pipa in irgendeiner Weise eine Konkurrentin gewesen wäre.[340]

Für die Deutung, die markomannische Prinzessin als Geisel zu betrachten, spricht ein Vorgang aus dem Jahre 271. Nach einem Sieg Kaiser Aurelians (270–275) über nach Pannonien eingefallene Vandalen lieferten die beiden Könige dieses Stammes im Zuge von Friedensverhandlungen ihre Kinder als Geiseln aus und diesem Beispiel folgten mehrere Adlige.[341] Die Stellung von Kindern germanischer Anführer als Geiseln bei Friedensverträgen mit den Römern war mithin in diesen Jahrzehnten nichts Ungewöhnliches.

10 Markomannen und Quaden vom 3. bis 5. Jahrhundert

Das Bemühen des Gallienus, Germanen auf diplomatischem Wege zu gewinnen, zeigt eine Maßnahme aus dem letzten Jahre seiner Regierung. In den Jahren 267 und 268 fielen die ostgermanischen Heruler in Griechenland ein. Nachdem Gallienus sie dort besiegt hatte, wurde ihr Anführer Naulobatus vom Kaiser mit den *ornamenta consularia* ausgezeichnet, den offiziellen Abzeichen eines römischen Konsuls, des formal immer noch höchsten Staatsamtes. Mit dieser bis dahin einmaligen Ehrung, die wahrscheinlich mit der Aufnahme als Offizier in die Armee verbunden war, wurden bereits die Weichen für die Entwicklung im 4. Jahrhundert gestellt, in dem germanische Adlige hohe Offiziere im römischen Heer werden sollten.[342]

Die Politik des Gallienus gegenüber den Markomannen war offensichtlich von Erfolg gekrönt. Für mehrere Jahrzehnte kam es zu keinen militärischen Konflikten mehr. Am Anfang der Regierung Diokletians im Jahre 286 wird vielmehr eine Truppe markomannischer Reiter, die *equites Marcomanni*, in der römischen Armee erwähnt; sie könnte auf den Friedensschluss des Gallienus zurückgehen. Dabei scheint es sich um eine echte Eliteeinheit und nicht um Hilfstruppen gehandelt zu haben. Eine Hilfstruppe war dagegen die in einem Papyrus bezeugte *Ala I Quadorum* in Ägypten.[343]

Wie auch immer die Beziehungen zwischen Kaiser Gallienus und der markomannischen Königstochter ausgesehen haben mögen, festzuhalten bleibt, dass kein römischer Kaiser in eine so enge Verbindung mit einer Person aus diesem Stamm getreten ist wie er. Gallienus war in der Zeit der Soldatenkaiser in verschiedener Hinsicht eine Ausnahmegestalt. Er regierte von 253 bis 268, länger als alle seine Vorgänger und Nachfolger. Die innen- und außenpolitische Krise des Reiches erreichte unter seiner Regierung ihren Höhepunkt. Tatkräftig verteidigte er die Grenzen an Rhein und Donau und besiegte mehrere Usurpatoren. Allerdings konnte er die zeitweilige Abspaltung von Provinzen in West und Ost wie auch erste territoriale Verluste des Reiches nicht verhindern. Durch eine Heeresreform schloss er die Senatoren zugunsten der Ritter vom Militärdienst aus und schuf so die Grundlage für die Wandlungen der spätrömischen Armee. Diese Innenpolitik brachte ihn in Gegensatz zum Senat, was sich in der negativen Darstellung der Geschichtsschreibung im lateinischsprachigen Westen zeigte. Die von seinem Vater angeordnete Christenverfolgung be-

Abb. 16: Kaiser Gallienus.

endete er. Als einziger Soldatenkaiser besaß er eine höhere Bildung, war ein Philhellene wie Mark Aurel und förderte die Philosophie des Neuplatonismus seines Freundes Plotin. Erst in neuerer Zeit sind alle Aspekte seiner Herrschaft genügend gewürdigt worden.[344]

Nach der Episode zwischen Gallienus und Pipa verschwinden die Markomannen wieder bis zum Ende des Jahrhunderts aus den literarischen Quellen. Einige Erwähnungen finden in der Zwischenzeit jedoch die Quaden. In die Regierungszeit des Gallienus fällt die Nachricht des Eutrop, Pannonien sei von Sarmaten und Quaden verheert worden.[345] Eutropius war der *magister memoriae*, der »Kanzleidirektor« des Kaisers Valens (364–378) und hat in seinem Auftrag eine kurz gefasste römische Geschichte von den Anfängen bis zum Jahre 364 verfasst. Das auf wichtige Ereignisse beschränkte, gut lesbare Büchlein erfreute sich außerordentlicher Beliebtheit, wurde noch zu Lebzeiten des Verfassers ins Griechische übersetzt, im Mittelalter zweimal fortgesetzt, nämlich im 8. Jahrhundert von Paulus Diaconus bis 553 und im 10./11. Jahrhundert von Landolfus Sagax bis zum Jahre 813, und bis in die Neuzeit als Schulbuch verwendet.[346]

Der quadisch-sarmatische Einfall nach Pannonien gehört in das Jahr 260, als der Usurpator Regalianus in Carnuntum herrschte. Er verteidigte sein Herrschaftsgebiet gegen die beiden Stämme, wurde jedoch noch im gleichen Jahr von Gallienus besiegt und ist gegen ihn gefallen.[347] Gallienus gelang es, die Donaugrenze für einige Zeit zu stabilisieren. Mit den Sarmaten sind wiederum die Jazygen gemeint, die schon seit dem Ende des 1. Jahrhunderts öfter gemeinsam mit den Quaden operierten.

Die Markomannen am Ende des 3. Jahrhunderts

Einen Wendepunkt in der Zeit der Soldatenkaiser bedeutete die Regierung des Kaisers Aurelian von 270 bis 275. Ihm gelang die Wiederherstellung der unter Gallienus verlorengegangenen Reichseinheit, indem er das Palmyrenische Teilreich im Osten und das Gallische Sonderreich im Westen wieder in das Imperium integrierte. In Kämpfen gegen Germanen bescheinigt die Biographie des Kaisers ihm für das Jahr 270 einen »glänzenden Sieg« (*florentissima victoria*) über Sueben und Sarmaten.[348] Mit den Sueben könnten die Quaden gemeint sein. Allerdings muss auch mit einem Irrtum der *Historia Augusta* gerechnet werden. Die griechischen Autoren Dexippos und Zosimos nennen nämlich die Vandalen als Gegner Aurelians und ihrer Darstellung ist der Vorzug vor der Nachricht in den Kaiserbiographien zu geben.[349] Ein ganz offensichtlicher Irrtum in der Aureliansbiographie ist die Behauptung, die Markomannen hätten 271 einen Einfall bis nach Mittelitalien unternommen. Hier sind sie mit den Alamannen verwechselt worden, von denen alle anderen Quellen sprechen.[350] Der germanische Vorstoß bis in den Apennin in Mittelitalien war übrigens der Anlass, mit dem Bau der »Aurelianischen Mauer« zu beginnen, der gewaltigen Befestigungsanlage um die Reichshauptstadt von 19 km Länge, die etwa ein Jahrzehnt später fertiggestellt wurde. Interessant an der Notiz in der *Historia Augusta* ist der überschwänglich gewordene Sprachgebrauch im Hinblick auf militärische Erfolge Aurelians, der einen bedeutenden Sieg über die Germanen errungen habe. Im Falle der Quaden hatte Gallienus erst 260 diesen Stamm besiegt und schon 13 Jahre nach Aurelian musste erneut gegen ihn gekämpft werden. Alle römischen Siege dieser Jahre waren relativ und hatten nur einen begrenzten Erfolg. Ebenso verhielt es sich mit den zahlreichen Akklamationen der Herrscher zum Imperator und mit der geradezu inflationären Verleihung von Siegernamen wie *Germanicus maximus*. Allein Gallienus hat 15 imperatorische Akklamationen und fünfmal den *Germanicus*-Namen angenommen.

Im Herbst 283 unternahm der letzte Soldatenkaiser Carinus (283–285) erneut einen erfolgreichen Feldzug gegen die Quaden. Der Ausgangspunkt war die pannonische Stadt Siscia, das heutige Sisak in Kroatien, wo auch die sich anschließende Siegesfeier stattfand. Sowohl der Feldzug wie auch der Triumph haben in den literarischen Quellen keine Erwähnung gefunden und können nur aus einer Münzemission erschlossen werden. Dabei kommt einem Medaillon mit der Legende *TRIVNFV QVADOR* (»Triumph über die Quaden«) die entscheidende Bedeutung zu.[351] Siscia an der Save war bereits im 1. Jahrhundert Legionsstandort und während der ganzen Kaiserzeit als Straßenknotenpunkt, Flusshafen und Münzstätte von Bedeutung.[352]

Ganz am Ende des 3. Jahrhunderts werden die Markomannen noch einmal genannt, um dann für ein Jahrhundert in der Literatur überhaupt zu verschwinden. Die Erwähnung erfolgt in denkbar knappster Form. Die Konsularfasten von Konstantinopel vermelden zum Jahre 299 lapidar, die Markomannen seien besiegt worden. Bestätigt wird die Angabe von Aurelius Victor doch ohne genaue Jahresangabe. Beide Quellen schreiben den militärischen Erfolg dem Kaiser Diokletian (284–305) zu, der zu diesem Zeitpunkt jedoch in den Ostprovinzen weilte. Tatsächlich hat aber sein Mitregent Galerius (293–311) in diesem Jahre Krieg gegen mehrere Stämme an der Donaugrenze geführt, weshalb der Sieg über die Markomannen ihm zugeschrieben werden muss.[353]

10 Markomannen und Quaden vom 3. bis 5. Jahrhundert

Nach dem Jahre 283 werden auch die Quaden lange nicht mehr erwähnt. Es sind die Jahrzehnte der von Diokletian geschaffenen Tetrarchie (293–311) und einer von Konstantin dem Großen errichteten neuen Dynastie (306–363), in der auch der Siegeszug des Christentums im Römischen Reich begonnen hat. Offenbar gab es in diesen Jahren keine erwähnenswerten Ereignisse an der mittleren Donau und außerdem fehlen für diese Zeit ins Detail gehende Darstellungen. Sie setzen erst wieder mit den erhaltenen Büchern des Ammianus Marcellinus im Jahre 353 ein. Allerdings geht es bei den Markomannen in Ammians Werk mit einer einzigen Ausnahme nur um Rückblicke auf die Zeit Mark Aurels. Aufschlussreich ist dagegen sein Werk für die Quaden im 4. Jahrhundert. Zum Jahre 357 heißt es bei ihm, »die Sueben waren in die rätischen Provinzen, die Quaden in die Provinz Valeria eingedrungen, und die Sarmaten, ein Volk, das sich wie kein anderes auf Räubereien versteht, verwüsteten Obermösien und Pannonia II«.[354] Mit dem Begriff »Sueben« bezeichnet Ammian hier die Juthungen, die spätestens seit 260 die römische Grenze beunruhigten, mit den »Sarmaten« die Jazygen in der Theiß-Ebene. Die seit zweieinhalb Jahrhunderten existierende Kooperation von Quaden und Jazygen ist an dieser Stelle um die Juthungen erweitert.

Bemerkenswert sind die neuen Bezeichnungen für römische Provinzen, die es seit Diokletians Reformen gab. Die Provinz *Pannonia inferior* der frühen Kaiserzeit wurde in zwei neue Provinzen aufgeteilt, *Valeria* im Norden mit dem Hauptort *Sopianae* (Pécs) und *Pannonia II* im Süden mit dem schon häufig genannten *Sirmium* (Sremska Mitrovica). Auch die Provinz *Raetia* erfuhr eine Teilung in *Raetia I* und *Raetia II* mit den Hauptorten *Curia* (Chur in Graubünden) und *Augusta Vindelicum* (Augsburg). Allein bei Obermösien verwendet Ammian noch die vordiokletianische Bezeichnung, im 4. Jahrhundert war es die Provinz *Moesia I*.

Constantius II. und die Donaugrenze

Kaiser Constantius II. (337–361), der dritte Sohn Konstantins des Großen, eilte auf die Nachricht von den Einfällen Ende 357 nach Sirmium und begann von dort aus im Frühjahr 358 einen neuen Krieg gegen Sarmaten und Quaden. Von der früheren, lange andauernden Verbindung der Quaden mit den Markomannen weiß Ammian schon nichts mehr, er kennt diese Germanen ausschließlich in einer Kampfgemeinschaft mit den Sarmaten. Vor Beginn des Feldzuges liefert der Schriftsteller einige Details zu den Quaden. Infolge ihrer Nachbarschaft und der Ähnlichkeit ihrer Sitten und Bewaffnung lebten sie in Eintracht mit den Sarmaten. Als Waffen dienten ihnen lange Speere und Panzer aus geglätteten und polierten Hornstücken, die wie ein Gefieder auf die leinene Bekleidung aufgenäht waren. Weiterhin betont er ihre schnellen und gut dressierten Pferde. Ganz offensichtlich waren die Quaden von den Sarmaten nachhaltig beeinflusst worden.[355] Die ältere Forschung hat daraus die Schlussfolgerung gezogen, dass sich die Quaden zu einem Reitervolk wie die Sarmaten entwickelt hätten. Das trifft jedoch nicht zu. Nach ihrer Einwanderung in die Donau-Theiß-Ebene hatten vielmehr die sarmatischen Stämme ihr Nomadentum aufgegeben und waren zu einem sesshaften Hirtenvolk geworden. Mit ihrer ursprünglichen Lebensweise als Nomaden hing jedoch die Tradition des Reiterkampfes zusammen, die von den Quaden übernommen wurde.[356] Zugleich dehnten die Quaden ihr Stammesgebiet von Mähren und der Slowakei nach Süden in das heutige Ungarn aus. Damit kam es auch zu einer größeren Distanz zu den Markomannen, was erklärt, dass Ammian von der engen Verbindung beider Stämme in früherer Zeit nichts mehr weiß.

Der sich anschließende Feldzugsbericht bietet weiterhin die stereotypen Schilderungen, wie sie aus den Markomannenkriegen bekannt sind. Als Kriegsschauplatz werden Landschaften in Ungarn östlich der Donau und am Donauknie genannt. In aller Ausführlichkeit schildert Ammian wieder Unterwerfungsszenen, wie sie auf dem Relief »Mark Aurel im Eichenwald« abgebildet sind (s. Abb. 13).[357] Am Ende des Feldzuges stand erneut die Wiederherstellung des früheren Abhängigkeitsverhältnisses, die Rückgabe von Gefangenen sowie die Geiselstellung von Söhnen der Könige und

Adligen. In diesem Zusammenhang werden bei den Quaden der König Viduarius, sein Sohn Vitrodorus und der Kleinkönig Agilimundus erwähnt, ohne dass Näheres über diese Personen berichtet wird. Die Aufzählung und der Ausdruck *Quadorum regna* (Königreiche der Quaden) haben zu der Vermutung geführt, dass es im 4. Jahrhundert eine »Vielherrschaft« von Gaufürsten an Stelle eines einheitlichen Königtums bei den Quaden gegeben habe. Dafür könnte auch sprechen, dass Ammian in seiner Wortwahl differenziert und neben *rex* (König) und *subregulus* (Kleinkönig) von *optimates* (Adligen) und *iudices* (Richtern), »die verschiedene Stämme regierten«, spricht.[358]

Valentinian I. und die Quaden

Kaiser Valentinian I. (364–375) begann bald nach seinem Regierungsantritt damit, an Rhein und Donau ein umfassendes System von Grenzbefestigungen anzulegen. Schon vorhandene Befestigungswerke wurden wiederhergestellt und neue angelegt, vor allem an Talöffnungen, Flussmündungen, Straßenübergängen, Brücken und Furten. Diese Maßnahmen dehnte er an der Donau auch nördlich des Stromes in das Gebiet der Quaden aus, die er offensichtlich als Untertanen betrachtete. Als deren König Gabinius bescheiden dagegen protestierte, lud ihn ein römischer Statthalter zu einem Gastmahl ein und ließ ihn dabei ermorden.[359] Im Sommer 374 brach daraufhin ein neuer Quadenkrieg aus, dem sich wiederum die Sarmaten anschlossen.[360] Als er im folgenden Jahr noch keinen Abschluss gefunden hatte, kam Kaiser Valentinian von seiner Residenz in Trier an die Donau und übernahm selbst die Kriegführung. Er residierte abwechselnd in Carnuntum, Aquincum (Budapest), Savaria (Szombathely) und Brigetio (Komárom). Zuerst unterwarfen sich die Sarmaten, danach auch die Quaden. Im Legionslager von Brigetio nahe dem Donauknie empfing der Kaiser am 17. November 375 eine quadische Gesandtschaft, die unterwürfig um Frieden und Vergebung ihrer Taten bat. Als sie zur Rechtfertigung ihres Verhaltens auf den Festungsbau der Römer in ihrem

Lande verwies, warf der Kaiser den Gesandten vor, sie hätten wohl die dem Stamm erwiesenen Vergünstigungen ganz vergessen und seien undankbar. Dabei steigerte sich Valentinian in einen Anfall von Jähzorn hinein, erlitt einen Schlaganfall und verstarb noch während der Audienz.[361]

Die Quaden erlitten in diesen Kämpfen wohl auch heftige Verluste, denn als Ammian anderthalb Jahrzehnte später die letzten Bücher seines Geschichtswerkes niederschrieb, meinte er, dieses Volk sei jetzt nicht mehr zu fürchten (*natio* [...] *parum nunc formidanda*), obwohl es früher einmal kriegerisch und mächtig (*bellatrix et potens*) gewesen sei. Dabei verweist er allerdings auf die lange zurückliegende Belagerung von Aquileia und die Zerstörung von Opitergium in den Markomannenkriegen.[362] Ammian sollte jedoch nicht recht behalten. Zwar ist es an der Donau nach dem Krieg Valentinians zu keinen größeren Auseinandersetzungen mehr gekommen, dafür wurden die Quaden jedoch an ganz anderer Stelle eine Bedrohung für das Imperium.

Mit der ausführlichen Schilderung der militärischen Ereignisse in den Jahren 357/358 und 374/375 enden die erzählenden Berichte auch über die Quaden in der spätantiken Literatur. Für die Markomannen war dies schon unter Kaiser Gallienus in der Mitte des 3. Jahrhunderts der Fall.

Zeit der ›Völkerwanderung‹

Nach dem Tode Valentinians I., bei dem die Quaden für einen Augenblick sogar eine Rolle in der Reichspolitik spielen konnten, gibt es nur noch einzelne Nachrichten sowohl zu den Markomannen wie zu den Quaden. Die letzte Erwähnung beider Stämme im Werk des Ammianus Marcellinus ist kein Rückblick auf die Kriege Mark Aurels, sondern ein zeitgenössischer Bezug auf den Beginn der von den Hunnen ausgelösten Völkerwanderung des 4. Jahrhunderts. Der Historiker schreibt: »Über das ganze Gebiet von den Markomannen und Quaden bis zum Schwarzen Meer sei eine Menge von Barbarenvölkern mit unvorhergesehener Gewalt aus ihren Wohnsitzen verdrängt worden und ziehe im Donaugebiet in einzelnen Banden mit ihren Familien umher«.³⁶³ Es ist der Blick auf das Vordringen der Hunnen, Reiternomaden unbekannter Herkunft, die vor allem als Bogenschützen gefürchtet waren, aus ihren bisherigen Wohnsitzen am Don bis in die Gebiete nördlich der unteren Donau und die Vertreibung von Teilen der Goten in die römischen Provinzen.³⁶⁴ Der Epochenbegriff ›Völkerwanderung‹ wurde erst von Humanisten des 16. Jahrhunderts geprägt. Umschrieben begegnet er bei Willibald Pirckheimer 1530 und als Terminus *gentium migrationes* bei Wolfgang Lazius 1557.³⁶⁵

Die Auswirkungen des Vorstoßes der Hunnen und der Einfall der Westgoten in das Imperium führten im Jahre 378 zur Schlacht von Adrianopel, in der die Römer eine vernichtende Niederlage erlitten. In einem Brief aus dem Jahre 395 beklagt der Kirchenvater Hieronymus (347–420) die Verwüstungen in den Donauprovinzen der letzten 20 Jahre. Dabei nennt er Goten, Sarmaten, Quaden, Alanen, Hunnen, Vandalen und Markomannen als die Räuber und Plünderer. Markomannen und Quaden könnten, bedrängt von den Hunnen, an den Einbrüchen nach Noricum, Pannonien und Dalmatien beteiligt gewesen sein, die für die Jahre 394/395 bezeugt sind, ohne dass die Stammesnamen allerdings explizit erwähnt werden.³⁶⁶ Die in ergreifenden Worten gehaltene Schilderung des gelehrten Geistlichen schließt mit einem Vers aus der *Aeneis* des Vergil: *ubique luctus, ubique gemitus et plurima mortis imago*, »überall Trauer, überall Seufzen, ein grausiges Bild des Todes«. Es folgt die bittere Feststellung: *Romanus orbis ruit*, »das Römische Reich bricht zusammen«.³⁶⁷

Die letzte etwas ausführlichere Nachricht über die Markomannen ist die Bekehrung der Königin Fritigil zum Christentum: Paulinus von Mailand war der Sekretär des bekannten Kirchenvaters Ambrosius, der von 374 bis 397 Bischof von Mailand und zugleich einer der einflussreichsten Politiker seiner Zeit. Um das Jahr 422 verfasste Paulinus eine Lebensbeschreibung seines Bischofs, in der sich noch einmal ein Detail zu den Markomannen findet. Ein Christ aus Italien bekehrte um 395/396 die Markomannenkönigin Fritigil. Sie schickte Geschenke an die Kirche von Mailand und bat Bischof Ambrosius um die Unterweisung in dem neuen Glauben. Der Kirchenvater verfasste daraufhin eine Art Katechismus für sie und ermahnte sie außerdem, ihrem Gatten zum Frieden mit den Römern zu raten. Nach Erhalt der Nachricht soll die Königin ihrem Mann auch den Rat gegeben haben, sich mit seinem Stamm den Römern anzuvertrauen (*populo suo se Romanis traderet*). Fritigil unternahm eine Pilgerreise nach Mailand, erreichte dort aber den kurz zuvor am 4. April 397 verstorbenen Ambrosius nicht mehr.[368] Die Episode ist ein schönes Beispiel für die enge Verbindung der christlichen Missionierung mit der römischen Außenpolitik. Die Ermahnung des Bischofs spricht dafür, dass sich die Markomannen zuvor feindlich verhalten hatten, was mit den erwähnten Einfällen von 394/395 zusammenhängen dürfte. Mit der Einführung des Christentums sollten sie in das früher bestehende Abhängigkeitsverhältnis zurückgebracht werden. Ambrosius dürfte damit völlig mit der Politik Stilichos, des vandalischen Reichsfeldherrn dieser Jahre und Vormund des jugendlichen Kaisers Honorius, übereingestimmt haben. Ob die Missionierung Fritigils sich nur auf ihre Person und vielleicht auf die markomannische Königsfamilie bezogen hat oder ob damit eine Christianisierung des ganzen Stammes verbunden war, lässt sich nicht mehr feststellen. Die Christianisierung der Germanen hatte in den Balkanprovinzen bereits in der Mitte des 4. Jahrhunderts mit der Bibelübersetzung ins Gotische durch Bischof Ulfila (um 311–382/383) begonnen.

Nach der Bekehrung der Fritigil gibt es nur noch Nachrichtensplitter zu unseren Stämmen. Der Friedensschluss in der Mitte der neunziger Jahre des 4. Jahrhunderts war wahrscheinlich mit einer neuen Ansiedlung von Markomannen in Pannonien und Noricum verbunden und scheint für längere Zeit gehalten zu haben. Aus der *Notitia Dignitatum*, dem Staatshandbuch des spätrömischen Reiches aus dem frühen 5. Jahrhundert, erfahren wir, dass in der pannonischen Provinz *Valeria* ein *tribunus gentis Marcomannorum*, ein römischer Offizier, an der Spitze von als Verbündete angesiedelten Angehörigen dieses Stammes stand.[369] Derselben Quelle ist zu entnehmen, dass markomannische Hilfstruppen in diesen Jahrzehnten sowohl in Italien wie auch in Afrika im römischen Heer dienten.[370]

Die Geschichte der Quaden im Donauraum fand in den ersten Jahren des 5. Jahrhunderts in ihrer bisherigen Form ihr Ende. Unter dem Druck der bis in die Ungarische Tiefebene vorgedrungenen Hunnen wanderte ein Teil der Quaden aus. Sie schlossen sich den Vandalen und Alanen an, die ebenfalls vor den Hunnen flüchteten, und zogen mit ihnen gemeinsam nach Westen. An der Jahreswende 406/407, angeblich in der Silvesternacht, überschritten sie den Rhein zwischen Mainz und Worms und fielen in das

10 Markomannen und Quaden vom 3. bis 5. Jahrhundert

Abb. 17: Heermeister Stilicho, Elfenbeindiptychon des Eucherius, Sohn des Stilicho.

römische Gallien ein. Wenige Jahre vorher, 401/402, hatte der Heermeister Stilicho den Abzug der Truppen von der Rheingrenze zum Schutz Italiens veranlasst und dadurch eine für diese Invasion günstige Situation für die Germanen geschaffen. Den Quaden, Vandalen und Alanen schlossen sich noch andere Stämme bzw. Stammesteile an, genannt werden Sarmaten, Gepiden, Heruler, Sachsen, Burgunder und Alamannen. Die Quaden werden in den Quellen des 5. Jahrhunderts meistens Sueben genannt. Mischa Meier hat vor kurzem die Vermutung geäußert, dass die nach Gallien ausgewanderten Sueben sowohl aus den Quaden wie auch aus den mitteldanubischen Markomannen hervorgegangen seien, die beide den alten, traditionsreichen Namen der Sueben angenommen hätten.[371]

Wiederum ist es der Kirchenvater Hieronymus, der in einem seiner Briefe über Plünderungen und Zerstörungen in Mainz, Worms, Speyer, Straßburg und anderen Römerstädten beredte Klage führt.[372] Der Einfall nach Gallien ist von den Zeitgenossen wie auch von späteren Literaten aufmerksam registriert worden, von Hieronymus, Orosius, Prosper Tiro, der allein das genaue Datum angibt, und von Salvian von Massilia ebenso wie noch von Zosimos im 6. Jahrhundert.[373] Die Aufmerksamkeit war mehr als berechtigt, endete doch in diesen Jahren die einst von Caesar begründete Römerherrschaft zwischen Atlantik, Pyrenäen, Ärmelkanal und Rhein. In Gallien teilten sich die Invasoren. Alamannen und Burgunder blieben dort, Sueben, Vandalen und Alanen zogen über die Pyrenäen nach Spanien. Zum Jahre 409 vermerkt die *Chronica Gallica*: »Den größten Teil Spaniens besetzten die Sueben«. Hydatius, der die Chronik des Hieronymus fortsetzte, präzisiert diese Nachricht dahingehend, dass die Sueben 411 den Westen der Iberischen Halbinsel an der Atlantikküste in Besitz nahmen.[374] Hier im heutigen Portugal und Nordwesten Spaniens errichteten die von der Donau abgewanderten Quaden und wohl auch ein Teil der Markomannen ein Suebenreich, das immerhin über 150 Jahre Bestand hatte, bis 585.[375]

Die an der Donau zurückgebliebenen Quaden gerieten unter die Herrschaft der Hunnen und nach dem Zerfall des Hunnenreiches in der Mitte des 5. Jahrhunderts unter die der Ostgoten. Die Hunnen spielten auch für die Markomannen in ihrer letzten Phase eine entscheidende Rolle. Die letzte Nachricht über diesen Stamm unter seinem alten Namen findet sich zum Jahr 451. In der berühmten »Völkerschlacht« auf den

10 Markomannen und Quaden vom 3. bis 5. Jahrhundert

Katalaunischen Feldern zwischen Châlons und Troyes in Frankreich, in der der Hunnenkönig Attila (434–453) auf den römischen Heermeister Aëtius traf und beide Seiten mit starker germanischer Unterstützung kämpften, werden im Heer des Hunnenkönigs auch Markomannen und Quaden genannt.[376] Die Quaden dürften bald nach 406 unter die hunnische Herrschaft gekommen sein und die Markomannen spätestens 433, als die pannonischen Provinzen an die Hunnen abgetreten wurden. Zu diesem Zeitpunkt müssen auch die auf Reichsterritorium angesiedelten Markomannen von der römischen unter die hunnische Oberhoheit gekommen sein. Über das mögliche Schicksal der Markomannen nach der »Völkerschlacht« von 451 sollen im abschließenden Kapitel einige Überlegungen angestellt werden.

11 Bruch oder Kontinuität? Thüringer und Baiovaren

Zum Abschluss dieser Betrachtung der Markomannen und ihrer Nachbarn soll in den beiden folgenden Kapiteln noch der Frage nachgegangen werden, was am Ende der Antike aus diesen Stämmen geworden ist. Bevor die Frage über den Verbleib der Markomannen gestellt wird, soll es noch einmal um die Hermunduren gehen, die ja im 1. Jahrhundert zeitweise sehr eng mit den Markomannen verbunden gewesen sind. In den literarischen Quellen werden die Hermunduren unter diesem Namen, wie erwähnt, letztmals zu Ereignissen in den Markomannenkriegen in der *Historia Augusta* genannt. Das verbindet sie mit den Semnonen, die fast zur gleichen Zeit von Cassius Dio abschließend erwähnt werden. Bei ihnen wissen wir seit der Entdeckung des Augsburger Siegesaltars im Jahre 1992, dass ein Teil von ihnen zu dem neuen Stamm der Juthungen geworden ist. Ein weiterer Teil hatte an der Ethnogenese der Alamannen einen gewichtigen Anteil.[377] Der verbliebene Teil der Bevölkerung im Havel-Spree-Gebiet geriet im 6. Jahrhundert unter den Einfluss einwandernder Slawen und ist von diesen allmählich assimiliert worden.[378]

Hermunduren und Thüringer

Bei den Hermunduren schweigen die schriftlichen Quellen nach der Zeit Mark Aurels. Im Kapitel 6 ist die Vermutung geäußert worden, dass der »Fürst von Gommern« um das Jahr 250 und die »Töpfer von Haarhausen«

in der Zeit von 260 bis 290 zu den Hermunduren gehörten bzw. in deren Gebiet lebten.

In den Jahrzehnten um 400 tauchen dann im früheren Siedlungsgebiet der Hermunduren die *Toringi* auf. Ihre Ersterwähnung erfolgt eher beiläufig. P. (Flavius) Vegetius Renatus, der als *vir illustris* und *comes* ein hoher Beamter am römischen Kaiserhof war, schrieb neben einem Abriss des Kriegswesens ein Handbuch der Tiermedizin, die *Digesta artis mulomedicinae*, genaugenommen der »Maultierheilkunde«. Seine schriftstellerische Tätigkeit lässt sich auf die Jahre nach 383 und vor 450 eingrenzen. In der »Tierheilkunde« vergleicht er Pferderassen verschiedener Völker innerhalb und außerhalb des Römischen Reiches unter dem Aspekt ihrer Verwendungsfähigkeit im Krieg. Den Pferden der Hunnen räumt er mit Abstand den ersten Platz ein, weil sie leistungsfähig und geduldig wie keine anderen Rassen Kälte und Hunger ertragen könnten. Auf die hunnischen Pferde folgen im Ertragen von Strapazen die Pferde der Thüringer und der Burgunder, an weiteren Stellen diejenigen aus den römischen Provinzen Phrygien, Epirus und Dalmatien.[379]

Vegetius Renatus hat sein Handbuch der Tierheilkunde wie auch seinen Abriss des Kriegswesens weitgehend aus älteren Quellen zusammengestellt. In der genannten Passage musste er sich allerdings auf zeitgenössische Erfahrungen stützen, denn eine Kenntnis hunnischer Pferde ist für einen römischen Schriftsteller nicht vor den siebziger Jahren des 4. Jahrhunderts denkbar. Der Vergleich mit den Hunnenpferden weist auch die hier erstmals genannten Thüringer auf die beiden letzten Jahrzehnte des 4. oder den Anfang des 5. Jahrhunderts. Da Vegetius das Adjektiv »thüringisch« ohne eine weitere Erklärung gebraucht, scheint der Stammesname zu seiner Zeit nicht mehr völlig neu gewesen zu sein. Die Römer dürften ihn seit der Mitte des 4. Jahrhunderts gekannt haben, weshalb man die Entstehung des Namens in der ersten Jahrhunderthälfte vermuten kann. Das Wissen um die thüringischen Pferde lässt sich wahrscheinlich damit erklären, dass Angehörige dieses Stammes als berittene Söldner im römischen Heer dienten. Sie würden damit in der Tradition derjenigen mitteldeutschen Germanen stehen, denen die Gräber von Hassleben und Leuna aus der Mitte des 3. Jahrhunderts mit ihrem reichen römischen Fundgut zugeordnet werden wie auch der »Fürst von Gommern«. Die Thüringer blieben lange Zeit für ihre Pferdezucht berühmt. Zu Anfang des

6. Jahrhunderts schenkte ihr König dem Ostgotenherrscher Theoderich in Italien »silberglänzende Pferde« und in der Mitte desselben Jahrhunderts erwähnt Jordanes die »ausgezeichneten Pferde« der Thüringer.[380] Erfreulicherweise finden diese Nachrichten spätantiker Schriftsteller ihre Bestätigung durch archäologische Funde. Über 50 Reiter- und Pferdegräber zwischen Thüringer Wald und Elbe zeigen, dass Pferdebestattungen ein charakteristisches Merkmal der thüringischen Grabsitte waren.[381]

Geht die erste Nennung der Thüringer wohl allein auf Stammesangehörige zurück, die sich in römische Dienste stellten, so zielt die zweite Erwähnung auf das Verhalten des ganzen Stammes. Der gallische Aristokrat Sidonius Apollinaris verfasste im Jahre 456 ein Preisgedicht auf den nur kurz regierenden Kaiser Flavius Eparchius Avitus (455–456), in dem er auf den großen Einfall der Hunnen unter der Führung ihres Königs Attila nach Gallien zu sprechen kommt. Unter den zahlreichen Stämmen, die in der Schlacht auf den Katalaunischen Feldern 451 dem Hunnenkönig Heerfolge leisten mussten, findet man auch den Thüringer, den *Toringus*.[382] Die Nachricht gestattet die Schlussfolgerung, dass die Thüringer in der ersten Hälfte des 5. Jahrhunderts unter die Botmäßigkeit der Hunnen gekommen waren, deren Kerngebiet die Ungarische Tiefebene war. Ins römische Blickfeld gelangten sie jedoch bezeichnenderweise erst nach dem Überschreiten der Reichsgrenze.

Die Thüringer siedelten offenbar im Stammesgebiet der mitteldeutschen Hermunduren. Die archäologischen Befunde scheinen für eine Siedlungskontinuität vom 2. bis zum 4. Jahrhundert zu sprechen.[383] Diese lange vorherrschende und zuletzt besonders von Berthold Schmidt pointiert vertretene Ansicht hat Jan Bemmann modifiziert und für die Zeit um 450 einen tiefgreifenden Kulturwandel postuliert.[384] Ebenfalls bis in die jüngste Zeit wurde die von Kaspar Zeuß 1837 aufgestellte These akzeptiert, dass die Hermunduren zwischen 200 und 400 ihren Namen abgelegt und den neuen der Thüringer angenommen hätten.[385] Erst in den letzten Jahren wird sie ernsthaft in Frage gestellt.[386]

Wenn die Thüringer die direkten Nachfahren der Hermunduren gewesen wären, dürfte ihr Name aus dem zweiten Bestandteil des alten Namens (-duren) entstanden sein. Gerade dies wird heute jedoch bestritten. Wolfgang Haubrichs sprach sich auf einer Tagung über die Frühzeit der Thüringer in Jena 2006 aus sprachwissenschaftlicher Sicht gegen einen

11 Bruch oder Kontinuität? Thüringer und Baiovaren

Zusammenhang von Hermunduren und Thüringern aus und deutete den neuen Namen als »die Starken«. Unter historischem Aspekt wandte sich Matthias Springer auf derselben Konferenz mit Nachdruck gegen die Gleichsetzung der beiden Stämme.[387]

Die Alternative zur Siedlungskontinuität wäre eine Zuwanderung, die zur Neubildung eines Stammes oder eines Stammesverbandes geführt haben müsste. Auf eine Zuwanderung von Stammesteilen weiter nördlich wohnender Germanen, von Angeln und Warnen, weisen die Landschaftsbezeichnungen Engilin südlich der Unstrut und Werinofeld zwischen Saale und Mulde hin ebenso wie die allerdings erst unter Karl dem Großen 802/803 erfolgte Fixierung des thüringischen Rechts unter dem Titel *Lex Angliorum et Verinorum hoc est Thuringorum*: »Gesetz der Angeln und Warnen, das heißt der Thüringer«.[388] Strittig ist allerdings die Zeit dieser Einwanderung. Wenn sie im 3. oder 4. Jahrhundert erfolgt wäre, hätte sie gravierende Auswirkungen auf die Stammesbildung gehabt, was nicht der Fall wäre, wenn sie sich erst im 6. Jahrhundert ereignet hätte. Jüngst hat Mischa Meier in Erwägung gezogen, dass der Name der Thüringer möglicherweise eine Sammelbezeichnung für Angehörige unterschiedlicher Gruppen wie Warnen, Heruler und Angeln darstellt.[389]

Mithin sind es drei Stämme, die für die Entstehung der Thüringer in Anspruch genommen werden. Die Angeln werden bei Tacitus zusammen mit anderen Stämmen als ein die Göttin Nerthus verehrendes germanisches Volk in Schleswig-Hostein genannt. Dagegen verortet Ptolemaios ein halbes Jahrhundert später ihre Wohnsitze östlich der Langobarden bis zum Mittellauf der Elbe. Bei dieser Nachricht dürfte es sich um eine Information über die Südwanderung eines Teils der Angeln handeln, die zur Bildung des Thüringerreiches geführt haben könnte.[390] Von den in Schleswig-Holstein verbliebenen Angeln eroberte bekanntlich ein Teil zusammen mit Sachsen und Jüten im 5. Jahrhundert die britische Insel. Zu den die Nerthus verehrenden Stämmen gehörten auch die Warnen, den Angeln benachbart, wohl im heutigen Mecklenburg. Auf ihre Südwanderung beziehen sich wahrscheinlich die Angaben zum Werinofeld und jene im Thüringer-Gesetz.[391] Eine höchst bewegte Geschichte hatten die ostgermanischen Heruler angeblich aus Skandinavien, die im 3. Jahrhundert im Römischen Reich bis nach Athen und auf die Peloponnes vordrangen und später erst den Ostgoten und dann den Hunnen untertan waren. Im

5. Jahrhundert errichteten sie ein kurzlebiges Reich im Donauraum, das um 510 von den Langobarden zerstört wurde. Ein Teil des Stammes wanderte daraufhin angeblich in die skandinavische Heimat zurück und kam dabei durch das Gebiet der Warnen. Teile der Heruler könnten bei ihnen verblieben sein und an der Bildung des Thüringerreiches mitgewirkt haben.[392] Auf eine Verbindung zwischen Thüringern, Herulern und Warnen deutet ein Schreiben Theoderichs des Großen aus dem Jahre 507 hin. Der Ostgotenkönig suchte Verbündete gegen die Franken, die zu dieser Zeit die Westgoten bedrohten. Deshalb verfasste er gleichlautende Schreiben an die Könige der Heruler, der Warnen und der Thüringer, deren Namen allerdings nicht genannt werden. Nur eine Vermutung ist, dass mit den Königen Herminafrid für die Thüringer und seine Brüder Baderich für die Warnen und Berthachar für die Heruler gemeint seien. Falls dies zutrifft, spräche es dafür, dass die Thüringer in Teilreichen organisiert waren.[393]

Angeln, Warnen und Heruler scheinen also an der Entstehung der Thüringer beteiligt gewesen zu sein. Ungeklärt bleibt die Frage, ob und wieweit die Hermunduren dabei eine Rolle gespielt haben bzw., falls nicht, was denn aus ihnen geworden ist. Die Problematik um die Herkunft der Thüringer wird die Wissenschaft wohl auch noch weiterhin beschäftigen. Ausführlichere Nachrichten über die Thüringer liegen erst für die Zeit nach dem Ende des Weströmischen Reiches vor. Nach der ältesten Kunde über ihre Pferde und der zweiten Nachricht über die Botmäßigkeit des Stammes unter dem mächtigen Hunnenkönig Attila zeigt erst die dritte Erwähnung die Thüringer aktiv und nunmehr auch aggressiv auf dem Weg zu einer zeitweiligen Großmacht. Um das Jahr 480 plünderten sie die römische Grenzstadt Passau in der ehemaligen Provinz Rätien und bedrohten Lauriacum, Lorch, im ehemaligen Noricum.[394] Offensichtlich war der Stamm nach dem Zerfall des Hunnenreiches in der Mitte des 5. Jahrhunderts nicht nur selbständig geworden, sondern auch schnell auf eine Ausdehnung seiner Macht bedacht. Der Vorstoß bis an die römische Donaugrenze erinnert an Tacitus, der für das 1. Jahrhundert den Handel der Süd-Hermunduren mit den Römern in Augsburg oder Kempten bezeugt. Aus den friedlichen Beziehungen der frühen Kaiserzeit waren bei den Thüringern kriegerische Raubzüge geworden.

Odoaker – ein Thüringer?

In die Jahre um das Ende des Weströmischen Reiches führt eine Notiz des Rhetors Malchos von Philadelphia zu einem »Germanen im römischen Dienst«. Malchos schrieb eine »Byzantinische Geschichte« über die Zeit von 473 bis 480. Darin erwähnt er den germanischen Adligen Onoulf, der väterlicherseits von den Thüringern und mütterlicherseits von den ostgermanischen Skiren abstamme.[395] Onoulf, die griechische Form des Namens Hunwulf oder Aunwulf, muss in den dreißiger Jahren des 5. Jahrhunderts geboren worden sein. Die Herkunftsbezeichnungen seiner Eltern weisen auf den Einflussbereich der Hunnen hin, denen beide Stämme damals untertan waren, und speziell auf den Hof Attilas, wo genügend Gelegenheit zum Kontakt zwischen vornehmen Thüringern und Skiren bestand. Nach dem Zerfall des Hunnenreiches übernahm Onoulf mit seinem Vater Edika die Führung des Skirenstammes. Später ging er nach Konstantinopel und trat in oströmische Dienste. Als Heermeister war er von 477 bis 479 einer der »Generale« des Oströmischen Reiches. Vor dem Jahre 486 ging er zu Odoaker nach Italien, besiegte als dessen Feldherr 487/488 die Rugier im heutigen Niederösterreich und wurde 493 in Odoakers Sturz hineingezogen und ermordet.[396]

Brisanz gewinnt die Nachricht des frühbyzantinischen Rhetors über die Herkunft Onoulfs dadurch, dass er der Bruder des berühmten Odoakers war, der 476 den letzten weströmischen Kaiser Romulus Augustulus abgesetzt hatte, was allgemein als das Ende des Weströmischen Reiches angesehen wird. Allerdings steht Malchos mit seiner Herkunftsangabe allein. Johannes Antiochenus nennt Odoaker, seinen Vater Edika und auch Onoulf nur Skiren und weiß nichts von einem thüringischen Elternteil.[397] Bei anderen Autoren wird Odoaker als Rugier, Heruler, Gote und sogar als Hunne bezeichnet.[398] Diese Verwirrung in den Quellen dürfte zwei Ursachen haben: Bei seinem Aufstand 476 stand Odoaker an der Spitze eines multiethnisch zusammengesetzten Germanenheeres, in dem die meisten Stämme vertreten waren, die für seine Herkunft in Anspruch genommen werden. Zum anderen stammte die Familie Odoakers und Onoulfs eben aus dem Umkreis des Attila-Hofes. Die enge Bindung der westgermanischen Thüringer und der ostgermanischen Skiren an die Hunnen dürfte es objektiv Griechen und Römern schwer gemacht haben, die Herkunft von Personen aus diesem Kreis zu erkennen.³⁹⁹ Wie eng die Verbindung zwischen Hunnen und Thüringern in dieser Zeit gewesen ist, lässt sich daran erkennen, dass der mitteldeutsche Stamm die Sitte der Schädeldeformation an Kleinkindern übernommen hat. Diese (Un-)Sitte der künstlichen Deformierung des Schädels zu einem »Turmschädel« bei Frauen begann schon im Säuglingsalter durch Umschnürung des Kopfes mit Binden. Das vermeintliche Schönheitsideal kommt ausschließlich bei den Stämmen vor, die Kontakt zu den Hunnen hatten oder zu ihrem Einflussbereich gehörten, bei Thüringern, Ostgoten, Gepiden und Burgundern. Die im Gebiet der Thüringer gefundenen 22 künstlich deformierten Schädel machen etwa 10 % des Gesamtvorkommens aus und stellen eine einmalige Konzentration auf dem Territorium des späteren Deutschlands dar.⁴⁰⁰

Von der Herkunftsangabe für Odoaker haben die skirische des Johannes Antiochenus und die thüringisch-skirische des Malchos das größte Gewicht. Der letzteren maß Alexander Demandt in seinem Handbuch zur Spätantike die entscheidende Bedeutung bei, nachdem schon Bruce Macbain 1983 und Helmut Castritius 1984 sich diese Deutung zu eigen gemacht hatten.⁴⁰¹ Sie ist auf der Jenaer Thüringen-Konferenz von Wolfram Brandes mit Nachdruck überzeugend begründet worden.⁴⁰²

Neben der allgemeinen Überlegung, dass das Zitat bei Malchos die kompliziertere Version für die Herkunft bietet als Johannes Antiochenus geben die bei Iordanes genannten *T(h)orcilingi*, als deren König Odoaker bezeichnet wird, einen weiteren Anhaltspunkt. Der romanisierte Gote Jordanes verfasste 551/552 in Konstantinopel sowohl eine aus verschiedenen Quellen kompilierte »Römische Geschichte« wie auch eine »Geschichte der Goten«, die auf einem verlorenen umfangreichen Werk Cassiodors beruht.⁴⁰³ Der im Jahre 433 geborene Odoaker trat wie sein Bruder Onoulf in römische Dienste, wurde um 470 kaiserlicher Leibwächter und unterstützte den Reichsfeldherrn Rikimer. Im August 476 wurde er von verschiedenen germanischen Gruppierungen zum König in Italien erhoben, was am 4. September dieses Jahres zur Absetzung des Kaisers Romulus Augustulus in Ravenna führte. Von allen Quellen, die über dieses wichtige Ereignis berichten, das jedoch erst im Rückblick als ein wirklich epochemachendes erkannt worden ist, kennt nur Jordanes die *T(h)orcilingi*, die er neben Skiren und Herulern als die treibende Kraft bei Odoakers Erhebung aufführt.[404] Der ansonsten unbekannte Name der *T(h)orcilingi* wird entweder als ein kleiner ostgermanischer Stamm oder als das Königsgeschlecht der Skiren verstanden. Beide Deutungen sind allein den Texten des Jordanes und des Johannes Antiochenus entnommen, bei der ersten spielt die Nennung neben Skiren und Herulern eine Rolle, bei der zweiten die Annahme einer Herkunft des Odoaker aus dem Skirenstamm. Wahrscheinlicher ist dann doch aber die Vermutung, dass *T(h)orcilingi* eine Verschreibung aus *Toringi* ist und Odoaker als »König der Thüringer« bezeichnet werden sollte.[405] Diese Interpretation würde das Zeugnis des Malchos über eine thüringisch-skirische Abkunft des Onoulf und mithin auch seines Bruders unterstützen. Letzte Sicherheit wird sich angesichts der Quellenlage in dieser Frage allerdings wohl nicht gewinnen lassen. Die Möglichkeit, dass Odoaker aus Thüringen kam, sollte jedoch künftig ernsthaft in Betracht gezogen werden.

Das Reich der Thüringer

Während der vermutliche Thüringer Odoaker König von Germanen in Italien wurde und, vom Kaiser in Konstantinopel de facto anerkannt, seine Herrschaft bis 493 behaupten konnte, gelang den Thüringern in Mitteldeutschland der Aufstieg zu einer allerdings nur einige Jahrzehnte andauernden Machtstellung, wie sie erstmals in der Plünderung Passaus 480 deutlich wird. Als erster König der Thüringer wird am Ende des 5. Jahrhunderts Bisinus genannt, mit dem eine intensive Heiratspolitik der Stammesführung mit den Langobarden und Ostgoten begann. Die Langobarden, ursprünglich an der unteren Elbe und in der Altmark ansässig, waren 489 bis nach Niederösterreich gezogen. Bisinus heiratete die langobardische Adlige Menia. Beider Tochter Radegunde wurde die Frau des Langobardenkönigs Wacho. Unter Herminafrid, Bisinus' und Menias Sohn, erreichte das Thüringerreich zwischen 510 und 531 seine größte Machtentfaltung. Ihm gelang auch die politisch bedeutendste Eheschließung, als er um 510 Amalaberga, die Nichte des Ostgotenkönigs Theoderich, heiratete. Dieser war seit 493 der Nachfolger Odoakers in Italien. Über diese Eheschließung berichtet der Minister Theoderichs Flavius Magnus Aurelius Cassiodorus. Er zitiert ein Schreiben des Ostgotenkönigs an Herminafrid, in dem als Brautpreis die erwähnten »silberglänzenden« Pferde der Thüringer ausführlich beschrieben werden.[406] Mit dieser Heirat war ein Bündnis Herminafrids mit Theoderich verbunden, das Thüringen vor dem Expansionsdrang der Franken schützen sollte. Deren König Chlodwig (481–511) hatte nicht nur den Rest des römischen Gallien unterworfen, sondern auch Teile des Reiches der Westgoten und das Gebiet der Alamannen. Im Jahre 508 gliederte er die Chatten im heutigen Hessen seinem Reich ein und wurde damit zum unmittelbaren Nachbarn der Thüringer. Ab 511 setzten Chlodwigs Söhne die aggressive Politik gegen ihre Nachbarn fort. Solange Theoderich lebte, war seine Machtstellung in Italien, Sizilien, Noricum und Pannonien ein Garant für die Unabhängigkeit der Thüringer.

Aus den Jahrzehnten dieser engen Verbindung zwischen Ostgoten und Thüringern stammt das durch eine besonders prächtige Adlerfibel ausgezeichnete Grab einer ostgotischen Adligen im Zentrum des Thüringerreiches in Ossmannstedt bei Weimar. Bestattet wurde hier eine 25–30 Jahre alte Frau, die vielleicht mit einem thüringischen Adligen verheiratet werden sollte und auf der Reise verstorben ist. Das Grab stammt noch aus dem 5. Jahrhundert und könnte dafür sprechen, dass es die Kontakte bereits vor der Abwanderung der Ostgoten nach Italien 488/489 gegeben hat. Wie weitere Grabfunde belegen, lebten und starben ostgotische Frauen auch in Erfurt-Gispersleben und in Stößen bei Hohenmölsen.[407]

Im Jahre 526 starb Theoderich der Große in Ravenna. Sein Tod führte sehr bald zu massiven Veränderungen im Machtgefüge der Nachfolgestaaten Roms. Nur wenige Jahre danach unterwarfen die Frankenkönige Theuderich, Theudebert und Chlotar 531/532 das Thüringerreich und 532–534 auch das Reich der Burgunder. König Herminafrid überlebte zwar die für sein Reich entscheidende Schlacht an der Unstrut 531, wurde aber 534 in Zülpich ermordet.[408] Seine Witwe Amalaberga floh mit ihren Kindern Amalafridas und Rodelinde in ihre Heimat Italien, wo sie in den Untergang des Ostgotenreiches hineingezogen wurde. 540 geriet sie in Ravenna in die Gefangenschaft der Byzantiner und wurde an den Kaiserhof von Konstantinopel deportiert. Während Amalafridas' Schwester 547 oder 548 mit dem Langobardenkönig Audoin verheiratet wurde, trat er selbst in die oströmische Armee ein. Etwa um das Jahr 550 muss er das Amt des Heermeisters erlangt haben, damit war er wie Onoulf von 477 bis 479 einer der »Generale« des Oströmischen Reiches. Der Historiker Prokop erwähnt ihn 552 als Heerführer, der von Kaiser Justinian I. (527–565) den Langobarden im Kampf gegen die Gepiden zu Hilfe geschickt wurde. Zwischen Donau und Drau errang Amalafridas mit den Langobarden einen Sieg.[409] König Herminafrids Nichte Radegunde war nach dem Untergang des Thüringerreiches zur Ehe mit dem Frankenkönig Chlotar I. genötigt worden und hatte sich noch zu dessen Lebzeiten in ein von ihr gegründetes Kloster in Poitiers zurückgezogen. Dort wurde der aus Italien stammende Dichter Venantius Fortunatus ihr Vertrauter. Seine Dichtungen über das Leben der Königin, die *Vita sanctae Radegundis*, und den Untergang des Thüringerreiches, *De excidio Thoringiae*, sind die wichtigsten Zeugnisse zu diesem Thema. Das zweite Werk ist Radegundes Cousin Amalafridas gewidmet und er wird darin auch selbst angesprochen.[410]

Venantius Fortunatus, der als »letzter Dichter Roms« gilt, stieg noch zum Bischof von Poitiers auf, die Prinzessin Radegunde wurde nach ihrem Tode 587 heiliggesprochen.

Für die hohe Stellung des Königshauses der Thüringer am Ende des 5. und zu Beginn des 6. Jahrhunderts spricht, dass thüringische Prinzen »Generale« im Oströmischen Reich werden konnten, Prinzessinnen aus diesem Reich Königinnen bei den Langobarden und dass ein siegreicher Frankenkönig Radegunde als letzten Spross der Königsfamilie zur Ehe zwingen musste, um bei den Thüringern den Schein einer Legitimität für die Herrschaft der Merowinger zu erlangen.[411]

Zum Abschluss dieses Abschnitts soll ein Detail zum Nachleben des Thüringerreiches und seines Untergangs erwähnt werden. Es ist mit der Stadt Jena verbunden, an deren traditionsreicher Universität im Jahre 2006 die Konferenz über die »Frühzeit der Thüringer« stattgefunden hat, auf deren Beiträge mehrmals Bezug genommen wurde.

Nach der vernichtenden Niederlage der Thüringer an der Unstrut wurde den Besiegten als Zeichen der Anerkennung ihrer Unterwerfung ein jährlicher Tribut von 500 Schweinen auferlegt. Dieser »Schweinezins« an den fränkischen König galt als besonders schimpflich, denn üblicherweise war das die Abgabe von Unfreien und Leibeigenen an ihre Herrenhöfe. Er hielt sich dennoch mehrere Jahrhunderte und musste nicht nur an die Merowinger entrichtet werden, sondern auch an die ihnen nachfolgenden Karolinger und selbst noch an die Ottonen im 10. Jahrhundert. Erlassen wurde er erst im Jahre 1002 von König Heinrich II. (1002–1024). Auf seinem Krönungsumritt zu Beginn seiner Herrschaft besuchte er auch Thüringen. Bei einer Versammlung thüringischer Adliger auf dem Kirchberg bei Jena bat Graf Wilhelm II. von Weimar im Namen aller Thüringer erfolgreich um den Erlass dieses »Schweinezinses«, wie Bischof Thietmar von Merseburg in seiner Chronik berichtet.[412] Erst nach fast 500 Jahren wurde das schmachvolle Symbol der Niederlage von 531 getilgt. Von den drei Burgen, die neben dem ottonischen Königshof, den Heinrich II. 1002 besuchte, auf dem Hausberg bei Jena zwischen dem 10. und dem 13. Jahrhundert errichtet wurden, hat sich nur der Bergfried der Burg Kirchberg erhalten. Er ist von Studenten als *Vulpecula turris*, als »Fuchsturm«, unter die »Sieben Wunder Jenas« eingereiht worden und bis heute ein beliebtes Ausflugsziel der Universitätsstadt geblieben.[413]

Markomannen und Baiovaren

Die Baiovaren haben sich von allen germanischen Stammesverbänden am spätesten herausgebildet. Sie werden erstmals in der Mitte des 6. Jahrhunderts genannt, Jahrzehnte nach dem Untergang des Thüringerreiches und damit erst ganz am Ende der »Völkerwanderungszeit«. Das Problem ihrer Ethnogenese ist noch schwieriger als das der Thüringer. Die Behandlung der Baiovaren an dieser Stelle ist allein der Tatsache geschuldet, dass sie als die »Nachkommen der in Bai(a)haim, in Böhmen, Wohnenden« gedeutet werden, mithin auch als die Nachkommen der Markomannen, denen dieses Buch gewidmet ist. Der Name der Baiovaren geht allerdings auf die keltischen Bojer zurück, die lange vor den Markomannen in Böhmen siedelten. Für die Namensgebung der Baiovaren und späteren Bayern ist nun von entscheidender Bedeutung, dass der alte Name des »Bojerlandes« für das heutige Tschechien auch in den Jahrhunderten der germanischen

11 Bruch oder Kontinuität? Thüringer und Baiovaren

Besiedlung niemals verschwunden ist. Strabon, Velleius Paterculus und Tacitus nennen das Land *Buiaimon, Boiohaemum* und *Boihaemum* für eine Zeit, in der dort eindeutig die Markomannen gewohnt haben.[414] Bei dem ausschließlich von Cassius Dio verwendeten Begriff *Marcomannis* ist es sehr fraglich, ob damit Böhmen gemeint war, und wenn ja, dann hat sich dieser Begriff für das Land nicht durchgesetzt.[415] *Marcomannia* sollte der Name für die römische Provinz werden, die am Ende von Mark Aurels Regierung geplant war, zu der es aber bekanntlich nicht gekommen ist und der von den Römern danach auch nicht mehr verwendet wurde.[416] Die Markomannen haben offensichtlich keine eigene Bezeichnung für ihr mehrhundertjähriges Siedlungsgebiet der Nachwelt hinterlassen, es konnte noch am Ende der Antike als *Boiohaemum* bezeichnet werden. Daraus wird die germanische Form *Baihaimoz* erschlossen, die zu den »Nachkommen der in Bai(a)haim Wohnenden«, den Baiovaren, führt.[417]

Die Ersterwähnung fällt in das Jahr 551 und findet sich in den *Getica* des bereits bei den Thüringern genannten romanisierten Goten Jordanes. Er berichtet, das Land der Suaven, womit die Sueben und späteren Schwaben gemeint sind, habe im Osten die *Baibari*, im Westen die Franken, im Süden die Burgunder und im Norden die Thüringer als Nachbarn.[418] Mit den Suaven/Sueben sind die Alamannen gemeint. Der von Jordanes beschriebene Zustand hat zweifellos die Verhältnisse im ersten Drittel des 6. Jahrhunderts vor Augen, als Theoderichs Ostgotenreich in Italien auf dem Höhepunkt seiner Machtentfaltung stand. Sollte die Nachricht des Jordanes auf der verlorenen Gotengeschichte von Theoderichs Minister Cassiodor beruhen, dann könnte die Ersterwähnung sogar auf die zwanziger Jahre des 6. Jahrhunderts datiert werden.[419] Zwischen 531 und 536 wurden die Thüringer, die Burgunder und die Alamannen nacheinander von den Franken unterworfen, weshalb man danach das Gebiet der Alamannen nicht mehr mit diesen Worten hätte beschreiben können. Mit Jordanes' *Baibari* sind unstrittig die Baiovaren gemeint. Das beweist die zweite Erwähnung des Stammes wenige Jahre später. Venantius Fortunatus, als Verfasser der Lebensbeschreibung der Heiligen Radegunde und des Werkes über den Untergang des Thüringerreiches im vorigen Abschnitt erwähnt, hat auch eine Biographie des Heiligen Martin geschrieben. Darin erwähnt er seine eigene Pilgerreise von Italien aus zum Grab Martins im fränkischen Tours. Eine Zwischenstation auf dieser Reise war Augsburg. Venantius schreibt nun, von dort könne man weiterreisen, wenn sich einem nicht der *Baiovarius* in den Weg stelle.[420] Die Baiovaren kontrollierten also in dieser Zeit zumindest Teile des ehemals römischen Rätiens. An einer anderen Stelle schreibt derselbe Autor vom Lande *Baiovaria* am Lech und von der *Alamannia* an der Donau.[421] Venantius Fortunatus meint mit den *Baiovarii* in *Baiovaria* zweifellos dieselbe Personengruppe, die Jordanes als *Baibari* bezeichnet. Die Zitate beider Schriftsteller müssen mit der Vita des Heiligen Severin verglichen werden, die Eugippius, der Abt eines Klosters bei Neapel, einige Jahrzehnte früher um 511 geschrieben hat. Der Heilige Severin unterstützte die Bevölkerung der Provinz Noricum, der Nachbarprovinz Rätiens, organisierte die Evakuierung der römischen Zivilbevölkerung aus der Grenzregion und ist 482 dort gestorben. Eugippius war bis 488 in Noricum. Er beschreibt Plünderungen von Herulern, Alamannen und Thüringern, so ist er auch der Gewährsmann für deren Plünderung Passaus 480, von Baiovaren weiß er aber nichts.[422]

Aus der Kombination der Nachrichten von Jordanes, Venantius Fortunatus und Eugippius ergibt sich, dass die Baiovaren zwischen 488 und 551 im Gebiet zwischen Donau, Isar, Lech und Alpen im ehemaligen Rätien entstanden oder dorthin eingewandert sind. Über diesen Befund gibt es in der Forschung keinen Dissens, wohl aber in der Deutung dessen, was geschehen ist.

Es war Kaspar Zeuß, der im Jahre 1837 die These vertreten hat, die Markomannen seien aus Böhmen nach Rätien ausgewandert und dort zu den Baiovaren geworden.[423] Derselbe Gelehrte hatte schon die Meinung vertreten, die Hermunduren seien die Vorfahren der Thüringer. Beide Ansichten besaßen lange Zeit allgemeine Gültigkeit und beide werden heute in Frage gestellt.

Eine Bayerische Landesausstellung im Jahre 1988 unter dem Titel »Von Severin bis Tassilo 488–788« über die Frühgeschichte Bayerns setzte einen vorläufigen Schlusspunkt unter die bis dahin geführte Debatte. Ausgehend von der Deutung des Namens als »Männer aus Böhmen« nahm man an, dass von dort mindestens ein Traditionskern einwanderte, der im Lande die Ethnogenese aus verschiedenen germanischen Gruppen und ansässiger Bevölkerung auslöste. Dieser These schien zudem die archäologische Fundgruppe Friedenhain-Přeštovice zu entsprechen.[424] Eine ähnliche der traditionellen Forschung verpflichtete Ansicht vermittelt der einschlägige

Artikel im »Lexikon des Mittelalters«, nach dem die Baiovaren eine Verschmelzung der romanischen Bevölkerung in Rätien und Noricum mit germanischen Einwanderern böhmischer Herkunft und Germanen westlicher Herkunft, evtl. der Alamannen darstellten. Die neue Bevölkerung sei in der Regierungszeit Theoderichs des Großen entstanden, als die beiden ehemaligen römischen Provinzen unter ostgotischer Herrschaft waren.[425] Etwas anderes ist die Rekonstruktion von Berthold Schmidt in dem Handbuch über die Germanen der Berliner Akademie der Wissenschaften. Danach kamen erst zwischen 530 und 540 Bevölkerungsgruppen von Böhmen in das von Romanen, romanisierten Germanen und anderen Germanengruppen schwach besiedelte Rätien, vor allem in das Gebiet am Donauknie um Regensburg und auf die Münchener Platte. Erst hier erhielten sie sowohl von der schon anwesenden Bevölkerung als auch von den inzwischen das Gebiet beherrschenden Franken ihren Namen, der sie als die »Leute aus Böhmen« auswies. Es wanderten also nicht die Baiovaren von Böhmen nach Rätien ein, sondern Germanen aus Böhmen wurden vom fränkischen König in das Land zwischen Donau, Alpen und Lech umgesiedelt und erst hier so bezeichnet. Die Entstehung des Stammesverbandes wäre somit das Ergebnis einer geplanten Umsiedlung und einer Verschmelzung der neuen Einwanderer mit schon früher dorthin gekommenen Romanen und Germanen. Der frühestmögliche Termin einer fränkischen Besitznahme des Gebietes nördlich der Donau war der Untergang des Thüringerreiches 531/532. Eine Übersiedlung von Bevölkerungsteilen von Böhmen nach Bayern unter fränkischer Anleitung könnte also erst nach diesem Zeitpunkt erfolgt sein. Dies bedeutet auch, dass die in Böhmen lebenden Germanen bis 531 unter dem Einfluss der Thüringer gestanden haben müssen, der nach der Zerstörung ihres Reiches auf die Franken übergegangen ist. Im Jahre 536 wurde zudem das westliche Rätien von den Ostgoten an die Franken abgegeben, das östliche dürfte schon früher fränkisches Einflussgebiet geworden sein. Der Stammesverband wäre dann also vor allem durch administrative Maßnahmen der Merowingerkönige entstanden.[426]

Die Annahme, dass die Baiovaren zumindest zu einem Teil durch Einwanderung oder Umsiedlung aus Böhmen entstanden sind, ist bis heute weit verbreitet.[427] Der Name des neuen Stammes spricht ganz offensichtlich für eine Beziehung zu Böhmen, dem jahrhundertelangen Siedlungsraum der Markomannen, die jedoch mit dem 5. Jahrhundert aus der schriftlichen Überlieferung verschwinden.

Nach der Bekehrung der Markomannenkönigin Fritigil in den neunziger Jahren des 4. Jahrhunderts, über die uns Paulinus von Mailand um 422 informiert, gibt es nur noch wenige Nachrichtensplitter zu diesem Stamm.[428] Von Interesse ist eine Stelle in der *Notitia dignitatum*, der zufolge ein *tribunus gentis Marcomannorum*, ein römischer Offizier, an der Spitze von Angehörigen dieses Stammes in der pannonischen Provinz *Valeria* stand. Im 5. Jahrhundert siedelten also Teile der Markomannen inzwischen auf Territorien des Römischen Reiches.

Die allerletzte Erwähnung erfolgt im Zusammenhang mit der »Völkerschlacht« auf den Katalaunischen Feldern im Jahre 451. Allerdings ist diese erst bei Paulus Diaconus (um 720/730–um 800) zu finden, dem Geschichtsschreiber aus der Zeit Karls des Großen, der die Markomannen unter denjenigen Stämmen erwähnt, die dem Hunnenkönig Attila Heerfolge leisten mussten.[429] Die dem Geschehen viel näher stehenden Autoren wie Sidonius Apollinaris, der Zeitgenosse der »Völkerschlacht«, und Jordanes, ein Jahrhundert danach, wissen nichts von einer Teilnahme der Markomannen an Attilas Heereszug.[430] Das relativiert das Zeugnis des Paulus Diaconus. Im 5. Jahrhundert muss man wohl von einer Zersplitterung der Markomannen ausgehen. Teile von ihnen lebten jetzt im römischen Pannonien und gerieten dort in den Machtbereich der Hunnen. Aus ihnen könnten die von Paulus Diaconus erwähnten Teilnehmer des Attila-Zuges gekommen sein. Von einem weiteren Teil wird vermutet, dass er sich um 400 den Quaden, die sich jetzt Sueben nannten, auf ihrem Zug bis auf die Iberische Halbinsel angeschlossen hatte.[431] Nur noch eine Minderheit dürfte also in Böhmen verblieben sein, die für eine Beteiligung an der Stammesbildung der Baiovaren in Frage gekommen sein könnte. Der Wiener Mediävist Walter Pohl betont, dass evtl. nur ein zahlenmäßig kleiner »Traditionskern« aus Böhmen gekommen sei und dem neuen Stamm in Rätien seinen Namen gegeben habe.[432] In einer sprachgeschichtlichen Untersuchung zeigt Ludwig Rübekeil eine unstrittige Beziehung zwischen Baiovaren und Bojern auf, wofür auch die Kastell- und Siedlungsnamen *Boiodurum* und *Boiotrio* in Bayern sprechen.[433] Der tschechische Archäologe Jaroslav Jiřík sieht in den Bodenfunden Kontakte zwischen Böhmen und Bayern. Er bringt die Ethnogenese der Baiovaren mit dem politischen Interesse der Thüringer und der Ostgoten in Verbindung. Beide versuchten, das politische Vakuum nach dem Ende der Römerherrschaft im mittleren Donauraum auszufüllen.[434] Fasst man diese Meinungen zusammen, dann darf man mit aller gebotenen Vorsicht vermuten, dass zumindest ein Teil der Markomannen in den Baiovaren aufgegangen ist.

Die Forschungen der letzten drei Jahrzehnte wurden im Jahre 2010 auf einer interdisziplinären Konferenz über »die Anfänge Bayerns« zusammengefasst, die in dem Kloster Benediktbeuren stattfand. Das oberbayrische Kloster ist durch die in ihm aufbewahrte und 1803 wiederentdeckte umfangreiche Liedersammlung mit mittellateinischen, mittelhochdeutschen und lateinisch-deutschen Texten aus dem 13. Jahrhundert, den z. T. von Carl Orff vertonten *Carmina Burana*, sehr berühmt geworden. Diese Konferenz hat für die Frühgeschichte Bayerns etwa dieselbe Bedeutung wie die Tagung in Jena 2006 über die »Frühzeit der Thüringer«.

Die Beiträge in Benediktbeuren gehen in ihrer Mehrzahl in eine andere Richtung als die bisher verbreitete. So wurde eingehend die Frage erörtert, ob es sich bei den Vorfahren der Bayern nicht eher um eine politische statt einer ethnischen Identitätsbildung handelt. Als entscheidend wird dabei die Auflösung der spätrömischen Provinzstruktur in Rätien und Noricum angesehen und die Umwandlung der Region in einen eigenständigen Militär- und Verwaltungsbereich, in ein Herzogtum unter der fränkischen Adelsfamilie der Agilolfinger. Für die Zeit um 555 ist der erste baiovarische Herzog Garibald bezeugt. *Baiovarii* wären danach alle diejenigen gewesen, die sich zu den Agilofingern bekannten. Aus dem politischen Prozess habe sich dann ein ethnischer entwickelt, der alle Personen umfasste, die im Geltungsbereich der *Lex Baiuvariorum*, der baiovarischen Gesetzessammlung, lebten. Aus einer ursprünglich politischen Gemeinschaft habe sich allmählich eine ethnische gebildet und zwar aus ganz verschiedenen Bevölkerungsgruppen. Das neue Herzogtum war als Grenzregion des Frankenreiches gedacht, die der Verteidigung vor allem gegen Slawen und Awaren gedient habe. Die Agilolfinger regierten Bayern bis in die Zeit Karls des Großen, bis 788.[435] Im Einzelnen wird die verbreitete Meinung, mit der Friedenhain-Přeštovice-Keramik könne eine archäologische Verbindung zwischen Böhmen und Bayern in dieser Zeit hergestellt werden, inzwischen nachdrücklich in Frage gestellt.[436] Der genannte Ludwig Rübekeil stellte zwar in seiner sprachgeschichtlichen Untersuchung die Beziehung zwischen Bojern und Baiovaren her, betonte aber auch, dass -*varii*-Namen keine ethnische, sondern eine militärische Grundlage besitzen und dass ihr Raumbezug nicht unbedingt eine Herkunft beinhalten muss. Damit spräche der Name für eine baiovarische Ethnogenese erst vor Ort.[437]

Die Forschungsdiskussion zu dieser schwierigen Problematik ist bestimmt noch nicht zu Ende. Der Tenor der meisten Beiträge der Tagung in Benediktbeuren ist gegen den bisher vermuteten Zusammenhang zwischen Germanen in Böhmen und in Bayern. Sollten künftige Forschungen diese Ansicht bestätigen, dann muss man leider feststellen, dass wir nicht wissen, was aus den Markomannen im 5. Jahrhundert geworden ist. Ihre Teilnahme an Attilas Heereszug von 451 wäre dann die letzte in Erwägung zu ziehende Nachricht, die Bekehrung der Königin Fritigil Mitte der neunziger Jahre des 4. Jahrhunderts sogar die letzte ganz sichere Erwähnung überhaupt.

12 Fazit

Wenn man ein Fazit über die Betrachtung der Markomannen und ihrer Nachbarn ziehen will, muss man feststellen, dass sich in den literarischen Quellen in allererster Linie die Beziehungen zwischen den Römern und den Germanen widerspiegeln. Das war zu erwarten und führt zu einer Überbetonung militärischer Ereignisse, zur Schilderung von Feldzügen und Einfällen auf beiden Seiten, von Verhandlungen und Verträgen und von Einzelpersonen und Ereignissen, die für die Römer von einem bestimmten Interesse gewesen sind. Besonders deutlich wird das bei den Königen Marbod und Vannius und bei der Schilderung der Markomannenkriege. Die Beziehungen zwischen den einzelnen Stämmen, das Innenleben der Stämme, Siedlungswesen und Alltagsleben, d. h. die Sozial- und Wirtschaftsgeschichte, treten demgegenüber in den Hintergrund, wobei zu berücksichtigen ist, dass Informationen darüber auch schwer zu beschaffen waren. Nachrichten dieser Art tauchen nur bei wenigen an solchen Fragen interessierten Autoren auf und werden natürlich auch dann immer nur aus dem Blickwinkel von Einwohnern des Römischen Reiches behandelt. Die insgesamt überschaubaren Passagen zum Eigenleben der Germanen sind in den einzelnen Kapiteln möglichst ausführlich erörtert worden. Die Existenz der Markomannen an der Peripherie des Römerreiches sicherte diesem Stamm immerhin durch die Jahrhunderte hindurch eine gewisse Beachtung durch die Schriftsteller. Auch wenn das von ihnen vermittelte Bild meistens auf bestimmte Aspekte beschränkt bleibt, so lässt sich doch die Geschichte der Markomannen von Caesar bis zur Völkerschlacht auf den Katalaunischen Feldern in wesentlichen Zügen verfolgen und das ist im Unterschied zu der Geschichte von vielen anderen germanischen Stämmen wirklich nicht wenig.

12 Fazit

Julius Caesar hat nicht nur das für die Römer lange Zeit verbindliche Bild von den Germanen geprägt, sondern auch im Jahre 58 v. Chr. erstmals mit diesem Stamm gekämpft. Im Rahmen der römischen Expansionskriege zwischen Rhein und Elbe führte der markomannische Adlige Marbod, der einige Zeit in Rom gelebt hatte, seinen Stamm in den Jahren 6/5 v. Chr. nach Böhmen, das für mehrere Jahrhunderte seine Heimat wurde. Von hier aus gelang es Marbod, eine Reihe anderer Stämme unter seine Herrschaft zu bringen, bis sein »Reich« von der Donau bis an die Ostsee reichte. Als eine großangelegte militärische Operation der Römer gegen ihn misslang, wurde er im Jahr 6 n. Chr. als König anerkannt. Nach der vernichtenden Niederlage des römischen Statthalters Varus im Teutoburger Wald durch Arminius kam es zum Kampf um die Vorherrschaft in Germanien zwischen ihm und Marbod. Diesen Krieg verlor Marbod und sein »Reich« zerfiel. Seine Anhänger wurden von Kaiser Tiberius im Vorfeld der Donaugrenze angesiedelt und der Quade Vannius dort als König eingesetzt. Seitdem waren Quaden und Markomannen eng verbunden. Die »Reichsbildungen« von Marbod und Vannius stellen ein einzigartiges Phänomen unter den Germanen der frühen Kaiserzeit dar.

Bis zum Jahre 89 befanden sich beide Stämme unter römischer Hegemonie. Danach wechselten kriegerische Phasen mit solchen der Abhängigkeit von Rom. In den Markomannenkriegen der Jahre 166 bis 180 kam es zu den größten und anhaltendsten Auseinandersetzungen zwischen beiden Kontrahenten. Die Markomannen und die Quaden, die in dieser Zeit immer wichtiger wurden, fielen nach Norditalien ein, verursachten in der Stadt Rom eine »Markomannen-Panik« und konnten nur mit größter Mühe über die Donaugrenze nach Norden zurückgedrängt werden. Am Ende siegte Kaiser Mark Aurel, stationierte Truppen in der Slowakei und plante wahrscheinlich eine Provinz *Marcomannia* in den eroberten Gebieten. Diesen Plan gab sein Sohn Commodus auf.

Im 3. und 4. Jahrhundert gab es verschiedene kriegerische Ereignisse. Bei einem Friedenschluß soll Kaiser Gallienus um 254 die markomannische Königstochter Pipa geheiratet haben, 375 starb Kaiser Valentinian I. bei Verhandlungen mit den Quaden an einem Schlaganfall. Mit der Bekehrung der Königin Fritigil zum Christentum 395/396 und der Teilnahme des Stammes als Verbündeter des Hunnenkönigs Attila an der Schlacht auf den Katalaunischen Feldern 451 endet die aus den literarischen Quellen bekannte Geschichte des Stammes. Teile der Quaden und vielleicht auch der Markomannen wanderten Anfang des 5. Jahrhunderts auf die Iberische Halbinsel und gründeten dort ein eigenes Reich.

Unten den Nachbarn der Markomannen wurden insbesondere die Hermunduren und Semnonen in den Blick genommen. Neben der Ereignisgeschichte und dem Verhältnis zu den Markomannen spielten die unterschiedliche Bewertung beider Stämme bei Tacitus eine Rolle. Bei den Hermunduren wurden die Frage, ob die »Töpfer von Haarhausen« in ThüringenRömer oder Germanen waren, und die Zeugnisse der mitteldeutschen »Fürstengräber« erörtert. Bei den Semnonen waren die Elbgrenze sowie geheimnisvolle Riten und wahrsagende Frauen von Interesse. Zwei abschließende Kapitel beleuchteten die Diskussion über mögliche Kontinuitäten zwischen Hermunduren und Thüringern sowie Baiovaren und Markomannen.

Anmerkungen

1 Steuer, Heiko: Zehn Vorurteile antiker und moderner Historiker, in: Uelsberg/Wemhoff 2020, 43–65, Zitat S. 45.
2 Jarnut, Jörg: Germanisch. Plädoyer für die Abschaffung eines obsoleten Zentralbegriffs der Frühmittelalterforschung, in: Pohl, Walter (Hrsg.) 2004: Die Suche nach den Ursprüngen. Von der Bedeutung des frühen Mittelalters, Wien, 107–113.
3 Uelsberg/Wemhoff 2020.
4 Schmauder, Michael/Wemhoff, Matthias: Vorwort, in: Uelsberg/Wemhoff 2020, 16.
5 Steuer, Heiko: Zehn Vorurteile antiker und moderner Historiker, in: Uelsberg/Wemhoff 2020, 60–65.
6 Brather, Sebastian: Germanen als Kategorie der Forschung?, in: Uelsberg/Wemhoff 2020, 401–415.
7 Burmeister, Stefan: Germanen?, in: Uelsberg/Wemhoff 2020, 417–431, Zitate S. 420 und 430; vgl. Dick 2008, 11–25.
8 Voß, Hans-Ulrich: »Germanen« und »Römer«, in: Uelsberg/Wemhoff 2020, 433–449, Zitat S. 448.
9 Steuer 2021, 1625, Abb. 100.
10 Ebd., 1281, 1286, vgl. 1273–1275.
11 Ebd., 1275–1277.
12 Langebach, Martin (Hrsg.) 2020: Germanenideologie. Einer völkischen Weltanschauung auf der Spur, Bonn.
13 Malitz, Jürgen 1983: Die Historien des Poseidonios, München; B. Inwood, Poseidonios 3, DNP 10 (2001) 211–215; Malitz, Jürgen/Reichert, Hermann: Poseidonios, in: RGA 23 (2003), 301–303; Johne 2006, 51–56.
14 Poseid., fr. 22 = Ath. 4, 39 p. 153e = Quellen I 70 f.; vgl. 442; Goetz/Welwei I 70 f.
15 Poseid., fr.15 = Ath. 4, 36 p. 151e–152d = Quellen I 66–69; vgl. 441.
16 Cic., prov. 32 f.= Quellen I 78 f.; vgl. 446 f.
17 Cic., Pis. 81 f. = Quellen I 80 f.; vgl. 447; Perl, Gerhard: Philologus 125, 1981, 303 ff.; Wolters, Reinhard: Germanenname und Germanenbegriff in der Antike, in: Uelsberg/Wemhoff 2020, 457.
18 Caes., b. G. 1, 1, 3 = Quellen I 86 f.; vgl. 452 f.; Goetz/Welwei I 276 f.; Raaflaub 2017, 3; Tasler, Peter: Caesar, in: RGA 4 (1981), 310–319; Will, Wolfgang/Rüpke, Jörg, in: Caesar, in: DNP 2 (1997), 908–920.

19 Caes., b. G. 6, 11, 1–28, 6 = Quellen I 138–151; vgl. 466–473; Goetz/Welwei I 72–79; Raaflaub 2017, 181–190.
20 Caes., b. G. 2, 3, 4; 2, 4, 1–3. 10 = Quellen I 112–115; vgl. 461; Goetz/Welwei I 4–6 und 314 f.; Raaflaub 2017, 53 f.; Petrikovits, Harald von: Germani Cisrhenani, in: Beck, Heinrich (Hrsg.) 1986: Germanenprobleme in heutiger Sicht, Berlin/New York, 88–106; Neumann, Günter: Germani cisrhenani – die Aussage der Namen, ebend. 107–129; Reichert, Hermann: Linksrheinische Germanen, in: RGA 18 (2001), 483–494.
21 Wolters, Reinhard: Germanenname und Germanenbegriff in der Antike, in: Uelsberg/Wemhoff 2020, 456 f.
22 Vgl. Caes., b. G. 4, 4, 1 = Quellen I 118 f.; 463 mit 1, 1, 3 = Quellen I 86 f.; 452 f.; Goetz/Welwei I 318 f. mit 276 f.; Raaflaub 2017, 110 mit 3.
23 Wolters, Reinhard: Germanenname und Germanenbegriff in der Antike, in: Uelsberg/Wemhoff 2020, 461.
24 Strab. 1, 2, 1 p. 14C = Quellen I 212 f.; vgl. 502; S. Radt, Strabon, in: DNP 11 (2001), 1021–1025; Pothecary, Sarah: Strabo, the Tiberian Author: Past, Presence and Silence in Strabo's Geography, in: Mnemosyne 55, 2002, 387–438 datiert die Abfassung des Werkes zwischen 17/18 und 23; Wolters, Reinhard: Strabon, in: RGA 30 (2005), 50–53; Johne 2006, 25 f. und 199–202; Olshausen, Eckart 2022: Strabon von Amaseia, Hildesheim, 89–92.
25 Strab. 7, 1, 4 p. 291 f. C = Quellen I 234 f.; vgl. 513 f.; Goetz/Welwei I 92 f.; zum Verbot des Augustus Johne 2006, 26, 141–148.
26 Strab. 7, 1, 3 p. 290 f. C = Quellen I 230–233; vgl. 511–513; Goetz/Welwei I 88–93.
27 Schmitzer, Ulrich 2000: Velleius Paterculus und das Interesse an der Geschichte im Zeitalter des Tiberius, Heidelberg, bes. 9–36; Christ, Karl: Velleius und Tiberius, Historia 50 (2001), 180–192; Krapinger, Gernot: Velleius Paterculus, in: DNP 12/1 (2002), 1169–1172; Kehne, Peter: Velleius Paterculus, in: RGA 32 (2006), 112–116.
28 Deininger 1997, 20.
29 Vell. Pat. 2, 107, 1–2 = Quellen I 270 f.; vgl. 531; Goetz/Welwei II 40–43; Johne 2006, 148–150, s. Kap. 7.
30 Vell. Pat. 2, 119, 1 = Quellen I 282 f.; vgl. 536 f.; Goetz/Welwei II 48 f.
31 Sallmann, Klaus: Plinius 1, in: DNP 9 (2000), 1135–1141; Wolters, Reinhard: Plinius, in: RGA 23 (2003), 210–213; Johne 2006, 205–208.
32 Plin., nat. hist. 16, 2–4 = Quellen I 340 f.; vgl. 576 f.; Goetz/Welwei I 114–117.
33 Tac., Germ. 37, 2 = Quellen II 114 f.; vgl. 225 f.; Goetz/Welwei I 156 f.
34 Tac., ann. 1, 69, 1–2 = Quellen III 112–115; vgl. 514; Goetz/Welwei II 94 f.
35 Vgl. Tac., ann. 13, 57, 1–2 = Quellen III 158 f.; 531 f.; Goetz/Welwei II 166–169 mit Plin., nat. hist. 31, 81. 83 = Quellen I 352 f.; 580; s. Kap. 6, Anm. 129.
36 Vgl. Timpe, Dieter: Die Absicht der Germania des Tacitus, in: Jankuhn/Timpe 1989, 106–127; ders., Die Germania des Tacitus. Ethnographie und römische Zeitgeschichte, in: Schneider 2008, 167–200; Perl, Gerhard, in: Quellen II 15–27; zu Leben und Werk 11–72; Flaig, Egon: Tacitus 1, in: DNP 11 (2001), 1209–1214; Wolters, Reinhard: Tacitus, in: RGA 30 (2005), 262–267; Johne 2006, 222–234; Bleckmann

2009, 149–152; Suerbaum, Werner: Ein historischer Versuch. Tacitus' Germania, in: Rhein. Mus. 161, 2018, 395–421.

37 Moeller, Peter: Dio Cassius, in: RGA 5 (1984), 468–477; Quellen III 602 f.; Birley, Anthony: Cassius Dio Cocceianus, in: DNP 2 (1997), 1014 f.; Lange, Carsten H./ Madsen, Jesper M. (Hrsg.) 2016: Cassius Dio. Greek Intellectual and Roman Politician, Leiden/Boston 2016; Madsen, Jesper M. 2020: Cassius Dio, London/New York.

38 Gärtner, Hans: Ammianus Marcellinus, in: RGA 1 (1973), 253–256; Quellen IV 430–432; Rosen, Klaus: Ammianus Marcellinus, in: DNP 1 (1996) 596–598.

39 Caes., b. G. 1, 30–54 = Quellen I 90–113; vgl. 454–461; Goetz/Welwei I 278–303; Raaflaub 2017, 28–48; zur Person Callies, Horst: Ariovistus, in: RGA 1 (1973), 407 f.; Trzaska-Richter 1991, 90–101; Will, Wolfgang: Ariovistus, in: DNP 1 (1996), 1084 f.; Johne 2006, 60–66; Bleckmann 2009, 65–69. 80–83.

40 Caes., b. G. 1, 31, 5. 36,7 = Quellen I 90–93. 96 f.; vgl. 455–457; Goetz/Welwei I 280 f. 286 f.; Raaflaub 2017, 29. 33.

41 Caes., b. G. 1, 31, 10 = Quellen I 92 f.; vgl. 455; Goetz/Welwei I 280 f.; Raaflaub 2017, 29.

42 Caes., b. G. 1, 51, 2 = Quellen I 110 f.; vgl. 460; Goetz/Welwei I 300 f.; Raaflaub 2017, 46.

43 Caes., b. G. 1, 37, 2 = Quellen I 99 f.; vgl. 457; Goetz/Welwei I 286; Raaflaub 2017, 33; Mon. Anc. 26 = Quellen IV 414 f.; vgl. 584 f.; Goetz/Welwei II 42 f.; Ptol. 2, 11, 7 = Quellen III 218 f.; vgl. 568, Goetz/Weiwei I 180 f.; Castritius, Helmut: Haruden, in: RGA 14 (1999), 20 f.

44 Tac., Germ. 40, 2 = Quellen II 116 f.; vgl. 238 f.; Goetz/Welwei I 160 f.; Ptol. 2, 11, 7 = Quellen III 218 f.; vgl. 568; Goetz/Welwei I 180 f.; Neumann, Günter: Eudusii, in: RGA 7 (1989), 617–620.

45 Caes., b. G. 1, 37, 3; 1, 54, 1; 4, 1, 3–3, 4 = Quellen I 96 f.; 112 f.; 116–119; vgl. 457. 461–463; Goetz/Welwei I 286 f.; 302 f.; 70–73; Raaflaub 2017, 33. 48. 109 f.

46 Caes., b. G. 1, 53, 4 = Quellen I 112 f.; vgl. 460 f.; Goetz/Welwei I 302 f.; Raaflaub 2017, 48.

47 Dietz, Karlheinz: Marcomanni, in: DNP 7 (1999), 866–869; Kehne, Peter/Tejral, Jaroslav: Markomannen, in: RGA 19 (2001), 290–308, bes. 291.

48 Dobiaš, Josef 1964: The History of the Czechoslovak Territory before the Appearance of the Slavs, Prag, 75.

49 Perl, Gerhard, in: Quellen II 243; ausführlich zu dem Namen Hartung 2024, 52–54.

50 Kehne, Peter: Markomannen: in: RGA 19 (2001), 292; für Thüringen als Heimat der Markomannen vor ihrer Abwanderung nach Böhmen spricht sich Hartung 2024, 89–91 und 642 aus.

51 Salač, Vladimír: 2000 Jahre seit dem römischen Feldzug gegen Marbod und methodische Probleme der Erforschung der älteren römischen Kaiserzeit in Böhmen und Mitteleuropa, in: Salač/Bemmann 2009, 113–120; Peschel, Karl: Großromstedt, in: RGA 13 (1999), 89–97.

52 Grasselt, Thomas: Neue Ausgrabungen und Funde zur augusteischen Periode der frühen Kaiserzeit in Thüringen, in: Salač/Bemmann 2009, 405 f.
53 Vgl. Johne 2006, 88–96.
54 Cass. Dio 54, 36, 3–4 = Quellen III 300 f.; vgl. 608 f.; Goetz/Welwei II 20 f.
55 Flor. 2, 30, 23 = Quellen III 178 f.; vgl. 540; Goetz/Welwei II 24 f.; Oros. 6, 21, 15 = Quellen IV 278 f.; vgl. 525; Goetz/Welwei II 26–29; Johne 2006, 96; Wolters 2017, 45.
56 Zu dem schwierigen Problem des Suebenbegriffs vgl. Peschel, Karl: Die Sueben in Ethnographie und Archäologie, in: Klio 60 (1978), 259–309; Timpe 1989, 351–353; Timpe 1998, 17–20; Seidel, Mathias: Frühe Germanen am unteren Main. Bemerkungen zu neuen Zeugnissen der Przeworsk-Kultur aus Oberhessen, in: Germania 74 (1996), 238–247; Pohl 2000, 90–92; Wiegels, Rainer: Suebi, in: DNP 11 (2001), 1077 f.; Scharf, Ralf: Sueben bei Caesar, in: RGA 30 (2005), 188 f.
57 Caes., b. G. 4, 1, 3–3, 4 = Quellen I 116–119; vgl. 462 f.; Goetz/Welwei I 70–73; Raaflaub 2017; 109 f.; Johne 2006, 66–70.
58 Strab. 7, 1, 3 p. 290 f. C = Quellen I 230–233; vgl. 511–513; Goetz/ Welwei I 88–93; Scharf, Ralf: Sueben bei Strabon, in: RGA 30 (2005), 189 f.; Johne 2006, 199–202.
59 Mon. Anc. 26 = Quellen IV 412–415; vgl. 583–585; Goetz/Welwei II 42 f.; Johne 2006, 179 f.
60 Mon. Anc. 32 = Quellen IV 414 f.; vgl. 585; Goetz/Welwei II 44 f.
61 Vgl. Spickermann, Wolfgang: Maelo, in: DNP 7 (1999), 639; Kehne, Peter: Maelo, in: RGA 19 (2001), 104 f.; weitere Vermutungen bei Bräckel 2021, 147.
62 Suet., Aug. 21, 1 = Quellen III 188 f.; vgl. 544; Goetz/Welwei II 34 f. in Kombination mit Mon. Anc. 32, vgl. Anm. 60; Dobesch, Gerhard: Politik zwischen Marbod und Rom, in: Salač/Bemmann 2009, 18–20.
63 Tac., ann. 2, 63, 3 = Quellen III 140 f., vgl. 523 f., Goetz/Welwei II 124 f.; Eck, Werner: Tiberius, in: DNP 12/1 (2002), 532–535; Kehne, Peter: Tiberius, in: RGA 30 (2005), 559–562; zur Regierung des Tiberius zuletzt Brandt 2021, 116–147.
64 Vell. Pat. 2, 108, 2 = Quellen I 272 f.; vgl. 531 f., Goetz/Welwei II 118 f.; Bouzek, Jan/ Musil, Jiří: Marobudus – Marbod: über die Handlungsmöglichkeiten eines Königs um die Zeitenwende, in: Salač/Bemmann 2009, 76.
65 Vell. Pat., wie Anm. 64; Strab. 7, 1, 3 p. 290 f. C = Quellen I 232 f.; vgl. 511 f.; Goetz/ Welwei I 90–93; Dobesch, Gerhard: Politik zwischen Marbod und Rom, in: Salač/Bemmann 2009, 7–14; dagegen Kehne, Peter: Das Reich der Markomannen und seine auswärtigen Beziehungen unter König Marbod (Marobodus) ca. 3 v.–18 n. Chr., in: Salač/Bemmann 2009, 61 f.
66 Strab., wie Anm. 65.
67 Zur Ausdehnung des Marbodreiches vgl. Kehne, wie Anm. 65, 54–58; Kolendo, Jerzy: Ausmaß und Charakter der Ausdehnung des Reiches von Marbod nach Norden, in: Salač/Bemmann 2009, 67–74; Droberjar, Eduard: Contributions to the History and Archaeology of the Maroboduus Empire, in: Salač/Bemmann 2009, 81–92 mit 7 Karten; Tausend 2009, 28 f., 84.
68 Vell. Pat. 2, 109, 2 = Quellen I 272 f.; vgl. 532; Goetz/Welwei II 118–121.

69 Tac., ann. 2, 62, 2–3 = Quellen III 138 f.; vgl. 523; Goetz/Welwei II 124 f.; zum Handel zwischen Römern und Germanen Ruffing, Kai: Friedliche Beziehungen. Der Handel zwischen den römischen Provinzen und Germanien, in: Schneider 2008, 153–165; Tausend 2009, 183–204; Steuer 2021, 580–601.
70 Droberjar, Eduard: Rom und die Markomannen. Formen der Interaktion am Beispiel des Marbod-Reiches, in: Olędzki, Marek/Dubicki, Andrzej (Hrsg.) 2022: Rome and the Barbarians, Lódz, 41–63, bes. Abb. 3 auf S. 43.
71 Vell. Pat. 2, 104, 2 = Quellen I 268 f.; vgl. 528; Goetz/Welwei II 38 f.; Johne 2006, 127–129.
72 Zu den Details dieser Expedition vgl. Johne 2006, 138–150 und s. unten Kap. 7.
73 Vell. Pat. 2, 108, 1 = Quellen I 272 f.; vgl. 531; Goetz/Welwei II 118 f.
74 Vell. Pat. 2, 109, 4 = Quellen I 272 f.; vgl.532; Goetz/Welwei II 120 f.
75 Vell. Pat. 2, 109, 5 = Quellen I 272 f.; vgl. 532; Goetz/Welwei II 120 f.; Johne 2006, 153–155.
76 Vgl. Becker 1992, 172–174.
77 Vgl. Bleicken 1999, 591 f.
78 Alle Varianten sind ausführlich erörtert von Salač, Vladimír: 2000 Jahre seit dem römischen Feldzug gegen Marbod und methodische Probleme der Erforschung der älteren römischen Kaiserzeit in Böhmen und Mitteleuropa, in: Salač/Bemmann 2009, 126–134 mit 6 Karten; neue Behandlung der möglichen Aufmarschrouten bei Hartung 2024, 128–137.
79 Tac., ann. 2, 46, 2 = Quellen III 138 f.; vgl. 523; Goetz/Welwei II 122 f.
80 Vell. Pat. 2, 110, 1–2 = Quellen I 274 f.; vgl. 532 f.; Goetz/Welwei II 120 f.
81 Tac., ann. 2, 46, 2 = Quellen III 138 f.; vgl. 523; Goetz/Welwei II 122 f.
82 Tac., ann. 2, 26, 3 = Quellen III 134 f.; vgl. 520; Goetz/Welwei II 114 f.
83 Tac., ann. 2, 63, 1 = Quellen III 138 f.; vgl. Goetz/Welwei II 124 f.; zum Königtum Marbods auch Dick 2008, 90–93.
84 Caes., b. G. 1, 33, 1; 35, 2; 42, 3; 43, 4; 44, 5 = Quellen I 94–97. 102–105; vgl. 456. 458 f.; Goetz/Welwei I 282–285. 292–295; Raaflaub 2017, 31 f. 38 f. 41; Johne 2015, 237 f.
85 Tac., ann. 2, 45, 3 = Quellen III 136 f.; vgl. 522 f.; Goetz/Welwei II 122 f.; Callies, Horst/Beck, Heinrich/Kuhn, Hans: Arminius, in: RGA 1 (1973), 417–421; Losemann, Volker: Arminius, in: DNP 2 (1997), 14–16.
86 Vgl. Bleicken 1999, 590–592; Wolters 1990, 196; Wolters 2017, 60.
87 Vell. Pat. 2, 119, 5 = Quellen I 284 f.; vgl. 537 Goetz/Welwei II 50 f.
88 Tac., ann. 2, 41, 1–3 = Quellen III 134 f.; vgl. 520 f.; Goetz/Welwei II 116 f.
89 Tac., ann. 2, 45, 1; 46, 1 = Quellen III 136 f.; vgl. 522 f.; Goetz/Welwei II 122 f.
90 Tac., ann. 2, 46, 3–4 = Quellen III 138 f.; vgl. 523; Goetz/Welwei II 122–125.
91 Vgl. Wolters 1990, 272 f.
92 Tac., ann. 2, 62, 1–2 = Quellen III 138 f.; vgl. 523; Goetz/Welwei II 124 f.; Jungandreas, Wolfgang/Bernardus H. Stolte, Catualda, in: RGA 4 (1981), 353; Eder, Walter: Catualda, in: DNP 2 (1997), 1036; Tausend 2009, 29 f.

93 Kokowski, Andrzej: Die polnischen Gebiete in der Zeit des Königs Marbod, in: Salač/Bemmann 2009, 335–337.
94 Tac., ann. 2, 63, 1–4 = Quellen III 138–141; vgl. 523 f.; Goetz/Welwei II 124–127.
95 Vgl. Tac., ann. 1, 58, 6 = Quellen III 102–105; vgl. 512; Goetz/Welwei II 82 f.; Suet., Tib. 20 = Quellen III 194 f.; vgl. 546 f.; Heucke, Clemens: Ravenna, in: DNP 10 (2001), 796–799; Herrin, Judith 2022: Ravenna. Hauptstadt des Imperiums, Darmstadt.
96 Tac., ann. 2, 44, 2 = Quellen III 136 f.; vgl. 521 f.; Goetz/Welwei II 120–123.
97 Tac., ann. 2, 63, 4 = Quellen III 140 f.; vgl. 524; Goetz/Welwei II 124–127; Wolters 2017, 142 f.
98 Zu Marbod Losemann, Volker: Maroboduus, in: DNP 7 (1999), 941 f.; Kehne, Peter: Marbod, in: RGA 19 (2001), 258–262; Dobesch, wie Anm. 65, 7–52; Kehne, wie Anm. 65, 53–66; Salač, wie Anm. 78, 107–138; zur Germanienpolitik des Augustus zuletzt Brandt 2021, 60 f.; 68 f.; 122 f.
99 Bleicken 1999, 596–598; Johne 2006, 181–183; Brandt 2021, 111.
100 Tac., ann. 2, 63, 5–6 = Quellen III 140 f.; vgl. 524; Goetz/Welwei II 126; Lütkenhaus, Werner: Vannius, in: DNP 12/1 (2002), 1123; Kehne, Peter: Vannius, in: RGA 32 (2006), 69 f. »Wie der starke archäologische Niederschlag beweist, emigrierte die Elite der Markomannen samt großen Bevölkerungsteilen ab 19/20 zu den Quaden ins Gebiet nördlich von Pannonien. [...] Folglich gab es von nun an zwei markomannische Siedlungsgebiete, [...] da weder die danubischen Markomannen in den Quaden aufgingen noch die böhmischen Markomannen in den Hermunduren«, schlußfolgert Hartung 2024, 643 f. aus den archäologischen Quellen.
101 Tac., Germ. 42, 2 = Quellen II 118 f.; vgl. 243 f.; Goetz/Welwei I 162 f.
102 Tac., ann. 2, 44, 1 = Quellen III 136 f.; vgl. 521; Goetz/Welwei II 120 f.; W. Eck, Drusus II 1, in: DNP 3 (1997), 825 f.
103 Tac., ann. 2, 62, 1 = Quellen III 138 f.; vgl. 523; Goetz/Welwei II 124 f.
104 Tac., ann. 2, 63, 1–3; 3, 11, 1; vgl. 2, 63, 6 = Quellen III 138–141; vgl. 523 f.; Goetz/Welwei II 124; Kehne, Peter: Marbod, in: RGA 19 (2001), 261.
105 Tac., ann. 2, 9, 1–10, 3 = Quellen III 120 f.; vgl. 517; Goetz/Welwei II 100–103; Timpe, Dieter: Flavus, in: RGA 9 (1995), 174 f.; Losemann, Volker: Flavus, in: DNP 4 (1998), 551 f.
106 Tac., ann. 11, 16, 1 = Quellen III 146 f.; vgl. 526 f.; Goetz/Welwei II 154 f.
107 Tac., ann. 11, 16, 1–17, 3 = Quellen III 146 f.; vgl. 526 f.; Goetz/Welwei II 154–157; Losemann, Volker: Italicus, in: DNP 5 (1998), 1162; Kehne, Peter: Italicus, in: RGA 15 (2000), 542 f.; zur Regierung des Claudius zuletzt Brandt 2021, 168–191.
108 Tac., ann. 12, 29, 3 = Quellen III 152 f.; vgl. 530; Goetz/Welwei II 160–163.
109 Plin., nat. hist. 37, 45 = Quellen I 354 f.; vgl. 581 f.; Goetz/Welwei I 124 f.; zur Regierung Neros zuletzt Brandt 2021, 191–213.
110 Bohnsack, Dietrich/Fellmann, Anna-Barbara: Bernstein, in: RGA 2 (1976), 292 f.; 296 f.; Hünemörder, Christian/Pingel, Volker: Bernstein, in: DNP 2 (1997), 575–577; Elschek, Kristian: Der slowakische Abschnitt der Bernsteinstraße im 1. Jahrhundert n. Chr. nördlich von Carnuntum und neue Grabfunde in Zohov, in: Salač/

Bemmann 2009; 239–250; Steuer 2021, 591 f.; vgl. Lehmann, Tomas/Salzmann, Dieter (Hrsg.) 2022: Aquileia. Kreuzung des römischen Imperiums, Münster, bes. 43 f.

111 Plin., nat. hist. 4, 81 = Quellen I 326 f.; vgl. 563 f.; Goetz/Welwei I 106 f.
112 Leube 1982; Tejral, Jaroslav: Das Gebiet nördlich der mittleren Donau zur Zeit Marbods, in: Salač/Bemmann 2009, 173–194.
113 Tac., ann. 12, 29, 1–30, 2 = Quellen III 152 f.; vgl. 529 f.; Goetz/Welwei II 160–163; Bredow, Iris von: Jazyges, in: DNP 5 (1998), 877.
114 Leube 1982, 54.
115 Tac., hist. 3, 5, 1; 21, 2 = Quellen III 24–27; vgl. 492 f.; Goetz/Welwei II 178 f.; zum Vierkaiserjahr 69 zuletzt Brandt 2021, 214–233.
116 Tac., Germ. 42, 2 = Quellen II 118 f.; vgl. 243 f.; Goetz/Welwei I 162 f.
117 Tac., ann. 2, 63, 5; 12, 29, 1 = Quellen III 140 f.; 152 f.; vgl. 524; 529 f.; Goetz/Welwei II 126 f.; 160 f.
118 Kehne, Peter: Vibilius, in: RGA 32 (2006), 330–332; Tausend 2009, 218.
119 Vgl. Tausend 2009, 85 f.
120 Tac., ann. 12, 29, 3–30, 1 = Quellen III 152 f.; vgl. 529 f.; Goetz/Welwei II 160–163; Dietz, Karlheinz: Lugii, in: DNP 7 (1999), 489 f.; Neumann, Günter/Castritius, Helmut: Lugier, in: RGA 19 (2001), 30–35.
121 Vgl. Schmidt-Thielber, Erika: Die südlichen Elbgermanen, in: Krüger 1976, 389.
122 Strab. 7, 1, 3 p. 290 f. C = Quellen I 232 f.; vgl. 512; Goetz/Welwei I 90–93.
123 Vell. Pat. 2, 106, 2 = Quellen I 270 f.; vgl. 530 f.; Goetz/Welwei II 40 f.
124 Schmidt-Thielber, Erika, in: Krüger 1976, 395.
125 Schmidt-Thielber, Erika, in: Krüger 1976, 387–396 und s. oben Kap. 3, Anm. 52.
126 Cass. Dio 55, 10a, 2 = Quellen III 302–305; vgl. 610; Goetz/Welwei II 36 f.; Moeller, Peter: Domitius Ahenobarbus, in: RGA 5 (1984), 602–604.
127 S. oben Kap. 3, Anm. 50; Kehne, Peter: Marcomannis, in: RGA 19 (2001), 321–324.
128 Tac., ann. 4, 44, 2 = Quellen III 142 f.; vgl. 525; Goetz/Welwei II 38 f.; Suet., Nero 4 = Quellen III 206 f.; vgl. 550; zur Problematik der Vorgänge um 3 v. Chr. Johne 2006, 120–126.
129 Tac., ann. 13, 57, 1–2 = Quellen III 158 f.; vgl. 531 f.; Goetz/Welwei II 166–169.
130 Plin., nat. hist. 31, 81. 83 = Quellen I 352 f.; vgl. 580; Haid, Oliver/Stöllner, Thomas: Salz, Salzgewinnung, Salzhandel, in: RGA 26 (2004), 354–379, bes. 370–376; Saile, Thomas: Salz im ur- und frühgeschichtlichen Mitteleuropa – eine Bestandsaufnahme, in: BRGK 81 (2000), 129–234, bes. 167–175 mit Abb. 11 und 12.
131 Amm. Marc. 28, 5, 11 = Quellen IV 106 f.; vgl. 462; Goetz/Patzold/Welwei I 340 f.; Tausend 2009, 86.
132 Oros. 5, 16, 5–6 = Quellen IV 268 f.; vgl. 523; Goetz/Welwei I 218 f.
133 Vgl. Lucan. 1, 254–257 = Quellen I 314–317; 557; Timpe, Dieter: Furor Teutonicus, in: RGA 10 (1998), 254–258; Johne 2006, 39 f.
134 Vgl. Blankenfeldt, Ruth: Kampf und Kult bei den Germanen. Heeresausrüstungsopfer aus dem Thorsberger Moor, in: Uelsberg/Wemhoff 2020, 307–335; bes. 328–333; ausführlich Steuer 2021, 706–757.

135 Tac., Germ. 9, 1 = Quellen II 88 f.; vgl. 158 f.; Goetz/Welwei I 134 f.; Hultgård, Andreas: Menschenopfer, in: RGA 19 (2001), 535.
136 Tac., Germ. 41, 1 = Quellen II 118 f.; vgl. 240–242; Goetz/Welwei I 160 f.
137 Vgl. Dietz, Karlheinz: Augusta Vindelicum, in: DNP 2 (1997), 290 f.; Schleiermacher, Wilhelm: Augsburg, in: RGA 1 (1973), 488; Dietz, Karlheinz: Cambodunum, in: DNP 2 (1997), 953; Kata, Birgit/Weber, Gerhard: Kempten, in: RGA 16 (2000), 426; Waldherr, Gerhard H.: Raeti, Raetia, in: DNP 10 (2001), 749–754.
138 Tac., Germ. 41, 2 = Quellen II 118 f.; vgl. 242 f.; Goetz/Welwei I 160 f.; Timpe, Dieter: Die Elbe in der Antike, in: RGA 7 (1989), 101–103.
139 Ptol. 2, 11, 1 und 5 = Quellen III 214 f.; 218 f.; vgl. 560 f.; 565; Goetz/Welwei I 176–179 und 169; Deininger 1997, 49.
140 Cass. Dio 55, 1, 3 = Quellen III 300 f.; vgl. 609; Goetz/Welwei II 22 f.; Johne 2006, 251 f.
141 So Dobesch, Gerhard: Politik zwischen Marbod und Rom, in: Salač/Bemmann 2009, 33 mit Anm. 186.
142 Vgl. Johne 2006, 226–229.
143 Dušek, Sigrid 1992: Römische Handwerker im germanischen Thüringen. Ergebnisse der Ausgrabungen in Haarhausen, Kreis Arnstadt, 2 Bde., Stuttgart 1992; dies., Haarhausen, in: RGA 13 (1999), 244–246; die Funde im Einzelnen sind aufgelistet im Corpus der römischen Funde im europäischen Barbaricum. Deutschland, Bd. 8, 1: Freistaat Thüringen, bearbeitet von Sigrid Dušek (†), Matthias Becker u. a., Wiesbaden 2017, 52–68.
144 Dušek, Römische Handwerker, wie Anm. 143, 147–149; dies., Haarhausen, wie Anm. 143.
145 Amm. Marc. 18, 2, 19; vgl. 17, 10, 4; 17, 10, 7–8 = Quellen IV 76 f.; 60–63; vgl. 449; Goetz/Patzold/Welwei I 302 f.; 284 f.; 286 f.
146 Hegewisch, Morten: Zur Drehscheibenkeramik im Westen der Germania magna. Anfänge, Weiterentwicklung und Verbreitung, in: J. Bemmann/M. Hegewisch/M. Meyer/M. Schmauder (Hrsg.) 2011: Drehscheibentöpfer im Barbaricum. Technologietransfer und Professionalisierung eines Handwerks am Rande des Römischen Imperiums, Bonn, 119–174.
147 Meyer, Michael: Eisen – Keramik – Kalk. Kaiserzeitliche Produktionsstrukturen im barbaricum, in: Uelsberg/Wemhoff 2020, 151–153.
148 Dušek, Sigrid: Hassleben, in: RGA 14 (1999), 41–43; Becker, Matthias: Leuna, in: RGA 18 (2001), 299–302.
149 Vgl. Johne 2006, 273; Bemmann, Jan: Mitteldeutschland und das Gallische Reich 260–274, Kölner Jahrbuch 47 (2014), 179–213.
150 Wehry, Benjamin: Germanischer Prunk und römische Technik. Der Schildbuckel aus dem Fürstengrab von Gommern, in: Uelsberg/Wemhoff 2020, 349–353; vgl. ebend. 23 und 219.
151 Becker, Matthias: Gommern, in: RGA 12 (1998), 395–399; Fröhlich, Siegrid (Hrsg.) 2000: Gold für die Ewigkeit. Das germanische Fürstengrab von Gommern, Begleitbd. zur Sonderausstellung im Landesmuseum für Vorgeschichte Halle (Saale),

Halle (Saale) 2000, bes. 108–113, 118–161, 204–214; Becker, Matthias: Das Fürstengrab von Gommern, 2 Bde., Halle (Saale) 2010.

152 Strab. 7, 1, 3 p. 290 f. = Quellen I 230–233; vgl. 511–513; Goetz/Welwei I 88–93.
153 Vgl. Leube, Achim: Die nördlichen Elbgermanen und die angrenzenden Stämme bis zur Oder, in: Krüger 1976, 374–387, bes. 381–383; Castritius, Helmut: Semnonen, in: RGA 28 (2005), 154–158.
154 Ptol. 2, 11, 8 = Quellen III 218 f.; vgl. 569 f.; Goetz/Welwei I 180–183.
155 Ptol. 2, 11, 10 = Quellen III 220 f.; vgl. 571; Goetz/Welwei I 182 f.; Deininger 1997, 50.
156 Vell. Pat. 2, 106, 2 = Quellen I 270 f.; vgl. 530; Goetz/Welwei II 40 f.
157 Deininger 1997, 20.
158 Vell. Pat. 2, 107, 1–2 = Quellen I 270–273; Goetz/Welwei II 40–43.
159 Zu dem Geschehen im Sommer 5 n. Chr. vgl. Wolters 1992, 190–192; Deininger 1997, 18–23; Johne 2006, 148–150; Bleckmann 2009, 110 f.
160 Mon. Anc. 26 = Quellen IV 414 f.; vgl. 584 f.; Goetz/Welwei II 42 f.
161 Plin., nat. hist. 2, 167 = Quellen I 322 f.; vgl. 561; Goetz/Welwei I 104 f.
162 Strab. 7, 1, 4 p. 291 C = Quellen I 234 f.; vgl. 513 f.; Goetz/Welwei I 92 f.
163 Dazu Johne 2006, 144, vgl. 141–148; gebilligt wird diese Datierung von Wolters 2017, 56–58 mit Anm. 16; Bleckmann 2009, 110; Burmeister, Stefan: Roms Kampf im Norden, in: ders./J. Rottmann, Joseph (Hrsg.) 2015: Ich Germanicus! Feldherr, Priester, Superstar, Darmstadt, 13.
164 Strab. 7, 2, 1 p. 292 C = Quellen, I 236 f.; vgl. 515 f.;
165 S. oben Kap. 3, Anm. 60.
166 Tac., ann. 2, 45, 1 = Quellen III 136 f.; vgl. 522; Goetz/Welwei II 122 f.; vgl. oben Kap. 4, Anm. 89.
167 Tac., Germ. 39, 1–3 = Quellen II 116 f.; vgl. 235–238; Goetz/Welwei I 158–161.
168 Tac., Germ. 40, 1 = Quellen II 116 f.; vgl. 238; Goetz/Welwei I 160 f.
169 Caes., b. G. 4, 1, 4 = Quellen I 116 f.; vgl. 462 f.; Goetz/Welwei I 70 f.; Raaflaub 2017, 109.
170 Stangl, Günter: Bevölkerungsgrößen germanischer Stämme im 1. Jh. n. Chr., in: Tausend 2009, 237; vgl. 227–253; wesentlich größer auf 350.000 bis 400.000 Menschen schätzt Hartung 2024, 192 die Markomannen.
171 Vgl. Johne, Klaus-Peter: Rezension Tausend 2009, H-Soz-u-Kult 22.03.2010; völlig ablehnend Kehne, Peter, in: Gnomon 85, 2013, 334–342.
172 Steuer 2021, 697–699.
173 Tac., Germ. 39, 1 = Quellen II 116 f.; vgl. 235; Goetz/Welwei I 158 f.
174 Tac., ann. 1, 51, 1 = Quellen III 98 f.; vgl. 509 f.; Goetz/Welwei II 76.; 2, 12, 1 = Quellen III 122 f.; vgl. 517; Goetz/Welwei II 102 f.; 4, 73, 4 = Quellen III 144 f.; vgl. 526; Goetz/Welwei II 138 f.; dazu Tausend 2009, 143–153, zu Heiligen Hainen und Opferplätzen Steuer 2021, 614–637.
175 Tac., Germ. 9, 1 = Quellen II 88 f.; vgl. 159; Goetz/Welwei I 134 f.
176 Tac., Germ. 31, 2 = Quellen II 108–111; vgl. 214 f.; Goetz/Welwei I 152 f.

Anmerkungen

177 Cass. Dio 67, 5, 3 = Quellen III 320 f.; vgl. 616; Goetz/Welwei II 272 f.; Kehne, Peter: Masyos, in: RGA 19 (2001), 432; Reichert, Hermann/Timpe, Dieter: Ganna, in: RGA 10 (1998), 429 f.

178 Zu den Cheruskern und ihrem König Chariomerus vgl. Johne, Klaus-Peter, in: Baltrusch/Wilker 2015, 232 f.; zu den Sueben, unter denen wohl Markomannen und Quaden zu verstehen sind, das folgende Kap. 8.

179 Vgl. Tausend 2009, 39 f. 120. 166 f.

180 Tac., hist. 4, 61, 2; 4, 65, 3 f.; 5, 22, 3; 5, 24, 1 = Quellen III 62 f. 66 f. 92 f.; vgl. 501 f.; Goetz/Welwei II 220 f. 224 f. 252 f.; Stat., silv. 1, 4, 89 f. = Quellen I 360 f.; vgl. 584; Tac., Germ. 8, 2 = Quellen II 88 f.; vgl. 158; Goetz/Welwei I 134 f.; Spickermann, Wolfgang: Veleda, in: DNP 12/1 (2002), 1163 f.; Kehne, Peter: Veleda, in: RGA 32 (2006), 109 f.; Tausend, Sabine: Germanische Seherinnen, in: Tausend 2009, 163–165; Baltrusch, Dagmar: Und was sagt Thusnelda? Zu Macht und Einfluss germanischer Frauen, in: Baltrusch/Hegewisch 2012 u. a., 89–91.

181 Suet., Vit. 14, 5 = Quellen III 206 f.; vgl. 551.

182 Schröder, Edward: Walburg, die Sibylle, in: Archiv für Religionswissenschaft 19 (1916–1919), 196–200; Tausend, Sabine, in: Tausend 2009, 167 f.

183 Cass. Dio 55, 1, 3 = Quellen III 300 f.; vgl. 609; Goetz/Welwei II 22 f.

184 Suet., Claud. 1, 2 = Quellen III 204 f.; vgl. 550; Goetz/Welwei II 22–25.

185 Vgl. Tausend, Sabine, in: Tausend 2009, 170.

186 Ausführlich zu dem Thema »Drusus an der Elbe« Johne 2006, 97–106.

187 Wolters 1992, 261 f.

188 Will, Wolfgang: Römische ›Klientel-Randstaaten‹ am Rhein? in: Bonner Jahrbücher 187 (1987), 43 f.

189 Tac., Germ. 40, 3; 43, 3 = Quellen II 116 f.; 120 f.; vgl. 239 f.; 247 f.; Goetz/Welwei I 160–163; Behm-Blancke, Günter: Kult und Ideologie, in: Krüger 1976, 354.

190 So Bengtson, Hermann 1979: Die Flavier, München, 204 f.; als Möglichkeit auch bei Kehne, Peter: Masyos, in: RGA 19 (2001), 432.

191 Vgl. Reichert, Hermann/Timpe, Dieter: Ganna, in: RGA 10 (1998), 429 f.; Kehne, Peter: Masyos, in: RGA 19 (2001), 432.

192 Cass. Dio 71, 20, 2 = Quellen III 328–331; vgl. 620; Goetz/Welwei II 316 f.

193 Eutr. 8, 13, 1 = Quellen III 470 f.; vgl. 666; Goetz/Welwei II 314 f.; Hist. Aug., Marc. 22, 1 = Quellen IV 192–195; vgl. 490; Goetz/Welwei II 292–294; Tausend 2009, 42.

194 Vgl. Bakker, Lothar: Raetien unter Postumus – Das Siegesdenkmal einer Juthungenschlacht im Jahre 260 n. Chr. aus Augsburg, in: Germania 71 (1993), 369–386; Schallmayer, Egon: (Hrsg.) 1995: Der Augsburger Siegesaltar – Zeugnis einer unruhigen Zeit, Bad Homburg v. d. H.; Johne 2006, 266–270; Goltz/Hartmann 2008, 245; Glas 2014, 159. 222; Brandt 2021, 520.

195 Castritius, Helmut: Semnonen – Juthungen – Alamannen, in: Geuenich 1998, 349–366; Goltz 2008, 439. 443 f.

196 Dexipp., fr. 6 = Quellen III 354–361; vgl. 630 f.; Goetz/Patzold/Welwei I 130–135.

197 Amm. Marc. 17, 6, 1 = Quellen IV 56 f.; vgl. 446; Goetz/Patzold/Welwei I 268–271; Dietz, Karlheinz: Juthungi, in: DNP 6 (1999), 109; Geuenich, Dieter: Juthungen, in: RGA 16 (2000), 141–144.
198 Zon. 12, 24 = Goetz/Patzold/Welwei I 124 f.; vgl. König, Ingemar 1981: Die gallischen Usurpatoren von Postumus bis Tetricus, München, 47; Geiger 2013, 152–158; Brandt 2021, 558.
199 Hist. Aug., Prob. 5, 2; 13, 6–8 = Quellen IV 214–217; vgl. 501 f.; Goetz/Patzold/Welwei I 102 f.; 142 f.; Kreucher, Gerald: Probus und Carus, in: Johne/Hartmann/Gerhardt 2008, 402–404.
200 Cass. Dio 72, 3, 2 = Quellen III 330 f.; vgl. 621 f.; Goetz/Welwei II 320 f.
201 Tac., Germ. 42, 1 = Quellen II 118 f.; vgl. 243; Goetz/Welwei I 160–163; Ptol. 2, 11, 11 = Quellen III 220 f.; vgl. 575; Goetz/Welwei I 184 f.
202 CIL III 4500 = Quellen IV 418 f.; vgl. 588 f.
203 Vgl. unten Kap. 10, Anm. 318.
204 Hist. Aug., Marc. 22, 1 = Quellen IV 192–195; vgl. 490, Goetz/Welwei II 292 f.
205 Vgl. unten Kap. 9, Anm. 286.
206 L'année épigraphique 1956, Nr. 124 = Quellen IV 420–423; vgl. 592 f.; Demandt 2019, 225 f.
207 Vgl. Anm. 206.
208 Cass. Dio 71, 21 = Quellen III 330 f.; vgl. 620; Goetz/Welwei II 316 f., s. Kap. 9, Abschnitt »Germanen und Kolonenwirtschaft«; Dietz, Karlheinz: Naristi, in: DNP 8 (2000), 712; Neumann, Günter/Günnewig, Beatrix: Naristen, in: RGA 20 (2002), 550–554.
209 Tac., Germ. 43, 1–2 = Quellen II 118–121; vgl. 245 f.; Goetz/Welwei I 162 f.
210 Wiegels, Rainer: Marsigni, in: DNP 7 (1999), 954.
211 Ptol. 2, 11, 10 = Quellen III 220 f.; vgl. 571–574; Goetz/Welwei I 182 f.
212 Cass. Dio 68, 8, 1 = Quellen III 320 f.; vgl. 616; Goetz/Welwei II 274–277; Cichorius, Conrad 1896: Die Reliefs der Trajanssäule, Berlin, Bild IX, Tafel X 25–26; zweifelnd Lepper, Frank/Frere, Sheppard 1988: Trajan's Column, Gloucester, 59 f. mit plate X.
213 Vgl. oben Anm. 204.
214 Cass. Dio 71, 18; 72, 2, 4 = Quellen III 328–331; vgl. 620 f.; Goetz/Welwei II 314–317. 320 f.
215 Vgl. CIL III 5937.
216 Cass. Dio 72, 3, 1–2 = Quellen III 330 f.; vgl. 621 f.; Goetz/Welwei II 320 f.; Dietz, Karlheinz: Buri(i), in: DNP 2 (1997), 856 f.
217 Tac., Germ. 43, 1 = Quellen II 118–121; vgl. 245 f.; Goetz/Welwei I 162 f.; Ptol. 2, 11, 10 = Quellen III 220 f.; vgl. 574; Goetz/Welwei I 182 f.
218 Cass. Dio 71, 12, 3 = Quellen III 327; vgl. 619; Goetz/Welwei II 300 f.; Giaro, Tomasz: Tarrutienus Paternus, in: DNP 12/1 (2002), 41; Demandt 2019, 213.
219 Vgl. CIL VI 2831. 32544g. 32557; Burian, Jan: Cotini, in: DNP 3 (1997), 214; Neumann, Günter: Cotini, in: RGA 5 (1984), 110.
220 Tac., Germ. 28, 3; 43, 1 = Quellen II 106 f.; 118–121; vgl. 207. 245 f.; Goetz/Welwei I 150 f.; 162 f.

221 Vgl. Burian, Jan: Osi, in: DNP 9 (2000), 84; Neumann, Günter/Castritius, Helmut: Osi, in: RGA 22 (2003), 311–314.
222 Tac., Germ. 42, 2 = Quellen II 118 f.; vgl. 243–245; Goetz/Welwei I 162 f.
223 Zu Chattenkrieg und Provinzgründungen K. Strobel, Der Chattenkrieg Domitians, in: Germania 65 (1987), 423–452; Petrikovits, Harald von: Chatten, in: RGA 4 (1981), 379–385; Becker 1992, 265–288; Johne 2006, 218–220; Bleckmann 2009, 146–149; Brandt 2021, 276 f.; zu Domitians Herrschaft insgesamt 262–284.
224 Vgl. Strobel 1989, bes. 35–51.
225 Cass. Dio 67, 7, 1 = Quellen III 320 f.; vgl. 615; Goetz/Welwei II 272 f.; Strobel 1989, 84–87.
226 Cass. Dio 67, 7, 2 = Quellen 320 f.; vgl. 615; Goetz/Welwei II 272 f.; Strobel, wie Anm. 225; Schmitt 1997, 84 f.; 102–105; Bredow, Iris von: Jazyges, in: DNP 5 (1998), 877; Eggers, Martin: Sarmaten, in: RGA 26 (2004), 503–508.
227 ILS 9200; vgl. Strobel 1989, 96–98; Schmitt 1997, 105 mit Anm. 18; Kramer, Johannes: Dakoi, Dakia, in: DNP 3 (1997), 275–280; Strothmann, Meret: Decebalus, in: DNP 3 (1997), 341.
228 Cass. Dio 67, 5, 2 = Quellen III 320 f.; vgl. 616; Goetz/Welwei II 274 f.; Suet., Dom. 6, 1 = Quellen III 208 f.; vgl. 552; Goetz/Welwei II 260 f.; Strobel 1989, 99–101; Schmitt 1997, 85.
229 ILS 2127 und 2719.
230 Vgl. Mart. 7, 7, 1–6; 8, 15, 1–4 = Quellen I 366 f.; 586 f.; Strobel 1989, 99–104. 120.
231 Plin., paneg. 8, 2 = Quellen III 164 f.; vgl. 535; ILS 2720; Strobel 1989, 105–109.
232 Vgl. Wiegels, Rainer: Limes. Germania, in: DNP 7 (1999), 200–203; Dietz, Karlheinz: Limes. Raetia, a. a. O. 204–207; E. Schallmayer/Becker, Matthias: Limes, in: RGA 18 (2001), 403–442, bes. 419–422, 426–435; zur Regierung Trajans zuletzt Brandt 2021, 294–321.
233 Hist. Aug., Hadr. 10, 1–2; 12, 6–7 = Quellen IV 188 f.; vgl. 488; Goetz/Welwei II 278 f.; zur Regierung Hadrians zuletzt Brandt 2021, 321–356.
234 Vgl. Johne, Klaus-Peter: Historia Augusta, in: DNP 5 (1998), 637–640; Hartmann 2008 a, 31 f.; Brandt 2021, 27 f.
235 Cass. Dio 69, 9, 6 = Quellen III 320 f.; vgl. 616; Goetz/Welwei II 276 f.; ILS 2558; Callies, Helmut: Bataver, in: RGA 2 (1976), 90 f.; Dietz, Karlheinz: Batavi, in: DNP 2 (1997), 491 f.
236 Campbell, Brian: Legio, in: DNP 7 (1999), 7–22; Waldherr, Gerhardt: Vindobona, in: DNP 12/2 (2002), 231–233; Dietz, Karlheinz: Carnuntum, in: DNP 2 (1997), 994 f.; Burian, Jan: Brigetio, in: DNP 2 (1997), 777; ders., Aquincum, in: DNP 1 (1996), 939; Dietz, Karlheinz: Lauriacum, in: DNP 6 (1999), 1192 f.; Waldherr, Gerhardt: Regina Castra, in: DNP 10 (2001), 830 f.; Hundt 2017, 382–385, 409–412, 424 f.
237 Hist. Aug., Hadr. 23, 13; Anton. Pius 5, 4 = Quellen IV 188–191; vgl. 488 f.; Goetz/Welwei II 278 f.; ILS 345.

238 BMC Rom. Emp. IV 204 f.; Nr. 1274 f.; 367, Nr. 2129; Johne 2015, 234–236; Hundt 2017, 153 Anm. 350; Michels 2012, 258–269; zur Regierung des Antoninus Pius zuletzt Brandt 2021, 356–378.

239 Vgl. Swoboda, Erich: »REX QUADIS DATUS«, in: Carnuntum-Jahrbuch 2 (1956), 5–12; Göbl, Robert: »REX ... DATUS«, in: Rhein. Mus. 104 (1961), 70–80; Johne 2015, 235 f. mit Abb.; eingehende Interpretation dieser Münzen bei Michels, Christoph 2018: Antoninus Pius und die Rollenbilder des römischen Princeps, Berlin/Boston, 258–269.

240 Johne 2015, 225–242.

241 Dick 2008, 150–157.

242 Ebd., 211–214.

243 Ebd., 203–209; vgl. oben Kap. 4, Anm. 84.

244 Vgl. oben Anm. 222.

245 Tac., Germ. 7, 1 = Quellen II 86 f.; vgl. 152–156; Goetz/Welwei I 132 f.; Wolfram, Herwig 1998: Das Reich und die Germanen, Berlin, 42–48.

246 Vgl. aus der umfangreichen Literatur zu diesem Kaiser Birley, Anthony 1968: Mark Aurel. Kaiser und Philosoph, München; Rosen, Klaus 1998: Marc Aurel, 2. Aufl., Reinbek bei Hamburg; Kuhoff, Wolfgang 2019: Mark Aurel. Kaiser, Denker, Kriegsherr, Stuttgart; Demandt 2019; Brandt 2021, 378–402.

247 Quellen III 616 f.; Demandt 2019, 477. 480 f.; die Quellen zu den Markomannenkriegen präsentieren in chronologischer Ordnung Goetz/Welwei II 286–327; ausführliche Behandlungen bei Friesinger/Tejral/Stuppner 1994; Schmitt 1997, 133–198; Kehne, Peter/Tejral, Jaroslav: Markomannenkrieg, in: RGA 19 (2001), 308–322; Hundt 2017, 231–359; Kuhoff 2019, 70–119; Demandt 2019, 183–270; Hartung 2024, 368–502.

248 Vgl. Kokowski, Andrzej: Die archäologischen Kulturen des Gotenkreises, in: Uelsberg/Wemhoff 2020, 255–269 mit 11 Abbildungen; Dietz, Karlheinz: Goti, in: DNP4 (1998), 1163 f.; Bierbrauer, Volker: Goten, in: RGA 12 (1998), 412–416.

249 Hist. Aug., Marc. 14, 1 = Quellen IV 190 f.; vgl. 490; Goetz/Welwei II 288 f.

250 Domański, Grzegorz: Die Bevölkerungszunahme in Mitteleuropa und die Gründe für den Ausbruch der Markomannenkriege, in: Friesinger/Tejral/Stuppner 1994, 109–113.

251 Cass. Dio 71, 3, 1a = Quellen III 322 f.; vgl. 617; Goetz/Welwei II 286–289; Dobesch, Gerhard: Zur Vorgeschichte der Markomannenkriege, in: Friesinger/Tejral/Stuppner 1994, 17–21; Demandt 2019, 188 f.; Eck, Werner: Iallius, in: DNP 5 (1998), 846; Dobesch, Gerhard: Obii, in: RGA 21 (2002), 489–498.

252 So Dobesch, Gerhard, in: Friesinger/Tejral/Stuppner 1994, 17–21.

253 Vgl. Schmitt 1997, 141; Demandt 2019, 160–162, 175–181.

254 Hist. Aug., Marc. 22, 1 = Quellen IV 192–195; vgl. 490; Goetz/Welwei II 292 f.

255 Beide Vorgänge werden erst aus dem späten 4. Jahrhundert überliefert: Amm. Marc. 29, 6, 1 = Quellen IV 110 f.; vgl. 464; Goetz/Welwei II 296 f.; der Einfall nach Nordostitalien gehört vom Zeitansatz zu den umstrittensten Vorgängen der Markomannenkriege und wird zwischen 166 und 174 datiert, vgl. Demandt 2019, 480 f.

mit Anm. 90, der den Vorgang wie auch Schmitt 1997, 141 f. auf 167 datiert, während sich Hundt 2017, 319 f. für 170/171 ausspricht, für 170 Kuhoff 2019, 80 f.; ebenso Hartung 2024, 431–443.

256 Hist. Aug., Marc. 13, 1 = Quellen IV 190 f.; vgl. 489 f.; Goetz/Welwei II 288 f.

257 Hist. Aug., Marc. 17, 2 = Quellen IV 192 f.; vgl. 490; Goetz/Welwei II 290–293; Eutrop. 8, 12, 2 = Quellen III 470 f.; vgl. 666; Goetz/Welwei II 312 f.

258 Hist. Aug., Marc. 14, 3 = Quellen IV 190–193; vgl. 490; Goetz/Welwei II 288 f.; Cass. Dio 71, 13, 3 = Quellen III 326–329; vgl. 619; Goetz/Welwei II 308 f.

259 Hist. Aug., Marc. 21, 7 = Quellen IV 192 f.; vgl. 490; Goetz/Welwei II 292 f.

260 Zu den zahlreichen kriegerischen Konflikten zwischen einzelnen germanischen Stämmen vgl. Tausend 2009, 71–88.

261 Cass. Dio 71, 11, 6–12, 1 = Quellen III 326 f.; vgl. 619; Goetz/Welwei II 298–301.

262 Hist. Aug., Marc. 21, 10 = Quellen IV 192 f.; vgl. 490; Goetz/Welwei II 292 ff.; Szaivert, Wolfgang: Die Markomannenkriege in der römischen Münzprägung der Kaiserzeit, in: Friesinger/Tejral/Stuppner 1994, 497–505.

263 Cass. Dio 71, 15 = Quellen III 328 f.; vgl. 619; Goetz/Welwei II 310 f.; Demandt 2019, 212 f. 486 f.

264 Hist. Aug., Comm. 11, 14 = Quellen IV 196 f.; vgl. 492 f.; Goetz/Welwei II 308 f.

265 Ov. Metam. 1, 264–267; Ovid, Werke in 2 Bden., übers. von Reinhard Suchier und Liselot Huchthausen, Bd. 1, Berlin/Weimar 1968, 11; vgl. Hünemörder, Christian/Käppel, Lutz: Notos, in: DNP 8 (2000), 1013 f.; Demandt 2019, 214 f. mit Abbildung.

266 Hist. Aug., Marc. 24, 4 = Quellen IV 194 f.; vgl. 491; Goetz/Welwei II 304 f.

267 Cass. Dio 71, 8, 1–10, 4 = Quellen III 323–327; vgl. 618; Goetz/Welwei II 300–303.

268 Tert., apol. 5, 6; Scap. 4, 6 = Quellen III 264–267; vgl. 601; Goetz/Welwei II 304 f.; auf Tertullian beruft sich Eusebios in seiner Kirchengeschichte Euseb., hist. eccl. 5, 5, 1–6 = Quellen III 406 f.; vgl. 649 f.

269 Jobst, Werner: 11. Juni 172 n. Chr. Der Tag des Blitz- und Regenwunders im Quadenland, in: Sitzungsberichte der österreichischen Akademie der Wissenschaften, Phil.-hist. Klasse 335, Wien 1978; zurückgewiesen von Dobesch, Gerhard, in: Germania 73 (1995), 534–538; auch die Datierung des Regenwunders schwankt in der Forschung zwischen 171 und 174; vgl. Demandt 2019, 487 mit Anmerkung 269; für 172 plädiert auch Hundt 2017, 332, für 173 oder 174 sprechen sich Kehne, Peter, in: RGA 19 (2001), 312 und Brandt 2021, 387 aus, für 174 Kuhoff 2019, 95–99.

270 Cass. Dio 71, 11, 1–5 = Quellen III 326 f.; vgl. 618 f.; Goetz/Welwei II 298 f.; Schmitt 1997, 156–158; Demandt 2019, 227–229. 255 mit Abbildung.

271 Cass. Dio 71, 11, 1–5 = Quellen III 326 f.; vgl. 618 f.; Goetz/Welwei II 298 f.; Schmitt 1997, 156–158; Demandt 2019, 227–229.

272 Cass. Dio 71, 15 = Quellen III 328 f.; vgl. 619; Goetz/Welwei II 310 f.; Demandt 2019, 229.

273 Ausführliche Behandlung der Titulatur der Kaiserin bei Johne, Klaus-Peter: Das Kaisertum und die Herrscherwechsel, in: Johne/Hartmann/Gerhardt 2008, 608–615.

274 Cass. Dio 71, 13, 2–3 = Quellen III 326 f.; vgl. 619; Goetz/Welwei II 308 f.

275	Cass. Dio 71, 14, 1–2 =Quellen III 328 f.; vgl. 619; Goetz/Welwei II 310 f.
276	Cass. Dio 71, 16, 1. 17 = Quellen III 328 f.; vgl. 619 f.; Goetz/Welwei II 310–313; Schmitt 1997, 162 f.
277	CIL VI 1014 = ILS 374.
278	Demandt 2019, 253–257 mit Abbildung; zur Geschichte des Reiterdenkmals 68–79.
279	Vgl. CIL II 4114; VI 1540; X 408 = ILS 1140. 1112. 1117.
280	Cass. Dio 71, 18 = Quellen III 328 f.; vgl. 620; Goetz/Welwei II 314–317.
281	Cass. Dio 72, 2, 4 = Quellen III 330 f.; vgl. 621; Goetz/Welwei II 320 f.
282	Cass. Dio 71, 33, 3 = Quellen III 330 f.; vgl. 620 f.; Goetz/Welwei II 314 f.
283	Vgl. oben Anm. 275.
284	Vgl. Speidel, Michael P.: Commodus and the King of Quadi, in: Germania 78 (2000), 193–197; Johne 2015, 234–236 mit Abb. 2; Demandt 2019, 264 f. mit Tafel XI; zur Regierung des Commodus zuletzt Brandt 2021, 403–417.
285	Cass. Dio 71, 20, 1–2 = Quellen III 328 f.; vgl. 620; Goetz/Welwei II 316 f.
286	CIL III 13 439 = ILS 9122 = Quellen IV 420 f.; vgl. 591 f.
287	CIL VIII 619 = ILS 2747; vgl. Quellen IV 591.
288	Vgl. oben Kap. 7, Anm. 192.
289	Hist. Aug. 24, 5 = Quellen IV 194 f.; vgl. 491; Goetz/Welwei II 312 f.
290	Hist. Aug., Marc. 27, 10 = Quellen IV 194 f.; vgl. 491 f.; Goetz/Welwei II 318 f.
291	Cass. Dio 71, 33, 4^2 = Quellen III 330 f.; vgl. 621; Goetz/Welwei II 318 f.
292	Zur Forschungslage Schmitt 1997, 133–137; Johne 2006, 248 f.
293	Schmitt 1997, 150–180.
294	So Birley, Anthony: Die Außen- und Grenzpolitik unter der Regierung Marc Aurels, in: Klein, Richard (Hrsg.) 1979: Marc Aurel, Darmstadt, 486–494, bes. 492.
295	Vgl. Tejral, Jaroslav: Markomannenkrieg, in: RGA 19 (2000), 317–321 mit informativer Karte 319; ders.: Mušov, in: RGA 20 (2002), 425–433.
296	Hundt 2017, 289–293; Moosbauer 2018, 35–37; Steuer 2021, 1099; Hartung 2024, 468.
297	Schmitt 1997, 179 f. denkt an eine Grenze bis an die Sudeten und Karpaten, Strobel, Karl: Die »Markomannenkriege« und die neuen Provinzen Marc Aurels, in: Leitner, Friedrich W. (Hrsg.) 2001: Carinthia Romana und die römische Welt. Festschrift G. Piccotini, Klagenfurt, 103–124 spricht sich für Provinzgrenzen zwischen Donau, Karpaten und Herkynischem Wald aus.
298	Zustimmung zu diesem Vorschlag bei Birley, Anthony: Marcus Aurelius' Northern Wars in the Historia Augusta, in: Galli Milič, Lavinia/Hecquet-Noti, Nicole (Hrsg.) 2010: Historiae Augustae Colloquium Genevense, Bari, 41–43; Hundt 2017, 348 f.
299	Für die Historizität neben den in den Anm. 492–294 Genannten auch Kehne, Peter: Markomannenkrieg, in: RGA 19 (2001), 313; Bleckmann 2009, 165–167; Lehmann 2011, 98 f.; Kuhoff 2019, 113 f.; Hartung 2024, 473–475; weiterhin skeptisch Demandt 2019, 265–267.
300	Cass. Dio 72, 2, 1 = Quellen III 330 f.; vgl. 621; Goetz/Welwei II 320 f.
301	Cass. Dio 72, 2, 2–4 = Quellen III 330 f.; vgl. 621; Goetz/Welwei II 320 f.; ausführliche Behandlung des Friedensschlusses bei Schmitt 1997, 189–198.

302 Hist. Aug., Comm. 3, 6 = Quellen IV 196 f.; vgl. 492; CIL XIV 2922 = ILS 1420.
303 Griebel 2013, 26 f.
304 Ebd., 11 f.
305 Ebd., 201–203; vgl. Hölscher, Tonio: Die Säule des Marcus Aurelius. Narrative Struktur und ideologische Botschaft, in: Scheid, John/Huet, Valérie (Hrsg.) 2000: Autour de la colonne Aurélienne. Geste et image sur la colonne de Marc Aurèle à Rome, Turnhout, 89–105; Hartung 2024, 488–497.
306 Cass. Dio 71, 11, 4–5 = Quellen III 326 f.; vgl. 618 f.; Goetz/Welwei II 298 f.
307 Hist. Aug., Marc. 22, 1; 24, 3 = Quellen IV 194 f.; vgl. 490; Goetz/Welwei II 294 f.; 304 f.
308 Bleicken, Jochen 1981: Verfassungs- und Sozialgeschichte des Römischen Kaiserreiches, Bd. 2, 2. Aufl., Paderborn u. a., 81 f.
309 Ausführliche Erörterung des Problems bei Schmitt 1997, 150–154.
310 Dig. 30, 112 pr.
311 Johne, Klaus-Peter: Von der Kolonenwirtschaft zum Kolonat, in: ders. 1993, 82–86.
312 Cod. Theod. 5, 17, 1; Johne 1993, 88 f.
313 Johne 1993, 64–97; die vorgeschlagene begriffliche Trennung von Kolonenwirtschaft und Kolonat billigt Schipp, Oliver 2009: Der weströmische Kolonat von Konstantin bis zu den Karolingern (332–861), Hamburg, 29 mit Anm. 6; zum Konstantinischen Edikt 34–37.
314 Vgl. Wolfram, Herwig: Markomannen und Quaden nach dem »Großen Krieg«, in: Heftner, Herbert/Tomaschitz, Kurt (Hrsg.) 2004: Ad fontes! Festschrift Gerhard Dobesch, Wien, 783–790.
315 Cass. Dio 72, 2, 1 = Quellen III 330 f.; vgl. 621; Goetz/Welwei II 320 f.
316 Cass. Dio 72, 2, 4 = Quellen III 330 f.; vgl. 621; Goetz/Welwei II 320 f.
317 Vgl. Meier 2021, 125–127.
318 CIL III 4453 = ILS 856 = Quellen IV 422 f.; vgl. 594; Betz, Artur: Septimius Aistomodius rex Germanorum, in: Arheološki Vestnik 19 (1968), 13–17.
319 Vgl. Herod. 2, 9, 12 = Quellen III 340 f.; vgl. 626; zur Regierung des Septimius Severus und des Caracalla zuletzt Brandt 2021, 427–460.
320 Cass. Dio 77, 20, 3–4 = Quellen III 334 f.; vgl. 623; Goetz/Welwei II 342 f.
321 Vgl. Goltz 2008, 450.
322 Vgl. Franke, Thomas: Herodianus 2, in: DNP 5 (1998), 467; Hartmann 2008 a, 30.
323 Herod. 1, 5, 6; 1, 6, 6 = Quellen III 336–339; vgl. 625 f.; Goetz/Welwei II 324 f.
324 Bleckmann 2009, 167 bezeichnet diese Notiz als »utopische Absurdität«.
325 Herod. 7, 2, 1–9 = Quellen III 348–351; vgl. 627 f.; Goetz/Welwei II 356–359; Wolters 2017, 119 vergleicht die Darstellung der »Schlacht im Moor« bei Herodian mit derjenigen der Varusschlacht bei Cassius Dio; zur Regierung des Severus Alexander zuletzt Brandt 2021, 471–486.
326 Vgl. Johne 2006, 262–264; dagegen vermutet Zecchini, Giuseppe: L'Histoire Auguste et l'expeditio germanica di Massimino il Trace, in: Zinsli, Samuel/Martin, Gunther (Hrsg.) 2021: Historiae Augustae Colloquium Turicense, Bari, 213–218, die

Heranziehung einer zweiten Quelle, womit seiner Meinung nach die Entfernungsangabe von 300–400 Meilen möglich sei.

327 Moosbauer 2018, 85–101; vgl. Rez. des Verfassers in: H-Soz-u-Kult 01.04.2019.
328 Moosbauer 2018, 76. 84 f.; Schulte, Lothar: Rom vs. Unbekannt? Die germanischen Gegner Roms 235 n. Chr., in: Uelsberg/Wemhoff 2020, 302 lokalisiert dieses »Moor« mit dem »Großen Bruch« nordöstlich des Harzes.
329 Wolters, Reinhard: Numismatik vs. Epigraphik? Zur Chronologie des Maximinus Thrax als Herrscher und der große Sieg über die Germanen, in: ZPE 226 (2023), 236–243; zur Regierung des Maximinus Thrax zuletzt Brandt 2021, 486–493.
330 Steuer 2021, 769–780.
331 Meier, Mischa: Zosimos 5, in: DNP 12/2 (2002), 843–845; Hartmann 2008 a, 44.
332 Zos. 1, 29, 2; 30, 1–3 = Quellen IV 382–385; vgl. 568 f.; Goetz/Patzold/Welwei I 118 f.
333 Aur. Vict. 33, 6 = Quellen III 412 f.; vgl. 652; Goetz/Patzold/Welwei I 72–75.
334 Eigler, Ulrich: Victor 7, in: DNP 12/2 (2002), 187 f.; Hartmann 2008 a, 21.
335 Ps.-Aur. Vict. 33, 1 = Quellen IV 160 f.; vgl. 478; Goetz/Patzold/Welwei I 74.
336 Hist. Aug., Gall. 21, 3; tyr.trig. 3,4 = Quellen IV 206–209; vgl. 498.
337 Schmidt, Peter Lebrecht: Enmannsche Kaisergeschichte, in: DNP 3 (1997), 1040; Hartmann 2008 a, 25 f.
338 Goltz/Hartmann 2008, 239; Goltz 2008, 449 f.; Hartmann 2008 b, 1197 f.
339 Speidel, Michael P.: Gallienus and the Marcomanni, in: Johne/Gerhardt/Hartmann 2006, 76 f.; Kehne, Peter: Markomannen, in: RGA 19 (2001), 299; Geiger 2013, 334 f.; Hartung 2024, 532.
340 Vgl. Glas 2014, 243–246.
341 Dexipp., fr. 7, 2 = Quellen III 362 f.; vgl. 632; Goetz/Patzold/Welwei I 96 f.; Hartmann 2008 b, 1198; Glas 2014, 234 f.
342 Vgl. Goltz/Hartmann 2008, 285–287; Hartmann 2008 b, 1197; Dietz, Karlheinz: Heruli, in: DNP 5 (1998), 504 f.; Taylor, Matthew: Heruler, in: RGA 14 (1999), 468–474; Steinacher 2017, 54–64.
343 Vgl. Speidel, Michael P.: Das Heer, in: Johne/Hartmann/Gerhardt 2008, 684 f.; Glas 2014, 232 f.
344 Goltz/Hartmann 2008, 223–295; Geiger 2013; Glas 2014; Brandt 2021, 514–529.
345 Eutrop. 9, 8, 2 = Quellen III 472 f.; vgl. 667; Goetz/Patzold/Welwei I 72 f.
346 Portmann, Werner: Eutropius 1, in: DNP 4 (1998), 322; Hartmann 2008 a, 28 f.
347 Goltz/Hartmann 2008, 264 f.; Glas 2014, 336–338; Brandt 2021, 525.
348 Hist. Aug., Aur. 18, 2 = Quellen IV 210 f.; vgl. 499 f.; Goetz/Patzold/Welwei I 134 f.; zur Regierung Aurelians zuletzt Brandt 2021, 533–540.
349 Dexipp., fr. 7 = Quellen III 360 f.; vgl. 631 f.; Goetz/Patzold/Welwei I 94–97; Zos. 1, 48, 1 = Quellen IV 384 f.; vgl. 569; Goetz/Patzold/Welwei I 96–99; Hartmann, Udo: Claudius Gothicus und Aurelian, in: Johne/Hartmann/Gerhardt 2008, 312 f.
350 Hist. Aug., Aur. 18, 3–6 = Quellen IV 210–213; vgl. 499 f.; Goetz/Patzold/Welwei I 134 f.

351 Altmayer, Klaus 2014: Die Herrschaft des Carus, Carinus und Numerianus als Vorläufer der Tetrarchie, Stuttgart, 157 f.; 503 mit Abb. 19; zur Regierung des Carinus zuletzt Brandt 2021, 551–557.
352 Burian, Jan: Siscia, in: DNP 11 (2001), 596.
353 Cons. Const. a. 299 = Quellen IV 354 f.; vgl. 554 f.; Aur. Vict. 39, 43 = Quellen III 416 f.; vgl. 653; Goetz/Patzold/Welwei I 108 f.; Goltz 2008, 450.
354 Amm. Marc. 16, 10, 20 = Quellen IV 28 f.; vgl. 439; Goetz/Patzold/Welwei I 226 f.
355 Amm. Marc. 17, 12, 1–3 = Quellen IV 62 f.; vgl. 450; Goetz/Patzold/Welwei II 20 f.
356 Dittrich 1984, 19–25. 47–52.
357 Amm. Marc. 17, 12, 4–21 = Quellen IV 62–69; vgl. 450–453; Goetz/Patzold/Welwei II 20–25; Dittrich 1984, 53–62; Kolnik, Titus: Quaden, in: RGA 23 (2003), 635.
358 Amm. Marc. 17, 12, 9.21 = Quellen IV 64 f.; 68 f.; vgl. 451–453; Goetz/Patzold/Welwei II 22–25.
359 Amm. Marc. 29, 6, 2–5 = Quellen IV 110–113; vgl. 464 f.; Goetz/Patzold/Welwei II 58 f.; Dittrich 1984, 87–100.
360 Amm. Marc. 29, 6, 6–14 = Quellen IV 112–115; vgl. 465 f.; Goetz/Patzold/Welwei II 58–63; Dittrich 1984, 101–107.
361 Amm. Marc. 30, 5, 1–6, 3 = Quellen IV 116–121; vgl. 466 f.; Goetz/Patzold/Welwei II 72 f.; Dittrich 1984, 107–119; Kolnik, Titus: Quaden, in: RGA 23 (2003), 635 f.; Meier 2021, 359 f.
362 Amm. Marc. 29, 6, 1 = Quellen IV 110 f.; vgl. 464; Goetz/Patzold/Welwei II 296 f.
363 Amm. Marc. 31, 4, 2 = Quellen IV 122 f.; vgl. 467; Goetz/Patzold/Welwei II 84 f.
364 Vgl. Bóna, István: Hunnen, in: LMA 5 (1991), 222–224; I von Bredow, Hunni, in: DNP 5 (1998), 759–761; Pohl, Walter/Anke, Bodo: Hunnen, in: RGA 15 (2000), 246–261; Meier 2021, 156–170.
365 Vgl. Steinacher 2017, 39–41; Steuer 2021, 127–141.
366 Claud. in Rufin. 2, 24–28 = Quellen IV 164 f.; vgl. 481; Goetz/Patzold/Welwei II 206 f.
367 Hier., epist. 60, 16, 2–3 = Quellen IV 240 f.; vgl. 513; Verg., Aen. 2, 368 f.
368 Paul. Mediol, vita Ambr. 36 = Quellen IV 296 f.; vgl. 530. Hartung 2024, 606 und 662 interpretieren die *deditio* von Fritigils Mann als die Auflösung des Stammes.
369 Not. Dign., occ. 34, 24 = Quellen IV 300 f.; vgl. 535; Pabst, Angela: Notitia dignitatum, in: LMA 6 (1993), 1286 f.; Johne, Klaus-Peter: Notitia dignitatum, in: DNP 8 (2000), 1011–1013.
370 Vgl. Dietz, Karlheinz: Marcomanni, in: DNP 7 (1999), 868; Kehne, Peter: Markomannen, in: RGA 19 (2001), 299 f.
371 Meier 2021, 377–379.
372 Hier., epist. 123, 15, 1–4 = Quellen IV 242 f.; vgl. 513; Goetz/Patzold/Welwei II 272 f.
373 Vgl. Oros. 7, 38, 3 f. = Quellen IV 288–291; vgl. 527 f.; Goetz/Patzold/Welwei II 284 f.; Salv., gub. 7, 50 = Quellen IV 322 f.; vgl. 541; Prosp., chron. 1230 p. 465 = Quellen IV 346 f.; vgl. 549; Zos. 6, 3, 1 = Quellen IV 408 f.; vgl. 576; Goetz/Patzold/Welwei II 274 f.; Bleckmann 2009, 237–241.

374 Chron. Gall. 4, 64 = Quellen IV 338 f.; vgl. 546; Hydat. 49 = Quellen IV 356–359; vgl. 556; Goetz/Patzold/Welwei II 394 f.
375 Vgl. Ament, Herrmann/Leguay, Jean-Pierre: Sueben, in: LMA 8 (1997), 285–287; Castritius, Helmut: Sweben, in: RGA 30 (2005), 202–207; Meier 2021, 609 f.
376 Paul. Diac., Hist. Rom. 14, 2, MGH AA II, p. 201; vgl. Eder, Walter: Attila, in: DNP 2 (1997), 246 f.; Wirth, Gerhard 1999: Attila. Das Hunnenreich und Europa, Stuttgart, 100–104; Kehne, Peter: Markomannen, in: RGA 19 (2001), 300; Steinacher 2017, 93; Meier 2021, 451–458.
377 Vgl. Wiegels, Rainer: Semnones, in: DNP 11 (2001), 382; Castritius, Helmut: Semnonen, in: RGA 28 (2005), 154–158; Jänichen, Hubert: Alemannen, in: RGA 1 (1973), 138 f.; Dietz, Karlheinz: Alamannen, in: DNP 1 (1996), 429 f.
378 Leube, Achim: Die nördlichen Elbgermanen und die angrenzenden Stämme bis zur Oder, in: Krüger 1983, 598–602.
379 Veget., mulom. 3, 6, 2–3 = Quellen IV 334 f., vgl. 543 f.; Brunhölzl, Franz: Vegetius, in: LMA 8 (1997), 1444 f.; Brandt, Hartwin: Vegetius, in: DNP 12/1 (2002), 1155–1157.
380 Cassiod., Var. 4, 1, MGH AA XII, p. 114; Jord., Get. 21, MGH AA V 1, p. 59.
381 Vgl. Schmidt, Berthold: Die Thüringer, in: Krüger 1983, 521–523.
382 Sidon., carm. 7, 321–325 = Quellen IV 364 f.; vgl. 560; Goetz/Patzold/Welwei II 470 f.; Krapinger, Gernot: Sidonius Apollinaris, in: DNP 11 (2001), 522 f.; Krautschick, Stefan: Sidonius Apollinaris, in: RGA 28 (2005), 271–273.
383 Schmidt, Berthold: Die Thüringer, in: Krüger 1983, 539–542, vgl. 505–542.
384 Bemmann, Jan: Mitteldeutschland im 5. und 6. Jahrhundert, in: Castritius/Geuenich/Werner 2009, 61–81.
385 Zeuß 1837, 353 f.; Schmidt, Berthold: Die Thüringer, in: Krüger 1983, 504 f.; Ament, Hermann/Werner, Matthias: Thüringer, in: LMA 8 (1997), 747–750; Pohl 2000, 22, 40; Waldherr, Gerhardt: Thuringi, in: DNP 12/1 (2002), 515; Bleckmann 2009, 95; zur Forschungsgeschichte Springer, Matthias: Zwischen (H)Ermunduren und Thüringer besteht kein Zusammenhang, in: Castritius/Geuenich/Werner 2009, 135–140.
386 Vgl. Meier 2021, 607 f.
387 Haubrichs, Wolfgang: Der »Name« der Thüringer, in Castritius/Geuenich/Werner 2009, 83–102, bes. 95 f.; Springer, wie Anm. 385 und Thüringer, in: RGA 30 (2005), 521–530.
388 Dazu Grahn-Hoek, Heike: Das Recht der Thüringer und die Frage ihrer ethnischen Identität, in: Castritius/Geuenich/Werner 2009, 415–456.
389 Meier, wie Anm. 386.
390 Tac., Germ. 40, 2 = Quellen II 116 f.; vgl. 238 f.; Goetz/Welwei I 160 f.; Ptol. 2, 11, 8 = Quellen III 218 f.; vgl. 569 f.; Goetz/Welwei I 180 f.; Wenskus, Reinhard: Angeln, in: RGA 1 (1973), 290–292; Dietz, Karlheinz: Anglii, in: DNP 1 (1996), 701.
391 Vgl. Kälble, Mathias: Ethnogenese und Herzogtum Thüringen im Frankenreich, in: Castritius/Geuenich/Werner 2009, 339 f.; Wirth, Gerhard: Warnen, in: LMA 8 (1997), 2052; Springer, Matthias: Warnen, in: RGA 33 (2006), 274–281.

392 Gruber, Joachim: Heruler, in: LMA 4 (1989), 2184 f.; Taylor, Matthew: Heruler, in: RGA 14 (1999), 470–472; Dietz, Karlheinz: Heruli, in: DNP 5 (1998), 504 f.; Kälble, wie Anm. 391, 33 f.; Steinacher 2017; als Paradebeispiel für einen mobilen Kriegerverband betrachtet sie Steuer 2021, 811.

393 Cassiod., Var. 3, 3, MGH AA XII, p. 79 f.; vgl. Kampers, Gerd: Die Thüringer und die Goten, in: Castritius/Geuenich/Werner 2009, 272–275; Meier, wie Anm. 386.

394 Eugipp., Vita Severini 18, 27 f. 30 f.; vgl. Löwe, Heinz: Eugippius, in: RGA 7 (1989), 620–622; van Uytfanghe, Marc: Eugippius, in: LMA 4 (1989), 85 f.

395 Malch., fr. 8c (Dindorf) = 13 Blockley, R. C. 1983: The fragmentary classicising historians of the Later Roman Empire, Bd. 2, Liverpool, 418 f. = Quellen IV 378 f.; vgl. 565 f.; Schottky, Martin: Malchos, in: LMA 7 (1993), 167; Berger, Albrecht: Malchos 4, in: DNP 7 (1999), 767; Graßl, Herbert: Sciri, in: DNP 11 (2001), 298; Castritius, Helmut: Skiren, in: RGA 28 (2005), 640–645.

396 Brandes, Wolfram: Familienbande? Odoaker, Basiliskos und Harmatios, in: Klio 75 (1993), 407–437; Lütkenhaus, Werner: Onoulf, in: DNP 8 (2000), 1219.

397 Johann. Antioch. fr. 209, 1 = Excerpta de insidiis, ed. C. de Boor, Berlin 1905, 131 = Blockley, wie Anm. 395, 373 f.

398 Alle Versionen seiner Herkunft sind bei Brandes, Wolfram, in: Klio 75 (1993), 428 aufgelistet.

399 Vgl. Wirth, Gerhard: Odoaker, in: LMA 7 (1993), 1360 f.; Wolfram, Herwig 1998: Das Reich und die Germanen, Berlin, 264–270; ders., Odowakar, in: RGA 21 (2002), 573–575; Lütkenhaus, Werner: Odoacer, in: DNP 8 (2000), 1108 f.; Steinacher 2017, 121–127.

400 Schmidt, Berthold: Die Thüringer, in: Krüger 1983, 541 f. mit Verbreitungskarte Abb. 167; vgl. Alt, Kurt W.: Schädeldeformation, in: RGA 26 (2004), 571–577.

401 Demandt 2007, 211–213; Macbain, Bruce: Odovacar the Hun?, in: Classical Philology 78 (1983), 323–327; Castritius, Helmut: Zur Sozialgeschichte der Heermeister des Westreiches, in: Mitteilungen des Instituts für Österreichische Geschichtsforschung 92 (1984), 1–33, bes. 30.

402 Brandes, Wolfram: Thüringer/Thüringerinnen in byzantinischen Quellen, in: Castritius/Geuenich/Werner 2009, 293–299.

403 Schwarcz, Andreas: Jordanes, in: LMA 5 (1991), 626 f.; Schmidt, Peter Lebrecht: Jordanes, in: DNP 5 (1998), 1085–1087; Lawo, Mathias/Weißensteiner, Johann: Jordanes, in: RGA 16 (2000), 76–80.

404 Jord., Rom. 344, MGH AA V 1, p. 44; Get. 242, MGH AA V 1, p. 120; 291, MGH AA V 1, p. 133.

405 So Brandes, wie Anm. 402, 298 f.

406 Cassiod., Var. 4, 1, MGH AA XII, p. 114; vgl. Kampers, Gerd, Die Thüringer und die Goten, in: Castritius/Geuenich/Werner 2009, 265–268; Alonso-Núñez, José Maria: Cassiodor, in: LMA 2 (1983), 1551–1554; Callies, Helmut: Cassiodor, in: RGA 4 (1981), 347–350; Eder, Walter: Cassiodorus, in: DNP 2 (1997), 1004–1007; Lütkenhaus, Werner: Theoderich 3, in: DNP 12/1 (2002), 312–316; Wolfram, Herwig:

Theoderich der Große, in: RGA 30 (2005), 415–419; ders., Theoderich, in: LMA 8 (1997), 621–623.
407 Schmidt, Berthold: Die Thüringer, in: Krüger 1983, 502–504 und 544 mit Tafel 29 c; Timpel, Wolfgang: Oßmannstedt, in: RGA 22 (2003), 328 f.; ders., Ein Adelsgrab des 5. Jh. von Oßmannstedt, Lkr. Weimarer Land, in: Ostritz, Sven (Hrsg.) 2022: Studien zu den Fundkomplexen Oßmannstedt, Eischleben und Herpf, Langenweißbach, 11–23.
408 Vgl. Scheibelreiter, Georg: Der Untergang des Thüringerreiches, in: Castritius/Geuenich/Werner 2009, 171–199; ders., Herminafrid, in: RGA 14 (1999), 425–427.
409 Procop., Bell. Goth. 4, 25, 11–15; vgl. Brandes, wie Anm. 402, 300 f.
410 Ven. Fort., Appendix Carminum 1, 48, MGH AA IV 1, p. 272; vgl. Düchting, Reinhard: Venantius Fortunatus, in: LMA 8 (1997), 1453 f.; Krapinger, Gernot: Venantius Fortunatus, in: DNP 12/2 (2002), 1–3; Huber-Rebenich, Gerlinde: Die thüringische Prinzessin Radegunde in der zeitgenössischen Überlieferung, in: Castritius/Geuenich/Werner 2009, 235–252; van Uytfanghe, Marc: Radegunde, in: LMA 7 (1995), 387; Krautschick, Stefan: Radegunde, in: RGA 24 (2003), 61–63.
411 Schmidt, Berthold: Die Thüringer, in: Krüger 1983, 504.
412 Thietmar von Merseburg, Chronik, hrsg. von Holtzmann, Robert, Berlin 1935, V 14, 236; vgl. Kälble, wie Anm. 391, 388; Eggenstein, Stefan: Schweinezins, in: Stutz, Rüdiger/Mieth, Matias (Hrsg.) 2018: Jena. Lexikon zur Stadtgeschichte, Berching 2018, 573.
413 Werner, Matthias: Hausbergburgen, in: Stutz, Rüdiger/Mieth, Matias (Hrsg.) 2018: Jena. Lexikon zur Stadtgeschichte, Berching 2018, 272–274; Meister-Groß, Gabriele: Fuchsturm, ebd., 223.
414 Vgl. Strab. 7, 1, 3 p. 290 f. C = Quellen I 232 f.; vgl. 511 f.; Goetz/Welwei I 89–91; Vell. Pat. 2, 109, 5 = Quellen I 272 f.; vgl. 532; Goetz/Welwei II 120 f.; Tac., Germ. 28, 2 = Quellen II 106 f.; vgl. 206 f.; Goetz/Welwei I 148 f.
415 Vgl. oben Kap. 6, Anm. 127.
416 Vgl. oben Kap. 9, Abschnitt »Eine Provinz *Marcomannia*?«.
417 So übereinstimmend Beck, Heinrich: Bajuwaren, in: RGA 1 (1973), 601 f.; Schmidt, Berthold: Die Bajuwaren, in: Krüger 1983, 548 f.; Rübekeil, Ludwig: Der Name *Baiovarii* und seine typologische Nachbarschaft, in: Fehr/Heitmeier 2014, 149–162.
418 Jord., Get. 55, MGH AA V 1, p. 280 f.
419 Vgl. Heitmeier, Irmtraut: Die spätantiken Wurzeln der bairischen Noricum-Tradition, in: Fehr/Heitmeier 2014, 484; Schwarcz, Andreas: Jordanes, in: LMA 5 (1991), 626 f.; Schmidt, Peter Lebrecht: Jordanes, in: DNP 5 (1998), 1085–1087; Lawo, Mathias/Weißensteiner, Johann: Jordanes, in: RGA 16 (2000), 76–80.
420 Ven. Fortun., Vita St. Martini 4, 640–646, MGH AA IV 1, p. 368; Krapinger, Gernot: Venantius Fortunatus, in: DNP 12/2 (2002), 1–3; Lieven, Jens: Venantius Fortunatus, in: RGA 35 (2007), 386–390.
421 Ven. Fortun., Carm. Praef., MGH AA IV 1, p. 2.
422 Vgl. Eugippius, Vita Severini 19, 1, hrsg. von Nüsslein 70–72; Löwe, Heinz: Eugippius, in: RGA 7 (1989), 620–622; van Uytfanghe, Marc: Eugippius, in: LMA 4

(1989), 85 f.; Berschin, Walter: Eugippius, in: DNP 4 (1998), 234; Letsch-Brunner, Silvia: Severinus 2, in: DNP 11 (2001), 483.
423 Zeuß 1837, 364–373.
424 Fehr, Hubert/Heitmeier, Irmtraud: Ein Vierteljahrhundert später …, in: Fehr/Heitmeier 2014, 13.
425 Christlein, Rainer/Fried, Pankraz: Bayern, in: LMA 1 (1980), 1696–1699.
426 Schmidt, Berthold: in: Krüger 1983, 556–558; vgl. 548–571; Meier 2021, 921 und 1324.
427 Vgl. Beck, wie Anm. 417; Hamann, Stefan: Bajuwaren, in: RGA 1 (1973), 606 f.; Mączyńska, Magdalena 1993: Die Völkerwanderung, Zürich, 203–206; Wirth, Gerhard: Markomannen, in: LMA 6 (1993), 307; Dietz, Karlheinz: Baiovarii, in: DNP 2 (1997), 404; Pohl 2000, 42. 114; Bleckmann 2009, 288 f.
428 Vgl. oben Kap. 10, Anm. 369–370.
429 Paul. Diac., Hist. Rom. 14, 2, MGH AA II, p. 201; vgl. Gaspari, Stefano: Paulus Diaconus, in: LMA 6 (1993), 1825 f.; Philipps, C. Robert: Paulus 4, in: DNP 9 (2000), 440 f.; Pohl, Walter: Paulus Diaconus, in: RGA 22 (2003), 527–532.
430 Sidon., carm. 7, 319–334 = Quellen IV 364 f.; vgl. 560; Goetz/Patzold/Welwei II 470 f.; Jord., Get. 199. 261. 265 f., MGH AA V 1, p. 109. 125. 126 f.; Meier 2021, 451–458.
431 Vgl. Meier 2021, 377–379.
432 Pohl 2000, 114.
433 Rübekeil, Ludwig: Der Name *Baiovarii* und seine typologische Nachbarschaft, in: Fehr/Heitmeier 2014, 158–160.
434 Jiřik, Jaroslav: Böhmen in der Spätantike und der Völkerwanderungszeit unter besonderer Berücksichtigung der Beziehungen zu Baiern und Thüringen, in: Fehr/Heitmeier 2014, 359–402, bes. 360, 386 f., 389, 392 f.
435 Vgl. Fehr/Heitmeier 2014, bes. Fehr, Hubert: Friedhöfe der frühen Merowingerzeit in Baiern – Belege für die Einwanderung der Baiovaren und anderer germanischer Gruppen?, in: Fehr/Heitmeier 2014, 311–336; zusammenfassend Meier 2021, 922 f. 1324 f.
436 Haberstroh, Jochen: Der Fall Friedenshain-Přeštovice – ein Beitrag zur Ethnogenese der Baiovaren?, in: Fehr/Heitmeier 2014, 125–147; vgl. Steuer 2021, 847; allerdings hat noch 2009 Thomas Fischer die Träger dieser archäologisch definierten Gruppe als die »Männer aus Böhmen« angesehen, die dem neuen Stamm ihren Namen gegeben haben, Fischer, Thomas: Von den Römern zu den Bayern, in: Bonk, Sigmund/Schmid, Peter (Hrsg.) 2009: Bayern unter den Römern, Regensburg, 48.
437 Rübekeil, wie Anm. 433, 149–162; vgl. Heitmeier, wie Anm. 419, 486 f.; Meier 2021, 1324; gegen einen Zusammenhang von Markomannen und Baiovaren spricht sich Hartung 2024, 638–640 aus.

Zeittafel

Um 90–60 v. Chr.	Poseidonios von Apameia erwähnt wohl zuerst den Namen der Germanen.
72–71 v. Chr.	Ariovist führt ein germanisches Heer über den Rhein nach Gallien.
59 v. Chr.	Die Verleihung des Titels *rex et amicus populi Romani* an Ariovist durch den Senat ist der älteste völkerrechtliche Akt zwischen Römern und Germanen.
58–51 v. Chr.	Caesar erobert Gallien.
58 v. Chr.	Caesar besiegt Ariovist im oberen Elsass und dringt bis an den Rhein vor. Im Heere Ariovists werden Markomannen erwähnt.
56 v. Chr.	Ersterwähnung von Germanen in der römischen Literatur durch Cicero.
55 v. Chr.	Caesar führt ein römisches Heer über den Rhein, den Rom seitdem als Grenze beansprucht. Caesar prägt den Begriff *Germania*.
52/51 v. Chr.	Caesar verfasst die *Commentarii de bello Gallico*. Darin erklärt er den Rhein zur Grenze zwischen Kelten und Germanen und liefert die älteste Ethnographie der Germanen.
Um 51 v. Chr.	Tod des Poseidonios.
44 v. Chr.	Ermordung Caesars.
30 v. Chr.	Augustus Alleinherrscher.
Um 30 v. Chr.	Geburt Marbods.

17/16 v. Chr.	Sugambrer, Usipeter und Tenkterer erringen in Gallien einen Sieg über den römischen Statthalter Lollius.
12 v. Chr.	Beginn der römischen Feldzüge in das Innere Germaniens unter Drusus dem Älteren.
10 v. Chr.	Drusus besiegt neben anderen germanischen Stämmen auch die Markomannen.
9 v. Chr.	Drusus stirbt nach einem Feldzug bis an die Elbe und wird mit dem Siegernamen *Germanicus* geehrt. Sein Bruder Tiberius übernimmt das Kommando in Germanien.
8 v. Chr.	Umsiedlung von 40.000 Sugambrern und Sueben auf die römische Rheinseite.
Um 6/5 v. Chr.	Einwanderung der Markomannen unter Marbod nach Böhmen.
Um 3 v. Chr.	Domitius Ahenobarbus siedelt als Statthalter von Illyricum Hermunduren im Markomannenland an.
4 n. Chr.	Tiberius erneut Oberbefehlshaber in Germanien. Wahrscheinlich Flottenexpedition bis zur Nordspitze Jütlands.
5 n. Chr.	Tiberius zieht mit einem Heer an die Elbe und trifft dort mit einer Flotte zusammen, die vom Rhein über die Nordsee dorthin gelangt ist.
6 n. Chr.	Großangelegte »Zangenoperation« römischer Heere vom Rhein und von der Donau aus gegen das Reich Marbods. Abbruch des Feldzuges wegen des Pannonisch-Dalmatischen Aufstandes und Verständigungsfrieden mit Marbod.
9 n. Chr.	Vernichtende Niederlage des römischen Statthalters Varus mit drei Legionen im Teutoburger Wald durch Arminius.
9/10 n. Chr.	Zusammenbruch der römischen Herrschaft im Inneren Germaniens.
12	Triumph des Tiberius in Rom.
13/14	Im »Tatenbericht« des Augustus werden die Markomannen als ein Teil der Sueben erwähnt.
14	Tod des Augustus, Tiberius Kaiser.
14–16	Feldzüge des Germanicus nach Germanien bis an die Nordsee und über die Weser.

17	Triumph des Germanicus über die Germanen bis zur Elbe. Erfolgreicher Krieg des Arminius gegen Marbod im östlichen Germanien.
18/19	Zerfall des Marbodreiches, der König flieht zu den Römern und wird in Ravenna interniert.
19	Tod des Germanicus.
Um 20	Marbods Nachfolger Catualda wird von den Hermunduren unter Vibilius vertrieben, flieht ebenfalls zu den Römern und wird in Gallien interniert.
20	Kleiner Triumph Drusus' des Jüngeren über Marbod.
Um 20	Ansiedlung der Anhänger Marbods und Catualdas im Vorfeld der Donaugrenze durch die Römer, der Quade Vannius wird dort als König eingesetzt.
Um 20–50	*Regnum Vannianum* nördlich der Donau.
Wohl 21	Tod des Arminius.
Um 18–23	Strabon von Amaseia ergänzt seine *Geographika* um Nachrichten aus der Zeit von 12 v. Chr. bis 17 n. Chr. Darin finden sich die ältesten Erwähnungen von Marbods Reich, der Hermunduren und Semnonen.
29/30	Velleius Paterculus verfasst sein Geschichtswerk, in dem er die Feldzüge des Tiberius beschreibt.
36/37	Tod Marbods in Ravenna.
37	Tod des Tiberius.
41–54	Kaiser Claudius.
43–47	Beginn der römischen Eroberung Britanniens.
47	Plinius der Ältere nimmt an einer Expedition an die Nordseeküste teil und berichtet darüber. Einsetzung von Arminius' Neffen Italicus als Klientelkönig bei den Cheruskern.
47/48–57/58	Mit seinen 20 Büchern *Bella Germaniae* liefert der ältere Plinius die umfangreichste Aufarbeitung der bisherigen Germanienkriege.

Um 50	Der Hermundurenkönig Vibilius ist am Sturz des Suebenkönigs Vannius beteiligt. Dessen Anhänger werden in der Provinz *Pannonia* angesiedelt. Vannius' Neffen Sido und Vangio teilen sich sein Reich.
54–58	Kaiser Nero.
58	Krieg zwischen Chatten und Hermunduren um den Besitz von Salzquellen, wahrscheinlich an der Werra in Thüringen.
Um 60	Expedition eines römischen Ritters von Carnuntum an der Donau zur »Bernsteinküste« an der Ostsee.
69	»Vierkaiserjahr« und Bürgerkrieg im Römischen Reich. Sido und Vangios Sohn Italicus kämpfen auf der Seite Kaiser Vespasians.
69–70	Bataveraufstand des Julius Civilis am Niederrhein.
69–79	Kaiser Vespasian.
77	Die »Naturgeschichte« des älteren Plinius erscheint.
79	Tod des älteren Plinius.
81–96	Kaiser Domitian.
83–85	Chattenkrieg Domitians.
83	Domitian feiert einen Triumph über die Chatten und nimmt den Siegernamen *Germanicus* an.
85	Abbruch des Chattenkrieges und Siegespropaganda mit der Münzlegende *GERMANIA CAPTA*. Der Einfall von Dakern über die untere Donau führt zu einem Wechsel in der römischen Außenpolitik, fortan steht die Donaugrenze im Vordergrund.
85–90	Umwandlung der Militärbezirke der Niederrhein- und der Oberrheinarmee in die Provinzen *Germania inferior* und *superior*.
89	Zwei römische Strafexpeditionen gegen Markomannen, Quaden und Jazygen. C. Velius Rufus zieht mit Verbänden aus acht Legionen durch das Dakerreich gegen die drei Stämme.
91/92	Semnonenkönig Masyos und die Seherin Ganna zu Besuch bei Kaiser Domitian.

92	Einfälle von Markomannen, Quaden und Jazygen in die Provinz Pannonien, Vernichtung der *Legio XXI Rapax*.
96–98	Kaiser Nerva.
97	Römischer Feldzug gegen Markomannen und Quaden.
98	Cornelius Tacitus verfasst mit der Schrift *De origine et situ Germaniae* das bedeutendste Werk über Germanien, das erhalten geblieben ist.
98–117	Kaiser Trajan.
101–106	Dakerkriege.
101	Die germanischen Buren senden Kaiser Trajan eine Nachricht auf einem Pilz.
Um 105–109	Tacitus schreibt die *Historiae*.
Um 110–120	Tacitus verfasst die *Annales*.
114–117	Im Partherkrieg Trajans erreicht das Römische Reich seine größte territoriale Ausdehnung. Ausbau des Obergermanisch-Römischen Limes.
117–138	Kaiser Hadrian.
Um 120	Sueton schreibt die Biographien der Herrscher von Caesar bis Domitian.
138–161	Kaiser Antoninus Pius, Vorverlegung des Limes.
140–144	Einsetzung eines Klientelkönigs bei den Quaden.
Um 150–160	Klaudios Ptolemaios fasst in seiner »Anleitung zum Zeichnen einer Weltkarte« das geographische Wissen seiner Zeit zusammen.
161–180	Kaiser Mark Aurel.
162–166	Partherkrieg.
165	Ausbruch der Pest in Mesopotamien und deren Verbreitung im Römischen Reich.
166–180	Markomannenkriege.

Zeittafel

166	Einfall von Langobarden und Obiern nach Pannonien, Gesandtschaft von 10 Stämmen unter Führung des Markomannenkönigs Ballomarius zum Statthalter von Pannonien, 1. Markomannen-Frieden.
167	Einfall von Markomannen und Quaden nach Norditalien, Belagerung von Aquileia und Zerstörung von Opitergium, »Markomannen-Panik« in Rom.
168	Mark Aurel und sein Mitregent Lucius Verus ziehen in den Krieg, 1. Quadenfrieden mit König Furtius.
169	Tod des Lucius Verus, Mark Aurel in Carnuntum.
170	Sieg des Quadenkönigs Ariogaisos über die Römer.
171	Sieg Mark Aurels über die Markomannen beim Donauübergang, 2. Markomannenfrieden, seitdem Ansiedlung kriegsgefangener Germanen in Italien und in den Grenzprovinzen.
172	»Regenwunder« im Quadenland, Annahme des Siegernamens *Germanicus* durch Mark Aurel, 2. Quadenfrieden mit Prinz Battarius.
173	3. Markomannenfrieden, Mark Aurel in Sirmium, Naristenführer Valao von Valerius Maximianus im Zweikampf getötet.
174	Erfolglose Friedensgesuche der Quaden, römische Prämie auf Quadenkönig Ariogaisos.
175	Usurpation des Avidius Cassius in den Ostprovinzen und Abbruch des Krieges an der Donau.
176	Triumph Mark Aurels und seines Sohnes Commodus über Germanen und Sarmaten, Ehrenbogen in Rom.
178	2. Markomannenkrieg.
179	Mark Aurel in Sirmium, Stationierung der *Legio III Italica* in Regensburg; Sieg über die Quaden und Gefangennahme von König Ariogaisos, Verhinderung der Auswanderung der Quaden zu den Semnonen.
179/180	Stationierung römischer Truppen im Markomannen- und Quadenland, Winterlager von 855 römischen Soldaten in Trenčín in der Slowakei, Pläne neuer Provinzen *Marcomannia* und *Sarmatia* nördlich und östlich der Donau.

180	Tod Mark Aurels in Vindobona oder Bononia bei Sirmium.
180–192	Kaiser Commodus.
180	Friedensschluss des Commodus mit Markomannen und Quaden, Rückkehr zur Vertragspolitik im Vorfeld der Donaugrenze, Triumph über die Germanen.
193–211	Kaiser Septimius Severus.
Nach 193	Grabinschrift des Germanenkönigs Septimius Aistomodius in Carnuntum.
211–217	Kaiser Caracalla.
214	Caracalla lässt den Quadenkönig Gaiobomarus ermorden.
Um 210–230	Cassius Dio schreibt seine »Römische Geschichte«.
222–235	Kaiser Severus Alexander.
231–233	Germaneneinfälle über den Limes bis an Rhein und Donau.
235–238	Kaiser Maximinus Thrax.
235–236	Zurückdrängung der Germanen über den Limes und letzte Vorstöße über diesen hinaus, Schlacht am Harzhorn in Niedersachsen.
Um 244–250	Herodian verfasst die »Geschichte des Kaisertums nach Mark Aurel«.
Um 250	Grablege des »Fürsten von Gommern« an der Elbe bei Magdeburg mit reichem römischen Import.
253–260	Kaiser Valerian.
253–268	Kaiser Gallienus.
Um 254	Sieg des Gallienus über die Markomannen, angebliche Heirat des Kaisers mit Pipa oder Pipara, Tochter des Markomannenkönigs Attalus.
254–260	Endphase und Aufgabe des Obergermanisch-Rätischen Limes.
260	Gallienus besiegt nach Pannonien eingefallene Quaden und Sarmaten.

	In einer Schlacht bei Augsburg besiegen Römer Semnonen/Juthungen, die von einem Beutezug aus Italien zurückkehren und nehmen ihnen eine große Zahl von Gefangenen ab.
Um 260–280	»Fürstengräber« von Hassleben bei Erfurt und Leuna bei Merseburg mit reichem römischen Import.
Um 260–290	Töpfereibetrieb in Haarhausen bei Arnstadt nach römischem Muster.
268	Gallienus besiegt Heruler in Griechenland und verleiht ihrem Anführer Naulobatus die Insignien eines römischen Konsuls.
270–275	Kaiser Aurelian.
270	»Glänzender Sieg« Aurelians über Sueben und Sarmaten.
283–285	Kaiser Carinus.
283	Sieg des Carinus über Quaden im heutigen Kroatien.
284–305	Kaiser Diokletian.
286	»Markomannische Reiter« als Eliteeinheit in der römischen Armee.
293–311	Kaiser Galerius, Mitregent Diokletians.
299	Sieg des Galerius über Markomannen an der Donau.
306–337	Kaiser Konstantin der Große.
337–361	Kaiser Constantius II.
358	Constantius II. besiegt in die Donauprovinzen eingefallene Quaden, Jazygen und Juthungen.
364–375	Kaiser Valentinian I.
374	Ermordung des Quadenkönigs Gabinius und neuer Krieg mit Quaden und Sarmaten.
375	Bei Verhandlungen mit Gesandten der Quaden in Brigetio an der Donau stirbt Kaiser Valentinian I. an einem Schlaganfall.
	Beginn der ›Völkerwanderung‹.
378	Schwere römische Niederlage gegen die Goten in der Schlacht von Adrianopel.

Zeittafel

379–395	Kaiser Theodosius I.
Um 380–395	Ammianus Marcellinus verfasst die ausführlichste Geschichte der Spätantike.
395	Zerbrechen des Römischen Reiches in einen westlichen und einen östlichen Teil.
395–423	Kaiser Honorius im Westen.
395–408	Machtstellung des vandalischen Heermeisters Stilicho.
395–396	Bekehrung der Markomannenkönigin Fritigil zum Christentum.
Um 400	Kaiserbiographien von Hadrian bis Carinus in der *Historia Augusta*. Vegetius Renatus erwähnt erstmals Thüringer.
401/402	Der von Stilicho veranlasste Abzug römischer Truppen vom Rhein zum Schutz Italiens leitet die Agonie dieser Grenze ein.
406/407	Zusammenbruch der Rheingrenze, Sueben (Quaden), Vandalen und Alanen überschreiten den Fluss und stoßen nach Gallien und auf die Iberische Halbinsel vor.
409–411	Die Sueben erobern den Westen der Iberischen Halbinsel.
410	Die Westgoten unter Alarich plündern Rom.
Um 422	Paulinus von Mailand beschreibt die Missionierung der Markomannenkönigin Fritigil.
451	Einfall des Hunnenkönigs Attila nach Gallien mit Kontingenten von Markomannen, Quaden und Thüringern, Schlacht auf den Katalaunischen Feldern, letzte Erwähnung der Markomannen in den literarischen Quellen.
469/470	Die Brüder Onoulf und Odoaker, der Abstammung nach wahrscheinlich Thüringer, treten in römische Dienste.
476	Odoaker setzt in Ravenna den letzten weströmischen Kaiser Romulus Augustulus ab.
476–493	Odoaker König in Italien.
477–479	Onoulf Heermeister im Oströmischen Reich.
480	Die Thüringer plündern Passau.

Zeittafel

489–526	Theoderich der Große König der Ostgoten.
Um 510–530	Größte Machtentfaltung der Thüringer unter König Herminafrid.
527–565	Kaiser Justinian I.
531/532	Die Franken unterwerfen das Reich der Thüringer.
551/552	Jordanes erwähnt in seiner »Geschichte der Goten« erstmals die *Baiovarii*.
552	Der Thüringerprinz Amalafridas kämpft als oströmischer Heermeister an der Donau mit den Langobarden gegen die Gepiden.
Um 555	Garibaldus erster Herzog der *Baiovarii*.
567/568	Venantius Fortunatus verfasst ein Gedicht über den Untergang des Thüringerreiches.

Siglen- und Zeitschriftenverzeichnis

BRGK	Bericht der Römisch-Germanischen Kommission des Deutschen Archäologischen Instituts
Bonner Jahrbücher	Bonner Jahrbücher des Rheinischen Landesmuseums in Bonn
BMC	Coins of the Roman Empire in the British Museum
CIL	Corpus Inscriptionum Latinarum
DNP	Der Neue Pauly. Enzyklopädie der Antike
Germania	Germania. Anzeiger der Römisch-Germanischen Kommission des Deutschen Archäologischen Instituts
Gnomon	Gnomon. Kritische Zeitschrift für die gesamte klassische Altertumswissenschaft
Goetz/Patzold/Welwei I–II	Hans-Werner Goetz/Steffen Patzold/Karl-Wilhelm Welwei (Hrsg.) 2006–2007: Die Germanen in der Völkerwanderung, Darmstadt
Goetz/Welwei I–II	Hans-Werner Goetz/Karl-Wilhelm Welwei (Hrsg.) 1995: Altes Germanien, Darmstadt
Historia	Historia. Zeitschrift für Alte Geschichte
ILS	Inscriptiones Latinae selectae
Klio	Klio. Beiträge zur Alten Geschichte
LMA	Lexikon des Mittelalters
Mnemosyne	Mnemosyne. Bibliotheca classica Batava
MGH AA	Monumenta Germaniae historica, Auctores Antiquissimi

Philologus	Philologus. Zeitschrift für das klassische Altertum
Quellen I–IV	Griechische und lateinische Quellen zur Frühgeschichte Mitteleuropas bis zur Mitte des 1. Jahrtausends u. Z., hrsg. von Joachim Herrmann, Berlin 1988–1992
RGA	Reallexikon der Germanischen Altertumskunde, 2. neu bearb. und erw. Auflage

Literaturverzeichnis

Baltrusch, Ernst/Hegewisch, Morten/Meyer, Michael/Puschner, Uwe/Wendt, Christian (Hrsg.) 2012: 2000 Jahre Varusschlacht, Berlin/Boston.
Baltrusch, Ernst/Wilker, Julia (Hrsg.) 2015: Amici – socii –clientes? Abhängige Herrschaft im Imperium Romanum, Berlin.
Becker, Armin 1992: Rom und die Chatten, Darmstadt/Marburg.
Bleckmann, Bruno 2009: Die Germanen. Von Ariovist bis zu den Wikingern, München.
Bleicken, Jochen 1999: Augustus. Eine Biographie, 3. Aufl., Berlin.
Bräckel, Oliver 2021: Flucht auswärtiger Eliten ins Römische Reich, Stuttgart.
Brandt, Hartwin 2021: Die Kaiserzeit. Römische Geschichte von Octavian bis Diocletian, München.
Castritius, Helmut/Geuenich, Dieter/Werner, Matthias (Hrsg.) 2009: Die Frühzeit der Thüringer. Archäologie, Sprache, Geschichte, Berlin/New York.
Deininger Jürgen 1997: Flumen Albis. Die Elbe in Politik und Literatur der Antike, Hamburg.
Demandt, Alexander 2019: Marc Aurel. Der Kaiser und seine Welt, München.
Dick, Stefanie 2008: Der Mythos vom »germanischen« Königtum, Berlin/New York.
Dittrich, Ursula-Barbara 1984: Die Beziehungen Roms zu den Sarmaten und Quaden im vierten Jahrhundert n. Chr., Bonn.
Dušek, Sigrid 1992: Römische Handwerker im germanischen Thüringen. Ergebnisse der Ausgrabungen in Haarhausen, Kreis Arnstadt, 2 Bde., Stuttgart.
Fehr, Hubert/Heitmeier, Irmtraud (Hrsg.) 2014: Die Anfänge Bayerns, St. Ottilien.
Friesinger, Herwig/Tejral, Jaroslav/Stuppner, Alois (Hrsg.) 1994: Markomannenkriege. Ursachen und Wirkungen, Brno.
Geiger, Michael 2013: Gallienus, Frankfurt a. M.
Geuenich, Dieter (Hrsg.) 1998: Die Franken und die Alamannen bis zur »Schlacht bei Zülpich«, Berlin/New York.
Glas, Toni 2014: Valerian. Kaisertum und Reformansätze in der Krisenphase des Römischen Reiches, Paderborn.
Goltz, Andreas 2008: Die Völker an der mittleren und nordöstlichen Reichsgrenze, in: Johne/Hartmann/Gerhardt 2008, 449–464.

Goltz, Andreas/Hartmann, Udo 2008: Valerianus und Gallienus, in: Johne/Hartmann/Gerhardt 2008, 223–295.
Griebel, Johannes 2013: Der Kaiser im Krieg. Die Bilder der Säule des Marc Aurel, Berlin/Boston.
Hartmann, Udo 2008a: Die literarischen Quellen, in: Johne/Hartmann/Gerhardt 2008, 19–44.
Hartmann, Udo 2008b: Die germanischen Herrscher, in: Johne/Hartmann/Gerhardt 2008, 1192–1198.
Hartung, Sebastian 2024: Kontinuitäten und Brüche in den römisch-markomannischen Beziehungen während der Kaiserzeit, Stuttgart.
Hundt, Ragnar 2017: Studien zur Außenpolitik der Kaiser Antoninus Pius und Marc Aurel im Schatten der Markomannenkriege, Rahden/Westf.
Jankuhn, Herbert/Timpe, Dieter (Hrsg.) 1989: Beiträge zum Verständnis der Germania des Tacitus, Göttingen.
Johne, Klaus-Peter (Hrsg.) 1993: Gesellschaft und Wirtschaft des Römischen Reiches im 3. Jahrhundert, Berlin.
Johne, Klaus-Peter 2006: Die Römer an der Elbe. Das Stromgebiet der Elbe im geographischen Weltbild und im politischen Bewusstsein der griechisch-römischen Antike, Berlin.
Johne, Klaus-Peter/Gerhardt, Thomas/Hartmann, Udo (Hrsg.) 2006: Deleto paene imperio Romano. Transformationsprozesse des Römischen Reiches im 3. Jahrhundert und ihre Rezeption in der Neuzeit, Stuttgart.
Johne, Klaus-Peter/Hartmann, Udo/Gerhardt, Thomas (Hrsg.) 2008: Die Zeit der Soldatenkaiser, 2 Bde., Berlin.
Johne, Klaus-Peter 2015: Klienten, Klientelstaaten und Klientelkönige bei den Germanen, in: Baltrusch/Wilker 2015, 225–242.
Krüger, Bruno (Hrsg.) 1976: Die Germanen. Geschichte und Kultur der germanischen Stämme in Mitteleuropa, Bd. 1, Berlin.
Krüger, Bruno (Hrsg.) 1983: Die Germanen. Geschichte und Kultur der germanischen Stämme in Mitteleuropa, Bd. 2, Berlin.
Kuhoff, Wolfgang 2019: Mark Aurel. Kaiser, Denker, Kriegsherr, 2019.
Lehmann, Gustav Adolf 2011: Imperium und Barbaricum, Wien.
Leube, Achim 1982: Das regnum Vannianum im Spiegel neuer Forschungsergebnisse, in: Rom und Germanien, Sitzungsberichte der Akademie der Wissenschaften der DDR, 15 G/1982, 52–55.
Meier, Mischa 2021: Geschichte der Völkerwanderung, 7. Aufl., München.
Moosbauer, Günther 2018: Die vergessene Römerschlacht. Der sensationelle Fund am Harzhorn, München.
Petersen, Eugen/Domaszewski, Alfred von/Calderini, Guglielmo (Hrsg.) 1896: Die Marcus-Säule auf Piazza Colonna in Rom, 3 Bde., München 1896.
Pohl, Walter 2000: Die Germanen, München.
Raaflaub, Kurt A. (Hrsg.) 2017: The Landmark Caesar, New York.

Salač, Vladimir/Bemmann, Jan (Hrsg.) 2009:
Mitteleuropa zur Zeit Marbods, Prag/Bonn.

Schmitt, Marcelo Tilman 1997: Die römische Außenpolitik des 2. Jahrhunderts n. Chr., Stuttgart.

Schneider, Helmuth (Hrsg.) 2008: Feindliche Nachbarn. Rom und die Germanen, Köln/Weimar/Wien.

Steinacher, Roland 2017: Rom und die Barbaren, Stuttgart.

Steuer, Heiko 2021: »Germanen« aus Sicht der Archäologie, 2 Bde., Berlin/Boston.

Strobel, Karl 1989: Die Donaukriege Domitians, Bonn.

Tausend, Klaus 2009: Im Inneren Germaniens. Beziehungen zwischen den germanischen Stämmen vom 1. Jh. v. Chr. bis zum 2. Jh. n. Chr., Stuttgart.

Timpe, Dieter 1989: Entdeckungsgeschichte des Nordens in der Antike, in: RGA 7 (1989) 307–389.

Timpe, Dieter 1998: Germanen, Germania, Germanische Altertumskunde, in: RGA 11 (1998) 2–65.

Trzaska-Richter, Christine 1991: Furor teutonicus. Das römische Germanenbild in Politik und Propaganda von den Anfängen bis zum 2. Jahrhundert n. Chr., Trier.

Uelsberg, Gabriele/Wemhoff, Matthias (Hrsg.) 2020: Germanen. Eine archäologische Bestandsaufnahme, Darmstadt.

Wolters, Reinhard 1990: Römische Eroberung und Herrschaftsorganisation in Gallien und Germanien, Bochum.

Wolters, Reinhard 2017: Die Schlacht im Teutoburger Wald, akt. und erw. Aufl., München.

Zeuß, Kaspar 1837: Die Deutschen und die Nachbarstämme, München.

Abbildungsverzeichnis

Abb. 1: Porträt des C. Iulius Caesar, Staatliche Museen zu Berlin, Preußischer Kulturbesitz, Antikensammlung Inv. SK 342, https://de.m.wikipedia.org/wiki/Datei:Caesar-Altes-Museum-Berlin.jpg [30.04.2024]. .... S. 30

Abb. 2: Porträt des Nero Claudius Drusus Maior, Staatliche Museen zu Berlin, Preußischer Kulturbesitz, Antikensammlung Inv. SK 392, CC BY-SA 2.0 DEED-Lizenz, https://upload.wikimedia.org/wikipedia/commons/d/db/Drusus_the_Elder%2C_Altes_Museum_Berlin_%288379438625%29.jpg [30.04.2024]. .... S. 34

Abb. 3: Vorkaiserliches Porträt des Tiberius Iulius Caesar, sog. Adoptionstypus, Ny Carlsberg Glyptothek Kopenhagen, Inv. 1445, CCO-Lizenz, https://upload.wikimedia.org/wikipedia/commons/1/17/Tiberius_NyCarlsberg01.jpg [30.04.2024]. .... S. 42

Abb. 4: Gemma Augustea, Kunsthistorisches Museum Wien, Kunstkammer Inv. IX A 79, CC CC BY-SA 4.0-Lizenz, https://de.wikipedia.org/wiki/Gemma_Augustea#/media/Datei:Gemma_Augustea.jpg [30.04.2024]. .... S. 52

Abb. 5: Haarhausener Drehscheibenkeramik, kaiserzeitliche Drehscheibengefäße aus Haarhausen, Ilm-Kreis, Thüringisches Landesamt für Denkmalpflege und Archäologie – Museum für Ur- und Frühgeschichte Thüringens (aus: Uelsberg/Wemhoff 2020, 146). .... S. 73

Abb. 6:	Das »Fürstengrab« von Gommern, Landesamt für Denkmalpflege und Archäologie Sachsen-Anhalt (aus: Uelsberg/Wemhoff 2020, 219).	S. 78
Abb. 7:	Kniender Germane, Bibliothèque Nationale de Paris, Cabinet des médailles, monnaies et antiques (aus: Krüger 1976, Taf. 37).	S. 88
Abb. 8:	Der Augsburger Siegesaltar, Römisches Museum Augsburg (aus: Demandt, Alexander/Engemann, Josef (Hrsg.) 2007: Imperator Caesar Flavius Constantinus. Konstantin der Große, Mainz, 48).	S. 95
Abb. 9:	GERMANIA CAPTA-Münze Domitians, Staatliche Museen zu Berlin, Münzkabinett/Foto: Reinhard Saczewski, CC BY-SA 4.0-Lizenz.	S. 102
Abb. 10:	REX QVADIS DATVS-Münze des Antoninus Pius (aus: Johne 2015, 235).	S. 110
Abb. 11:	Das »Regenwunder« im Quadenland, Szene 16 der Markussäule (aus: Petersen/Domaszewski/Calderini 1896, Tafel 23, A, Nr. XVI).	S. 122
Abb. 12:	Gefangene vor dem Kaiser, Szene 26 der Markussäule (aus: Petersen/Domaszewski/Calderini 1896, Tafel 33, B, Nr. XXVI).	S. 124
Abb. 13:	Mark Aurel und sich unterwerfende Germanen im Eichenwald, historisches Relief im Konservatorenpalast in Rom, Foto: Matthias Kabel, CC-BY-SA-2.5-Lizenz, https://de.wikipedia.org/wiki/Datei:Bas_relief_from_ Arch_of_Marcus_Aurelius_Marcus_Aurelius_showing_ his_clemence_to_barbarii.jpg[30.04.2024].	S. 128
Abb. 14:	Commodus und der Quadenkönig, Cameo, gefunden in Biesheim im Elsass, Musée Gallo-Romain Biesheim (aus: Johne 2015, 236).	S. 130
Abb. 15:	Zerstörung eines Dorfes, Szene 102 der Markussäule (aus: Petersen/Domaszewski/Calderini 1896, Tafel 110, B, Nr. CII).	S. 136
Abb. 16:	Kaiser Gallienus, 1. Bildnistyp, Staatliche Museen zu Berlin, Preußischer Kulturbesitz, Antikensammlung Nr. R 114, CC BY-SA 4.0 DEED-Lizenz, https://commons.	

	wikimedia.org/wiki/File:Roman_Emperor_Gallienus,_253-260_CE._Marble._Acquired_in_Paris,_France,_in_1742_CE._Altes_Museum,_Berlin,_Germany.jpg [30.04.2024]. .... S. 151
Abb. 17:	Heermeister Stilicho, Elfenbeindiptychon des Eucherius, Sohn des Stilicho, Domschatz zu Monza, CC BY-SA 4.0 DEED-Lizenz, https://en.wikipedia.org/wiki/Stilicho#/media/File:Diptych_of_Stilicho.jpg [30.04.2024]. ..... S. 160
Karte 1:	Germanien Anfang des 1. Jahrhunderts n. Chr. (aus: Dreyer, Boris: Arminius und der Untergang des Varus. Warum die Germanen keine Römer wurden, Stuttgart 2009, 89). .... S. 45
Karte 2:	Markomannenkriege (aus: Quellen III, Karte 3). ...... S. 115

Register

Personen- und Ortsregister

A

Alamannen 27, 66, 74, 94, 152, 161, 163, 171, 174, 176
Alanen 158, 159, 161, 213
Ammianus Marcellinus 26, 66, 74, 94, 154, 157, 212
Antoninus Pius 109, 110, 112, 114, 119, 209
Aquileia 58, 118, 119, 157, 209
Aquincum 97, 108, 129, 156
Ariogaisos 119, 123, 126, 128, 210
Ariovist 29–31, 33, 36, 46, 112, 205
Arminius 37, 47–50, 55, 56, 65, 85, 100, 120, 181, 206, 207
Athenaios von Naukratis 12
Attalus 26, 148, 211
Attila 162, 165, 167, 168, 177, 179, 181, 213
Augsburg 69, 93, 154, 167, 174, 211
Augustus 15, 18, 19, 26, 31, 33, 35, 36, 38, 39, 41, 50, 51, 54, 62, 81, 83–85, 90, 102, 105, 108, 131, 146, 148, 205, 206
Aurelian 94, 149, 152, 211
Aurelius Victor 148, 153

B

Baiovaren 173–178, 182
Ballomarius 113, 117, 118, 142, 209
Bassaeus Rufus 126
Bataver 15, 107, 120
Bataveraufstand 24, 27, 89, 100, 208
Battarios 123
Bayern 64, 173, 175, 177–179
Böhmen 16, 18, 32, 33, 35, 39, 43–45, 47, 48, 53, 58, 64, 65, 69, 70, 131–133, 148, 173, 175–179, 181, 206
Boiohaemum 39, 174
Bojer 39, 173, 177, 179
Bonn 10, 12, 105
Brigetio 104, 108, 156, 212
Britannien 35, 57, 106, 108, 207
Buren 96, 98, 99, 209

C

Caesar 13–15, 18, 19, 26, 29–33, 42, 46, 62, 76, 82, 85, 105, 108, 112, 119, 161, 180, 181, 205, 209
Cambodunum 69
Caracalla 142, 210, 211
Carinus 153, 212

Carnuntum 44, 58, 60, 97, 103, 108, 119, 120, 123, 125, 141, 152, 156, 208–210
Cassius Dio 17, 25, 33, 63, 70, 88, 90, 97, 98, 103, 107, 115, 121, 122, 131, 133, 142, 144, 163, 174, 211
Chatten 21, 22, 33, 44, 48, 63, 65, 68, 85, 87, 90, 100, 102, 116, 171, 207, 208
Chauken 22, 81, 83, 85
Cherusker 48, 50, 56, 57, 60, 63, 85, 88, 100, 113, 207
Cicero 13, 15, 205
Claudius 15, 34, 56, 59, 61, 90, 101, 207
Claudius Pompeianus 126, 143
Commodus 96, 98, 120, 126, 127, 129, 133, 134, 137, 140–143, 181, 210
Constantius II. 27, 155, 212

D

Daker 98, 102, 104, 106, 108, 208
Dalmatien 25, 45, 158, 164
Decebalus 103, 106
Dexippos von Athen 94
Diokletian 139, 150, 153, 154, 212
Domitian 23, 24, 71, 88, 91, 100, 101, 103–106, 108, 133, 208, 209
Domitius Ahenobarbus 63, 68, 71, 84, 131, 206
Donau 11, 18, 21, 25, 27, 32, 39, 44, 45, 49, 50, 55, 58, 59, 64, 68, 69, 71, 74, 89, 91–93, 96, 102, 105–108, 110, 114, 116–118, 120, 129, 130, 132, 133, 135, 144, 146–148, 150, 154–158, 161, 172, 175, 176, 181, 206–208, 210–213
Drusus der Ältere 29, 32, 71, 90, 205
Drusus der Jüngere 49, 54

E

Eger 65, 70
Elbe 15, 18, 20, 25, 26, 31, 32, 35, 39, 41, 43, 48, 49, 55, 63–65, 69, 70, 74, 76, 77, 80–83, 85, 90–92, 102, 131, 165, 166, 170, 181, 206, 211
Elbgermanen 16, 35, 39, 80, 91, 92
Elbquelle 69, 70
Ems 33, 42, 81, 84
Eutrop 92, 151

F

Faustina 124, 126
Flavus 24, 56
Franken 27, 64, 95, 167, 171, 172, 174, 176, 178, 213
Friesen 15, 87
Fritigil 158, 159, 177, 179, 181, 212, 213
Furtius 119, 209

G

Gabinius 156, 212
Gaiobomarus 142, 211
Galerius 153, 212
Gallien 13–15, 21, 26, 27, 29–32, 35, 36, 76, 78, 94, 106, 118, 119, 130, 152, 161, 165, 171, 205, 207, 213
Gallienus 26, 75, 94, 147–152, 157, 181, 211
Ganna 88–91, 103, 208
Garibald 178
Germanen 12, 98, 99, 101, 103, 105–107, 109, 111–113, 116, 118–120, 123, 126, 128, 134, 135, 138, 141, 144, 146, 147, *passim*
Germania 15, 22, 24, 43, 61, 66, 68–72, 80, 85–87, 89, 91, 96, 97, 100,

102, 105, 106, 113, 118, 133, 205, 208
Germanicus (Neffe des Tiberius) 17, 24, 27, 43, 46, 48, 50, 51, 54–56, 65, 90, 100, 101, 206
Gommern 76–79, 163, 164, 211
Goten 39, 49, 54, 116, 117, 158, 159, 168, 169, 174, 212, 213

H

Haarhausen 72, 73, 75, 78, 79, 96, 163, 182, 211
Hadrian 106, 107, 109, 209, 212
Harzhorn 145, 147, 211
Hassleben-Leuna 76
Havel-Spreegebiet 34
Herkynischer Wald 18
Herminafrid 167, 170, 171, 213
Hermunduren 16, 22, 25, 35, 59, 62, 63, 65, 66, 68–71, 73, 75, 79–82, 86, 94, 96, 100, 118, 131, 163–165, 167, 175, 182, 206, 207
Herodian 143–147, 211
Heruler 150, 161, 166–169, 175, 211
Hessen 21, 32, 33, 44, 63, 64, 101, 171
Hunnen 157–159, 161, 164–166, 168, 177

I

Illyrien 54, 63, 99, 118
Inguiomerus 48

J

Jazygen 59, 89, 99, 103, 104, 108, 109, 115, 118, 119, 126, 127, 133, 152, 154, 208, 212
Jordanes 165, 169, 174, 175, 177, 213

Juthungen 93, 94, 96, 154, 163, 211, 212
Jütland 31, 41, 67, 83, 147, 206

K

Katalaunische Felder 162, 165, 177, 180, 181, 213
Kelten 11–14, 29, 31, 38, 39, 98, 99, 173, 205
Kimbernkap 83
Kimbern und Teutonen 22, 31, 67, 118
Konstantin I. 139, 155
Kotiner 98, 99

L

Lahn 43, 101, 131
Lahnau-Waldgirmes 43
Langobarden 25, 35, 39, 41, 43, 48, 57, 63, 64, 80–83, 85, 117, 118, 131, 166, 170, 172, 209, 213
Laugaricio siehe Trenčin 129, 131
Lauriacum 109, 130, 167
Legio I Adiutrix 105, 108
Legio II Adiutrix 108, 129
Legio III Augusta 129
Legio III Italica 93, 109, 127, 210
Legio II Italica 109, 130
Legio X Gemina 108
Legio XII Fulminatrix 122
Legio XIV Gemina 108
Legio XV Apollinaris 60
Legio XXI Rapax 104, 108, 208
Livius 33, 67
Lucius Verus 111, 119, 209
Lugier 39, 49, 59, 62, 65, 98, 104, 120

M

Mähren 16, 18, 44, 54, 58, 65, 92, 96, 98, 99, 105, 129, 131–133, 155
Main 32, 43, 44, 64, 72, 101, 131
Mainz 43, 100, 105, 108, 132, 144–146, 159, 161
Malchos von Philadelphia 168
Marbod 10, 17, 19, 20, 22, 24, 25, 36–41, 43, 44, 46–48, 50, 51, 53, 54, 56, 58, 60–62, 64, 80, 85, 104, 112, 113, 120, 130, 180, 181, 205–207
Marcomannia 131–134, 143, 174, 181, 210
Marius Maximus 107, 132
Mark Aurel 27, 92, 97, 108, 111, 114, 116–121, 123, 124, 126, 127, 130, 131, 133–135, 137–140, 143, 151, 154, 155, 157, 163, 174, 181, 209–211
Marktbreit 43, 44
Marsigner 98
Masyos 88, 91, 208
Maximinus Thrax 143–147, 211
Moldau 65, 70
Mösien 102, 114, 136, 154
Mušov 132

N

Naevius Primigenius 97
Naristen 96, 97
Naulobatus 150, 211
Nerva 23, 105, 208
Niedersachsen 33, 81, 145, 211
Nordsee 14, 18, 20, 81, 84, 206
Noricum 114, 117, 130, 158, 159, 167, 171, 175, 176, 178

O

Obier 117, 209
Oder 34, 39, 49, 58, 80, 92
Odoaker 168–170, 213
Onoulf 168, 169, 172, 213
Opitergium 118, 157, 209
Orosius 33, 67, 161
Osen 98, 99
Ostgoten 161, 166, 169–171, 176, 178, 213
Ostsee 25, 39, 49, 58, 67, 91, 143, 181, 208

P

Pannonien 19, 45, 54, 58, 60, 91, 104, 107–109, 117, 118, 136, 141, 142, 145, 147, 149, 151, 152, 158, 159, 171, 177, 208, 209, 211
Paulus Diaconus 152, 177
Pipa 26, 147–149, 151, 181, 211
Plinius der Ältere 21, 207
Poseidonios Rhodios 12
Postumus 94
Ptolemaios 26, 31, 39, 70, 80, 86, 96, 98, 99, 117, 166, 209

Q

Quaden 16, 25, 27, 35, 53–55, 58, 60, 86, 89, 92, 96–100, 103, 104, 108, 109, 111, 113, 115, 118–121, 123, 125–127, 129–131, 133–135, 141, 142, 144, 145, 147, 151–159, 161, 177, 181, 207–213

R

Rätien 68, 69, 93–95, 114, 116, 167, 175–178

Ravenna 50, 53, 56, 136, 169, 171, 206, 207, 213
Regalianus 152
Regensburg 44, 92, 93, 109, 127, 129, 132, 176, 210
Rhein-Weser-Germanen 24, 87, 91
Romulus Augustulus 168, 169, 213

S

Saale 32, 34, 63, 66, 76, 166
Sachsen 44, 49, 64, 69, 76, 161, 166
Sachsen-Anhalt 64, 76
Sarmaten 27, 99, 103, 104, 108, 118, 126, 127, 131, 133, 151, 152, 154–156, 158, 161, 210–212
Sarmatia 131, 133, 210
Schlesien 39, 58, 81, 104
Semnonen 16, 20, 25, 26, 34, 35, 39, 43, 48, 49, 63, 64, 68, 74, 80–87, 89, 91, 92, 94, 96, 100, 113, 130, 163, 182, 207, 210, 211
Sentius Saturninus 43
Septimius Aistomodius 97, 141, 210
Septimius Severus 125, 141, 142, 210
Severus Alexander 25, 78, 144, 211
Sido 60, 100, 112, 119, 207, 208
Sidonius Apollinaris 165, 177
Simplicinius Genialis 93
Sirmium 125, 127, 133, 145, 146, 154, 155, 210
Skiren 168, 169
Slowakei 16, 53, 54, 59, 65, 92, 96, 97, 104, 120, 129, 132, 133, 155, 181, 210
Stilicho 159–161, 212, 213
Strabon von Amaseia 17, 19, 20, 22, 35, 36, 39, 62, 69, 80, 84, 85, 174, 207
Straßburg 27, 105, 161
Sueben 15, 16, 25, 31, 33, 35, 36, 46, 60, 62, 63, 70, 80, 85, 89, 91, 92, 98, 104, 129, 152, 154, 161, 174, 177, 206, 211, 213
Suebia 25, 87
Sueton 36, 90, 107, 209
Sugambrer 32, 35, 36, 131, 205

T

Tacitus 17, 22–27, 31, 34, 37, 39, 46, 47, 50, 54–56, 59, 60, 62, 66–71, 74, 80, 85–89, 91, 96, 97, 99, 100, 104–106, 113, 118, 129, 166, 167, 174, 182, 208, 209
Teutoburger Wald 20, 26, 47, 48, 50, 51, 145, 181, 206
Theiß 59, 154, 155
Theoderich 165, 167, 171, 174, 176, 213
Thorsberger Moor 67
Thüringen 32, 33, 44, 63, 64, 66, 72, 74, 75, 146
Thüringer 163–176, 178, 182, 207, 212–214
Tiberius 19, 20, 37, 38, 40, 41, 43, 44, 46–51, 54, 56, 63, 65, 71, 80–83, 85, 131, 181, 206, 207
Trajan 71, 78, 98, 104–106, 108, 111, 119, 208, 209
Trenčin 97, 129, 131, 133, 210

V

Valentinian I. 27, 156, 157, 181, 212
Valerius Maximianus 97, 129, 210
Valuburg 90
Vandalen 81, 116, 120, 134, 142, 149, 152, 158, 159, 161, 212, 213
Vangio 60, 100, 112, 119, 207, 208
Vannius 24, 53–55, 57–62, 65, 70, 100, 103, 104, 109, 112, 119, 120, 142, 180, 181, 207
Varus 48, 65, 132, 181, 206

Vegetius Renatus 164, 212
Veleda 88, 89, 91
Velleius Paterculus 17, 19–23, 38, 40, 41, 43, 47, 63, 81, 82, 174, 207
Venantius Fortunatus 172, 174, 175, 214
Vergil 86, 87, 158
Vespasian 21, 60, 100, 101, 108, 208
Vibilius 62, 65, 70, 113, 120, 207
Viduarius 156
Vitrodorus 156

W

Warnen 166, 167
Weichsel 34, 39, 58, 116

Werra 66, 146, 207
Weser 33, 42, 84, 87, 206

X

Xanten 105
Xiphilinos 26, 98, 115, 121, 122, 131

Z

Zonaras 26
Zosimos 147, 152, 161

Sachregister

A

Adlerfibel 171
Antoninische Pest 118

B

Barbarentopik 29
bellum Marcomannicum 119, 133
Bernstein 21, 58
Bernsteinstraße 44, 58
Bevölkerungsgröße 86
Bürgerrecht 38, 57, 97, 141

E

equites Marcomanni 150
Erkenntnisfortschritt 18, 26
Ethnogenese 163, 173, 175, 177, 179

F

Flottenexpedition 41, 65, 206
Foederaten 100

G

Gefolgschaft 31, 57, 62, 148
Gemma Augustea 51, 52
Germanicus (Titel) 15, 101, 105, 109, 120, 145, 153, 206, 208, 210
Großromstedter Horizont 32

H

Handelsverkehr 40, 68
Handelsweg 58

Handwerker 72, 73, 75, 77
Heerkönig 29, 30, 46, 62
Historia Augusta 92, 97, 98, 107, 115, 116, 119, 121, 131, 132, 136, 145, 148, 149, 152, 153, 163, 212

I

immensum bellum 41
inquilinus 137
ius commercii 40

K

Kaiserin 124, 126, 141, 142, 149
Klientelkönigtum 55, 60, 112
Kolonen 138, 139
König 19, 29, 35–39, 43, 46, 49, 51, 53, 55, 56, 59, 60, 62, 65, 76, 89, 91, 92, 100, 103, 106, 109, 111, 112, 119, 123, 129, 141, 142, 148, 149, 155, 156, 165, 167, 169–172, 176, 181, 206, 207, 209, 210, 213
Königseinsetzung 54, 55, 57, 109, 110, 119
Kult 85, 86

L

Lebensniveau 74
Lebensweise 11, 22, 77, 155
Leibwache 15, 38, 40, 56, 120
Limes 73, 106, 116, 133, 144–146, 209, 211

Register

M

Markussäule 121, 123, 134–136
Menschenopfer 68, 87

P

Przeworsk-Kultur 34

R

Regenwunder 121, 123, 210
Reichsbildung 10, 37, 181
Religiosität 85, 91
rex Germanorum 29, 141

S

Salz 21
Sammelbegriff 34
Schädeldeformation 169
Seherin 89–92, 103, 208
Siegesdenkmal 33, 52
Sieghaftigkeit 52, 68
Sklaven 87, 124, 139
Söldner 38, 76, 134, 164
Stammesauseinandersetzung 56

T

Technologietransfer 73, 96
Töpfereibetrieb 72, 211
Triumph 19, 41, 48, 50, 51, 55, 100, 126, 127, 134, 153, 206–208, 210
Triumphalornamente 64, 84

U

Überläufer 123
Umsiedlungsaktion 54, 55, 57

V

Völkerwanderung 114, 157, 212

W

Wasserstraßen 42
Weltbild 18
Wissensstand 13

Z

Zwangsumsiedlung 36, 39